袁世凱竊國記

中華書局印行

袁世凱竊國記目錄

袁世凱竊國記

所謂洪憲六君子

「六君子」原是好聽的名稱。歷史上所稱為「六君子」的，唐玄宗時有陳宜中等（第一批），宋甯宗時有太學生周端朝等（第二批），明僖宗時楊漣、左光斗等為魏忠賢所害（第三批），周起元、繆昌期、周順昌等死於獄中（第四批），這些人都是具有熱血的中華魂國家和民族間之正氣，以淚和血寫成他們可寶貴的史篇。最後一批「六君子」便是光緒朝維新之變，譚嗣同林旭楊銳劉光第楊深秀康廣仁等（第五批）死於西太后之手，他們雖則因時代關係囿於「忠君報主」的舊觀念，對民族問題不曾理解到，但那次驚人事件後國人始曉然於清室之不足與有為，一時崛起的志士仁人由維新狂熱轉變到革命激流，則他們在菜市口的血也不是白流的。

民國既成立，打倒了專制淫威的帝后，則「六君子」之名當不再見於經傳了，不料民國四年間，又有變形易質的「六君子」出現，楊度、孫毓筠、胡瑛、李燮和、劉師培、嚴復等組織所謂「籌安會」，時人戲呼之為「六君子」，這是「六君子」的反角，也是近代歷史上的一幕怪劇。

我們如稍回憶，清末和民國初期兩次「六君子」事件，袁世凱都是其中極重要的角色；他出賣戊戌六君子以成其功名富貴，而起用洪憲「六君子」，卻未嘗不是他自促敗亡的動機。事之湊巧的，袁與湖南人像特別有緣，戊戌六君子以譚嗣同為核心，是一位湖南人（瀏陽）；洪憲六君子的主角是楊度，又是一位湖南人（湘潭），後來打倒洪憲帝的蔡鍔也是湖南人（寶慶）。

袁之不臣於清室，不始於辛亥逼宮，而始於戊戌之告密。他若不把戊戌六君子的血染紅了他自己的頂子，也許光緒帝能夠排除萬難，恢復其君主特權，掛起了「君憲」招牌，推行其以康梁為中心的新政，雖則最後仍無裨於清室之覆亡，卻未嘗不足以朦混一時，動搖了民族觀念，也許辛亥年熊秉坤等權臂一呼，不能一舉而斷送清朝二百六十八年的天下。

下述史實，是袁出賣戊戌六君子的一段過程。

戊戌年（光緒二十四年）四月下詔維新後，七月擢譚嗣同、劉光第、楊銳、林旭為四品京卿，他們都算是天子的近臣，和現在的機要秘書一樣，而當時翎頂輝煌的軍機大臣，反變成了吃飯不做事的廟堂傀儡了。試想畏新政如虎，視康梁若蛇蝎的西太后，能夠容忍得下嗎？她正在計畫着以九月天津觀操為由命直隸總督榮祿實行所謂廢立之計，譚嗣同聽得這消息，不覺慌了手腳，想利用平日向新黨暗送秋波的袁，以推翻西太后的毒謀。

袁剛授直隸按察使不久，尚未到差，八月初二召見，即開去本缺，升為候補侍郎，辦理練兵事務。這次破格升遷，是譚慫恿着光緒帝以「殊恩」感動他，想用他的新軍對抗那手握重兵的榮祿，進而推翻那阻害新政的太后。

初三晚，袁邸中來了不速之客，就是那位炙手可熱的譚京卿。他向袁道賀後，即轉入本題說：「你懂得恩詔的來由嗎？」

袁是老奸巨滑，雖然胸中雪亮，却故意地推開來說：「不曉得那位大臣口角春風，倒使我受寵若驚。」

譚連連地搖着頭，表示不以為然的樣子。

袁低聲說道：「是老兄的錯愛？」

譚仍然搖着頭微笑着。

袁說：「願聞明教，以開茅塞。」

譚用極端嚴肅的口吻，吐着「簡在帝心」四個字，每個字都說得沈重而有力。而袁呢，亦用極端嚴肅的態度，表示其「感激涕零」一個算是「飢不擇食」，一個却「滿臉都是戲。」

談話漸漸入港，兩人的聲帶亦漸漸低沉下來。譚把滿腔的心事都說出：「皇上在大難中，不久有密旨，命你將榮祿正法，帶兵入衛把守頤和園，即命你升任直棣總督。」

袁幕中有一位智囊——尹銘綬是譚文勤公（名鍾麟，黨國要人譚延闓之父）的孫女壻（長子樸吾的女壻），以榜眼授翰林院編修，這裏又是一位湖南人（茶陵）。袁送過了客，就把尹找過來唧唧噥噥地討論了很久，然後便發生太后再臨朝和誅戮六君子等等驚人動作。

後來袁搖身一變，變做了民國總統，曾在報端發表戊戌政變日記，是替他本身和榮祿洗刷的。茲節錄於下：

光緒二十四年七月廿九日，予奉召由天津抵京，定八月朔請安。初一日黎明在毓蘭堂召見，上垂詢軍事甚詳。退下。忽有蘇拉來報，已以侍郎候補，並有軍機處交片：「奉旨令初五日請訓。」次早謝恩，召見，陳無尺寸之功受破格之賞，漸悚萬狀。上笑諭：「人人都說你練的兵，辦的學堂甚好，此後可與榮祿各辦各事。」

初三晚，譚嗣同突如夜訪，謂有密語，請入內室，屏去僕丁，心甚訝之。……譚云：「公受此破格殊恩，必將有以圖報上方，有大難，非公莫能救。……榮某將廢立弑君，公知之否？」因出一草稿如名片式，內開：「榮某謀廢立弑君，大逆不道，若不速除，上位不能保，即帝命亦不能保。袁世凱初五請訓，請面付硃諭一道，令其帶本部兵赴津，見榮某，出硃諭宣讀，立即正法，即以袁某代為總督，布告榮某罪狀，即封禁電局鐵路，迅載袁某部兵入京，派一半圍頤和園，一半守宮。如不聽臣策，即死在上前」各等語。予聞之魂飛天外。

譚云：「今要公以二事，誅榮某，圍頤和園耳，如不許我，即死在公前。公之性命在我手，我之性命亦在公手。必須今晚定議，我即請旨辦理。」予謂：「此事重大，今晚即殺我，亦決不能定。且你今夜請旨，上亦未必允准。」譚云：「初五日定有硃諭一道面交公。」予見其氣焰兇狠，只好設詞推宕……因答以「青天在上，袁世凱斷不敢辜負天恩，但恐累及皇上，必須妥籌詳商，以期萬全，我無此膽量，決不敢造次，為天下罪人。」譚再三催促定議，幾至聲色俱厲，腰間似有兇器，予知其必不空回，因告以「九月即將巡幸天津，伊時軍隊咸集，皇上下一寸紙條，誰敢不遵，何事不成？」譚云：「報君恩，救君難，立奇功大業，天下事盡入公掌握，在於公；若貪圖富貴，告變封侯，害及天子，亦在公，惟公自裁。」

初五日請訓，因奏曰：「古今各國變法非易，請忍耐待時，如操之太急，必生流弊，必須老成持重如張之洞者主持，方可仰答聖意。至新進諸臣，閱歷太淺，辦事不能慎密，倘有疏虞，累及皇上，關係極重。臣受恩深重，不敢不冒死直陳。」上為動容，無答諭。請安退下，即赴車站，抵津，日已落，即謁榮相，略述內情。

越四日，榮相奉召入都，臨行相約，誓以死保全皇上。……良以慈聖祖母也，皇上父親也，處祖母父親之間，為子孫者惟有出死力以調和；至倫常之變，非子孫所忍言，亦非子孫所敢問。

他面諫光緒的一段話是沒有根據的，最有根據的是他後來一帆風順的官運：光緒二十五年（己亥）十一月授山東巡撫，庚子（二十六年）之亂，與粵督李鴻章、江督劉坤一、湖督張之洞等合議劃境自保，因之義和團不敢入山東境一步，因之得「才堪應變」之名；二十七年（辛丑）繼李鴻章署直隸總督；十二月參與政務處；二十八年（壬寅）實授直督，還兼着商務、路政、電報、外交、練兵等等大臣的顧銜。後來李、張兩人相繼謝世，他竟變成了唯一的「廟堂柱石」。三十四年兩宮升遐，才使他真正遇着一次「魂飛升天」的打擊。

光緒死得突兀，當時就有中毒的傳說，迄今尚為疑案。又有遺詔誅袁的種種傳說。不論怎樣，攝政王戴灃是光緒的親兄弟，想替哥哥報仇，是情理上所應有的，加以滿漢人兵權之爭——滿人鐵良、良弼等一口咬定漢人非其族類，尤以袁練兵為其心腹之患——所以光緒死後不到一個月，清廷就叫袁「回籍養痾」。（袁早知為清室親貴所不容，於光緒三十二年十月奏請解除兼職，將北洋第三、第五、第六各鎮交部直轄，清廷允之，以旗人鳳山為一、三、五、六、四鎮總統）

戴灃不誅袁而僅僅叫他「養疴，」是不敢下手，不是不忍下手。北洋新軍都市袁的耳目或心腹，以柔儒的攝政王，敢於悍然為之而不顧其後果嗎？所以袁雖則奉令下野，暗中仍是北洋軍的首領，仍是清廷的心腹之患。那時他已不重視那位尹榜眼了，却找到另外一個湖南人，另外一個智囊，就是後來大名鼎鼎的楊度。楊隨他到彰德，為之策劃奔走。他的長子克定在北京做郵傳部丞參，是他的留京內線。北洋總督楊士驤、東三省總督徐世昌和若干督撫們是他所散布的私黨和資金網。要錢有錢，要人馬有人馬，祇等時機一到，不愁沒有「東山再起」的機會。

尹榜眼何以被袁遺棄了呢？當袁外放魯撫時，曾經保舉他做過山東學台，以酬其功。當義和團鬧得烏煙瘴氣的時候，他又來獻策主張懷柔拳民，以免失太后之意。但是袁一則鑒於外國人的勢力比太后大，二則與兩江、兩湖、兩廣諸總督有「保境安民」的新節合，所以不肯採納他的建議。並且袁是個極端猜忌的人，不願別人多預聞他的機密，又覺得「尹才子江淹才盡，」所以漸漸地冷落了他。尹又因禮部勘卷事與其座師——禮部尚書徐桐大鬧，竟至專摺參徐，當時師弟之分極嚴，學生打倒老師是清議所不容的，所以尹後來外放江南候補道，在南京潦倒以終。

東京鳥瞰

第一次新政被推翻，引起了義和團之變，引起了八國聯軍入京的奇恥大辱，同時却又引起了光芒萬丈的革命火把，清廷於創鉅痛深之餘，才有所謂「籌備立憲」之舉，想用「假膏藥」來轉移各方的視線。辛丑年復開經濟特科，癸卯年（光緒廿九年）閏五月光緒在保和殿舉行「御試」，應考的有兩個後來在民國史上掀風作浪的怪人物，一個是廣東人梁士詒，一個是湖南人楊度。梁中了一等第一名，楊是一等第二名。榜發後，西太后向軍機大臣瞿鴻磯（湖南善化人）偶然談到特科人才，瞿奏稱：「初試一等一名梁士詒是廣東人梁啟超的兄弟，孫文的同縣人，名字又和康祖詒（有為原名）的末一字相同。梁頭康足，其人可知。」這位顛倒錯亂的大臣，把三水人（士詒）硬派作新會人（啟超）的兄弟，把香山（中山）與三水當作一縣。但是西后一聽得革命領袖和康梁的大名，即馬上變色，連初試的閱卷大臣都被她撤換了。同一時期，楊度亦有「康梁餘黨」的嫌疑，嚇得他和梁都不敢入場複試。

楊是王湘綺（名闓運，字壬秋，湖南湘潭人）的得意門人，少年喪父，和他的妹妹楊莊（字少姬）有才男才女之稱。少姬就是湘綺最小的兒媳（湘綺第四子名文育，字季果，乃少姬之夫。）民國初期，一個白髮垂辮的老人帶着一個年老貌醜的女人，形影相隨，招搖過市，千手所指，萬目所視，都笑這個老名士和上坑老媽子的活劇，而此老態然自若。因之時人都說湘綺玩世不恭，却不知他是蘇張一流人物：他在曾國藩幕府時，暗中屢次進言：「你出死力替別人爭天下，何不留以自取！」嚇得曾不敢答話。有一次，他口稱機密大事，請曾屏退侍從，又在私室中反覆陳說清廷之不足以有為，與其碌碌依人，何如創業垂統？曾側着頭把眼光射在地下，一面用指頭醮着茶水在案上信手作字，後來僕人發現他所寫的都是「妄」字。曾引進鄉賢很多，終其身不敢保舉湘綺，而湘綺亦視之為「一個無出息的偉人」。

楊在湘綺門牆中養成了通拖不羈的個性，塗脂傅粉，涉獵花叢，與龍陽才子易實甫一模一樣。一次，少姬夫婦口角，楊寫信給乃妹說：「夫婦之道同於君臣，合則留，不合則去。」少姬涕泣求去，急得湘綺搔首頓足說：「你不看他（指其子）的面，須看我的老面。你不做我的媳婦，作我的女弟子何如！」

民國四年，國史館協修宋育仁因主張復辟被捕，解回四川原籍。宋是湘綺弟子之一，且湘綺正任國史館長，他留了一封信給「慰亭老姪總統」，把印綬交給楊（時楊任該館副館長），悄然不辭而去。他死後，楊的輓詞是：「曠代聖人才，能以逍遙通世法。平生帝王學，祇今顛沛愧師承。」

楊的伯父瑞生，曾任朝陽鎮總兵。他有一名馬弁，是後來北洋三傑之一——大名鼎鼎的王士珍。那時聶士成練武衛新軍，向瑞生要人才，瑞生開了一張名單，守備王士珍也在其內。不料王守備自請退休，就把王馬弁頂名薦了過去。後又選送袁世凱所辦的武備學堂，畢業後提拔到統制的地位。民國成立後又屢任總長、總理，而那個真正的王士珍却窮得衹剩下一條寡褲帶，在湘潭楊家燒飯挑水。有人指點他「你何不找找你的替身，你的替身不是既富且貴了嗎？」王顧左右而言他。

明白楊的身世及其少年時所師承的人物，以不難揣想他後來將演變為怎樣一個角兒。了有人把他歸納於保皇黨，那是不正確的。實實在在，他欲以懸河之口及縱橫之術，物色一個有魄力、有地位、有帝王思想的主子，地位要與曾國藩相若，膽量要比曾大，然後幫助他取天下而自為開國元勛，以竟湘綺未竟之志。嚴格分析起來，他是君主立憲派，與民主立憲派（革命派）格格不入，但又不願翊戴清廷，所以又不能與康梁所領導的君憲派合流共趨。

因瞿鴻禨的一番瞎話，害得他背了「康梁餘黨」的招牌，茫然東渡，不久即與其鄉人范源濂（湖南湘陰人）分任東京留學生會正副會長（楊正范副）。聽說他離開北京時，張之洞頗賞識他，叫他遞門生帖子，許以將來有機會時慢慢提拔他。也許他那時看中了張，認作他的「曾國藩」，他在東京做了張的第五縱隊，常把東京留學界空氣報告那位「識時務而不澈底，欲改革而無勇氣」的清朝元老。

湖南人滿天下，東京中國人社團中到處都聽得楚歌聲，所以楊的活動力很大。他本來很有錢，又有人接濟他的飯田町寓所俄然變成了「留日學生俱樂部」和「湖南會館」，常以大罈酒、大塊肉招待同國人和同鄉人和他往來的有各黨各派，絕無畛域之見。當中往來最密的有黃廑午、陳天華、宋教仁、劉揆一、楊篤生等，這幾位都是湖南的極端革命派。（陳天華是革命黨的大文豪，湖南新化人，於乙巳年十一月十二日在日本投海。所着有警世鐘、猛回頭等篇是革命時的重要文獻，感人極深，辛亥革命頗受其影響。楊篤生是湖南長沙人，吳樾刺五大臣的炸彈便是他所手製的，後來在倫敦蹈海死。）

乙巳年（光緒三十一年）七月，中山先生由歐洲到日本，對革命事業再作大規模的策動。中山先生始意想合併革命保皇兩黨，良以兩黨皆為漢族，主持之者皆為粵人，參加者又皆國中英俊之士，與其分道揚鑣，何如通力合作！不料康長素眼高於頂，且富有「忠君報主」之忱，梁任公雖有入彀之意（康黨有「卓如已入行者圈套」之語）亦不敢過於「離經叛道」，所以中山先生的合併計畫不成，却於無意中實現了「另一合併計畫」，正應了「有意栽花花不發，無心插柳柳成陰」的兩句老話。

楊雖非革命黨人，却不是古板死氣的保皇黨，論才智高人一等，論聲勢亦復不弱。中山先生想把這個「中間派」拉過來做同志，乃與程家檉等訪楊於其寓所，不惜反覆開導，說了許多「排滿必勝、建國必成」的話，無如言者諄諄而聽者藐藐，這由於楊生平不做第二人想，不願做保皇黨的第三把交椅，同樣不願在中山先生領導下做亦步亦趨的信徒，而欲於革命保皇兩黨對峙中造成第三者的優勢，以達其「開國元勛」之目的。

中山先生的理論是：與滿人談改革，無異與虎謀皮，而楊則答以「革命的破壞性太大，中國已疲弱，不堪服猛劑以召危亡之禍。英日皆以君主立憲而強，滿族雖不足有為，倘待有為者出而問世，則事半而功必倍。……」

頑石既不點頭，生公亦無由說法。不料楊把話鋒一轉說：「我們意見不同，各走各的路線，倘能打通任何一條路線，都是於國家有利的。我們雖不能合作，敝同鄉黃廑午等人的主張，却與公相合，我介紹給公何如。」

廑午就是黃克強先生（興）當時的名字。孫黃兩大革命領袖之結合，乃由於楊的介見，真是天下事之不可解者。中山先生的興中會有理論有實行；黃的華興會則偏重實行，而鮮有啟迪羣眾的理論，因之外間謚黃為「革命實行家」，在東京頗有如火如荼的聲勢。孫黃一見面，就感於志同道合，乃將兩會歸併為同盟會，推中山先生為最高領袖，而革命之基礎益固。

一般人都記得同盟會以民報為喉舌，保皇黨以新民叢報為宣傳機關，雙方常常展開筆戰，却罕有注意到以第三者自居的楊亦有一種刊物叫做中國新報的。楊在報端發表「新湖南」及「金鐵主義」與另兩黨若即若離，實為滿清末期的投機派。

革命保皇兩黨的政戰可分為兩大時期：自乙未至庚子五年間為保皇黨一手遮天的時期，康的一張嘴會吹，像抱着孤臣孽子之心，把光緒吹得是一代「聖明之主」；梁的一枝筆會寫，寫得使人們看了心旌搖曳不定。加以國人的心理是很難有急角度的轉變的，以變法圖強為終南捷徑，以民族革命為渺不可求的理想。但自庚子聯軍入京後，「天朝大國」的威風完全掃地，「天威咫尺」的假面具被揭穿，國人的忍耐性已到了最大限度，所以同盟會成立不久，人人均知清室之不可為，而以顛覆清室為唯一可採之途徑。從此，康的吹吹得不入耳，梁的寫亦寫得不入目了，保皇黨遂由昇華而趨於沒落。

清廷的假膏藥

一方因革命勢力之高漲，一方鑒於立憲政體的日本戰勝了專制政體的俄國，全國人心振奮，出使法國大臣孫寶琦等奏請立憲，各疆吏及民間團體起而和之，清廷為勢所迫，乃於乙巳年（光緒三十一年）六月派鎮國公戴澤、戶部侍郎戴鴻慈、兵部侍郎徐世昌、湖南巡撫端方等往東西各國考察憲政，後又加派紹英，即所謂「五大臣出洋事件」。

八月廿六日當戴澤等上車時，桐城人吳樾在前門外車站埋伏炸彈，轟然一聲，戴澤、紹英僅受微傷，臨時中止出發。徐世昌、紹英嚇得不敢再做黨人的靶子，乃於九月間改派山東布政使尚其亨、順天府丞李盛鐸代行。

這幾位先生，叫他們考察目迷五色的海外繁華或有餘，要叫他們考察憲政，則可謂「用非其才」。幸而前清有一風氣，官越做越大，事體越清閒，自有手下人為之撐腰墊背。五大臣帶了若干參贊、隨員，其中最有力的一個就是後來大大有名的湖南鳳凰人熊希齡。

熊是半新半舊的人物，會追隨康梁之後以新黨見重於時。戊戌政變後，僅僅得了個「交地方官嚴加管束」的處分，却大為湘撫趙爾巽所賞識，由一個體操教習（熊受管束時在常德西路師範傳習所任體操教員）爬到候補道的地位再由候補道爬到隨同五大臣出洋的參贊地位。他想再找一個替他墊背的，想來想去想到同鄉人楊度的身上，乃向五大臣上了個條陳：「我們匆忙到外國，不久又匆忙回來不易搜集材料。縱然搜集了材料，而各國國情不盡與我國相適合，不易整理就緒。依着希齡的見解，不如物色一個對憲政有深切研究的人物，叫他釐定方案，我們回國時即以之為藍本，潤色之而出奏。」

那幾位大臣對此無成見，只要自己不動手，無論那一個做鎗手都成。關於鎗手的人選問題，熊以為我國精通憲政的有二人，一為梁啟超，一為楊度。梁是朝廷的罪人，楊則無所謂，不如先找楊再說。他的上司說：「好，這件事就交給你辦。你到東京辛苦一趟，先和楊度接洽。」

熊立刻趁船到東京，見了楊度說：「皙子你的機會到了！我請你幫忙同時我却替你幫了一次大忙。」楊向他投着一道驚疑的眼光，他却汩汩滔滔地說了一切經過，並且說：「五大臣做軀殼，你替他們裝上一道靈魂。當他們在火輪上看海鷗、在外國看跑馬賽狗的時候，正是你閉戶着作的時候。他們逛得厭了，你的大作也就完成了。」

楊想了一想，這正是「借尸還魂」的機會，便欣然應允了。等到熊由日本返國覆命的時候，楊又把鎗手的責任分一半給梁任公，他自覺學問淵博不及梁，行文之流暢亦有所不及，便把難題目交給梁做，這個題目就是「世界各國憲政之比較。」他自己揀了兩個比較輕鬆的題目，一為「憲政大綱應吸收各國之所長，」一為「實施憲政程序」（清廷為拖延時日起見，預定九年立憲，楊則主張縮短為五年，戊申八月仍規定為九年，直至宣統二年才頒詔改為五年。）

當五大臣在海外走馬看花的時候，多才多藝的熊參贊還鬧了一場笑話：一天，熊回到旅館，匆匆找着了自己的臥房，推門一看，一個赤條條的西方安琪兒靜靜地睡在他自己的床上，不啻一幅海棠春睡圖。熊揉一揉眼睛，「這是在做夢吧？」但決不是夢境。豐潤的臉龐，柔和的氣息，白藕似的嫩臂，滿頭散亂的金絲髮，那一件是能在夢中遇着的？」

他腦子裏正在翻來覆去的時候，那女子悠悠地醒來，惺忪的夢眼中驟然看見了扁鼻黃面的中國人，也疑心做着一個怪夢，咄的一聲，翻身而起。繼而她發覺不是一個夢，遂又疑心到站在她面前的中國人是個飛簷走壁的大盜，她狂呼：「救！……救！」

這一來熊更茫茫然摸不着頭腦了，他忍着滿肚皮的悶氣，柔聲下氣地說：「夫人，這是我的房，你怎麼會睡到我的床上！」那女子不懂熊的話，呼聲格外銳厲，許多旅客都跑來看新聞，當中一個是熊的同伴梁鼎甫，一手把熊拉出房門來，一面向那女子咭唎咕嚕地說了幾句道歉的話，才結束了這幕趣劇。熊被拉出時仍舊茫茫然。梁一面埋怨他，一面解釋說道：「你走錯了一層樓了。外國旅館每層樓都是一樣，每個房間的陳設物也是一樣。你今天不遇着我，秀才遇洋人，有理講不清，何況你是無理的呢！」

這是節外生枝之筆。且說五大臣倦遊歸國時，鎗手的草稿未到，急得他們搔首頓腳。又是熊出主意，要他們以「考察東南民氣，並徵集名流意見」為由，在上海飲酒看花，一面派急足到東京催促鎗手交卷。卷到了，五大臣打馬進京，根據梁楊的藍本奏請立憲。丙午年（光緒卅二年）七月經過御前會議，清廷乃下「預備立憲」之詔。

當五大臣出洋考察時，清廷特設「考察政治館」，正應着上海人「像煞有介事」的一句話。五大臣要把靈魂找回來，奏請楊度才堪大用，清廷准奏了。未年（光緒卅三年）七月改考察政治館為憲政編查館，賞楊四品京堂，委為編查館提調，這時楊的地位幾與戊戌政變前六君子的地位相若了。

楊不到北京「走馬上任」，却跑回湖南「閉門守制」，像是無意仕途的樣子。實實在在，楊與其友梁碧垣組織華昌公司，在湘辦礦，虧了本，下不了台，梁急得一目喪明，楊也急得一籌莫展。楊一面向北京自高聲價，一面却真想料理公司的事，一時分身不得。那時清廷調張之洞、袁世凱為軍機大臣（袁兼任外務部尚書，楊士驤繼任直隸總督。其後張死於宣統元年八月，享年七十四。）張、袁早已窺破了五大臣悶葫蘆裏的妙藥，對楊亦抱着「斯人不出如憲政何」的感想，一再催之北來。

往日士大夫都有一種「搭空架子」的習慣，你不需要他，他急得鑽頭覓縫地想出來，你一旦請教他，他又擺出滿不在乎的態度，千呼萬喚呼之不出。楊給張、袁的回信說：「我辦華昌公司，虧了本，下不了台，一時不能北來。」張、袁雖明知這無異「敲詐」手段，區區幾個錢却不成問題，便發起代向各督撫招募股本，錢的問題解決，楊乃飄然而至。

戲報早已貼出，名角又已登場，看上去立憲問題已不是「像煞有介事」的空泛問題了，但是不肯放棄大權的西太后仍然抱着「拖」的政策，滿人親貴又都疑心「憲政糖」裏面包了毒藥，反對之聲四起。只有慶親王奕劻甘做袁的傀儡，在袁指示下建議召集各親貴在頤和園聽講，講師是楊度等，講演的題材是說「立憲乃君主萬世一系的不二法門，否則必難避免革命」……

這篇大道理雖然嚇退了親貴們抱殘守缺的勇氣，當前又有難題，漢臣中的兩大柱石各有見解，張講求考據之學，憲法大綱要合乎本國歷代制度；袁則主張吸取東西之所長，以富國強兵為目的而不問其他。楊既要融合滿漢意見，又要融合張袁意見，其不能發揮獨特之見解可知。

開講憲政時又有笑話：一天鄭孝胥忽發冷笑，大家都很詫異，問他有何高見，他說：「你們把立憲當做救時良藥，以為憲政完成後國由此而富兵由此而強。依我看起來，用不着咬文嚼字，用不着五年九年，富國強兵猶反掌耳！」眾驚問：「你有何安天下的妙策，我們願洗耳恭聽。」鄭得意洋洋地說：「極簡單兩字妙訣，借款而已。」

「借款！誰不知道借款？但借款怎樣可以救國呢？」大家都有點茫茫然了。不過他們看到鄭的臉上很有把握的神氣，以為借款之下必有妙文，所以都不敢拿出藐視的態度，請他詳加解釋。鄭四面望了一望，像怕有外國偵探偷聽了他的話，才低聲說道：「我們借了外國的款子，外國便窮了，我國便富了！」

楊事後向人說：「中國名流其見解幼稚如此，國事焉得不壞？」當時楊自命為庸中佼佼，後來他發表「君憲救國論」與「借款救國論」相去幾何？遲至民國廿年後，我國士大夫階級還有侈談所謂「大刀救國」的，又與庚子年「洪鈞老祖命五龍守護大沽，洋兵當片甲不留」的話相去幾何？

事實上，袁、楊的結合始於丁未年講解憲政之時，袁想利用新政推翻親貴的舊勢力，以便創造自己的新勢力，又因戊戌政變得罪了康、梁一派新黨，所以網羅了楊度做他夾袋中的新人才。不料西太后一死，袁被貶逐，楊亦失了飛黃騰達的階梯，他常常嘆着氣說：「伊藤博文的命太好，我的命太苦。」

寧漢黨獄

當清廷高唱立憲之際，正黨人誓死排滿之秋，其聲勢最大而出人意表的是丙午年（光緒三十二年）十月萍醴之役。時值大水之後，遍地都是哀鴻，湘贛會黨與煤礦工人聯合起事，發明了若干「新戰術」：瀏、醴一帶乃爆竹的產生地，義軍把這個爆炸物藏在洋油箱內，夜間放起來小爆竹劈劈拍拍像步鎗聲，大爆竹轟轟然像大炮聲，清軍為之喪胆；他們力避正面戰，却展開漫山遍野的游擊戰，白晝不見人影，夜間殺聲四起，另於叢林中樹起一片一片的旗幟，這是他們的「疑兵」，清軍殺來時撲了一場空，他們却從左右翼包抄清軍的後路。這些戰術是中國人的獨特戰術，就是「以寡敵眾，以弱敵強」的戰術。後來蔡鍔討袁之役，湘軍趨張之役，及最近中日之戰，曾用之而大獲勝利。

清廷始則令湘贛兩省會「勦」，繼而看到義軍如火如荼的聲勢，乃命兩江總督端方、兩湖總督張之洞檄調大軍，傾四省之力，才把義軍消滅，倡義者或被殺或被捕，幾乎一網打盡。那次義軍失敗由於領導乏人，內容渙散之所致。一部稱中華民國，一部稱中華帝國，稱民國的以湖南人痛罵湖南人，罵曾（國藩）胡（林翼）是逆賊，洪楊之役是湖南人的奇恥大辱，所以湖南人應以一身為天下先，以贖前愆，以雪前恥；稱帝國的却並未擁立一個皇帝來，但以驅除韃虜推翻淫后為目的，虛大位以待豪傑之士。總之，他們只抱着「一民主義」——民族主義—而對於「民權」「民生」則模糊不明，與東京的革命大本營——同盟會——無密切之聯絡，雖有血氣之勇，終以步驟不一而失敗。

萍醴起義事為東京同盟會所聞，急派黨人分赴長江各省運動軍對響應，其中之一就是後來洪憲六君子之一——孫毓筠，那時他是毀家紓難的志士，其黨中地位僅亞於黃興。中山先生特在牛込區寓所設宴歡送，祝其馬到成功。

孫是清廷大學士孫家鼐的姪孫，其祖先為山東濟甯州人，逃荒逃到安徽壽州來，在城外二十里大柳樹（地名）住下。那個老頭兒有兩個兒子，大兒子學生意，小兒子讀書。後來長房以販布起家，所以毓筠手裏很有錢，而家鼐是二房之後，直到中狀元時他的老婆還在壽州以洗衣為主。

毓筠中了秀才，捐了同知，又加捐道員，那時很想做官。他丁外艱時讀楞嚴、圓覺諸經，讀得入了迷，又想做和尚。後來看到乙巳年安徽人吳樾謀刺五大臣之一事，壽了重大刺激，乃決計做革命黨，先遣其妻汪玨送兩子東渡留學，翌年（丙午）三月本人也到東京加入同盟會為會員，時年三十八歲。他在壽州辦了一個小學，臨行時把小學併入壽州中學，他辦學目的是鼓吹革命，造就革命人才。

他的後半部歷史誠然不光明，但早期對革命却有相當的貢獻：他是個揮金如土的人，其家財大部分耗之於興學及革命事業。壽州與阜陽同屬皖北，一為安徽革命的策源地產生了若干革命健兒；一為附於北洋系的反動巢穴，產生了若干軍閥走狗。即由於孫與柏文蔚都是壽州人，倪嗣冲是阜陽人，得一二人為之倡，其風氣即截然不同了。

那時南京新軍將校頗多同情於革命的，孫與同鄉人段書雲、權道涵奉命與之聯絡，倘能揭竿而起，響應萍醴義師，則端方不能端端方方地坐在六朝金粉之地，革命大業也許不待辛亥年而後成，但不幸蹤跡敗露，孫等俯首就擒。

孫的初一念是死。但死之一字，有時易如反掌，有時却難如登天。假使把心一橫，眼睛閉緊，牙關咬緊，便來一聲「卡察」，人頭落地，那便成為視死如歸的英雄了。假使死神要來不來，並且有一線生機被你發現了，心慢慢活動，眼睛慢慢睜開，牙關慢慢鬆弛，即變成一個貪生畏死的懦夫，所謂「爭此須臾」者是。

孫正在閉目待死時，忽然跑進一個春風滿面的何道台來，拍着孫的肩膀說：「好好一個人，為什麼要鑽向枉死城中去！幸而遇着午帥，不然，一百條命準有五十隻活不成。」孫茫然不解。何再作解釋說道：

「午帥很憐惜你，命我傳授秘訣，你的口供只說政治革命，莫談種族革命的話，那麼你的性命還是你的性命。」

端不是同情革命的人，也並非好生戒殺之徒，何以獨垂青於階下囚的孫而授以四字真言呢？其中却另有因素：他發覺孫是「壽州相國」的晚輩，馬上打電報問家鼐：「孫毓筠是否你的同族？」家鼐回電說：「此子頑劣異常，請嚴加管束！」他不便明保革命黨，所以繞彎拐角地說了這兩句話，是授意端方「刀下留人」，端自然不能不答應。再則，楊度也有信來請他「愛惜名士」，一個人情有兩家受主，端亦何樂而不為？

孫受了何道台的指示，吐着一段洋洋得意的供詞，他說：「午帥憐惜我，有意保全我，人非木石，甯不知感！我覺得政治不良，要救國當先改革政治，抱此目的，他非所問。我早想做和尚，午帥真要保全我，我決然做和尚做到底，妻兒財產一無所戀，任何黨派概不預聞。」（端復楊電，有「孫生文理通順，門地高華，當秉高誼，求入於輕」之語。）

他又分析革命有兩個源流，一為政治革命，即不問政府為滿為漢，只求改良政治，達富國強兵之目的，於願斯足；一為種族革命，孫文、黃興等主之，而仇視午帥最力、要殺午帥的就是那個愍不畏死的黃興，他的黨羽多半是湖南人，午帥對湖南人應特別注意。他最後的結論：「午帥要殺我的話，我死得其所，無所怨尤。但為午帥計，黨人誅不勝誅，不必株連太甚，才是消弭禍變之法。」

有了這種「只談政治革命不倡種族革命」的供詞，端方替他開脫了「大逆不道」的罪名，僅僅處以五年監禁，而「從犯」權道涵、段書雲反判以終身監禁。諺謂「朝裏無人莫做官」，假使朝裏有人的話，即「造反」亦不會殺頭充軍。同時端方知新軍之不可恃，實行「肅軍」運動，撤換了大批有革命嫌疑的軍官。

表面是五年監禁，實則端方常把孫從牢裏叫到花園讀書，以示「優待故人子弟」之意。只因「公子讀書」便有一段「艷姬送情」的韻事。

黃鶴樓頭革命潮

孫毓筠等被捕是有名的「南京黨獄」。同一時期，武昌亦大興黨獄，另一六君子之一——胡瑛——和同志多人也被捕。

湖南人譚嗣同在北京謀變法被害，唐才常在漢口謀革命被殺，以此激動了湖南人的辣性，一時獻身革命者之多，使清吏有「不可勝誅」之歎。其中最着者，有黃興、宋教仁、劉揆一、禹之謨、陳天華、胡瑛等。黃是兩湖書院出身，曾與張繼等在長沙擔任經正學堂的地理和體操教習，教習是散播革命種子的導師，學堂是革命人才的養成所。胡是經正學生出身，原名宗琬，那時是個視死如歸的志士，與吳樾同謀炸五大臣的有他，乙巳同盟會成立時首先加入的有他，化裝在京漢線跟跡鐵良，欲為博浪之一擊的也是他。

當其時，兩湖志士在湖北組織日知會為革命執行機關，其中重要分子為劉家運、朱子龍、劉靜庵、王漢、陳棟、李亞東、胡瑛、梁鍾漢、李良軒、張難先等。胡擔任連絡湘鄂西會黨，把那些會黨介紹到新軍內，以便待時而動。

胡與「桃園漁父」宋教仁是親同鄉。他說話頗像戲詞，如「你從那道而來，」「老夫自有道理」之類。口音像桃源話又不像桃源話，像湖北話又不像湖北話，像四川話又不像四川話。若把他的身分分析起來，有時是革命黨，有時是軍人，有時卻又是政客。同黨中有人調侃他：「你為什麼要革命？」他卻扳起面孔作答：「你革得，我也革得！我們大家都革得！」

同盟會運動南京新軍，日知會運動武昌新軍。當同盟會在東京成立時，為集中革命力量，日知、華興兩會會員全體加入時。有法國武官表同情於中國革命，赴長江一帶調查革命力量，中山先生派喬宜齋偕行。劉家運等特在漢口聖公會——日知會本部——開會歡迎，那位武官大談其「排滿必勝，革命必成」的話，為清吏所聞，日知會以此被查封，劉家運被捕。隨後黨人王漢在河南一擊不中自殺，繼之以萍醴軍事失敗，丙午年鄂吏追捕餘黨，朱子龍、劉靜庵、殷子衡、李亞東、張難先、胡瑛、梁鍾漢等均被捕，朱死於獄中，李、張越獄逃走，餘皆判處終身監禁。

胡既無老本家替他說情，祗等「卡察」一聲，便不離由獄中升到先烈祠的牌位上。豈知清廷正賣着立憲的假膏藥，僅處以終身監禁，害得他進不去烈士祠，後來由一位革命健將變成了帝制黨，真是他的大不幸。

但是革命初期胡的貢獻亦是不可抹煞的，他在獄中能把眉目猙獰的禁卒變成了供他驅策的聽差，與黨人仍有聯絡，並且把一切革命布置報告黃興、陳其美等。（胡在縣司獄中，獄吏談國華極優待他）他後來得意洋洋的說：「天生德於予，二張（張之洞、張彪）其如予何！」

除日知會以外，武漢另有革命團體如下：

羣治學社　新軍兵士及文化份子林兆棟、鄧玉麟、黃元吉、曾省三、梁維亞、黃申薌、蔣翊武、劉堯澂、唐犧支、李抱良、鍾騏、查光佛、詹大悲、宛思演等所組織，以漢口商務報為宣傳機關。

共進會　同盟會成立後，張百祥、余晉域、焦達峯、劉公、劉英、孫武、居正、吳慈祥等另組共進會於武漢，以兩湖為革命中心，會費由劉公擔任。辛亥起義時本應推舉劉做鄂軍都督，因一時找不到他，才改進協統黎元洪。還有孫武冒充孫文之弟，外間以訛傳訛：「孫文的兄弟到了，我們快參加革命去！」新軍紛紛加入，後來於武昌起義時影響頗大。焦達峯是湖南光復後第一任都督，不久被悍將所殺，湘軍改推諮議局議長譚延闓繼任。

振武社　庚戌年，湖南有米風潮，湖北有路風潮，湖南請兵彈壓，湖北新軍想乘機起事，由四十一標劉堯澂、查光佛發難，因同志孫昌復在漢口潛運炸彈事洩，同志逃往川、滬一帶，商務報被封。劉變名再投入四十一標當兵，與憲兵彭楚藩及二十九標兵士蔡濟民、甘績熙、高尚志、杜武庫、王杰、李子青、楊選青、夏一鳴、馬驥雲等，三十標兵士吳醒漢、王憲章、張廷輔、蕭國寶、陳復元、徐達明、王文錦、趙守樸、羅良駿、馮中興等四十一標兵士丁人傑、蔣翊武、唐犧支、李抱良、楊王鵬、蔡大輔、廖湘芸、李達五、陳用璋、章瑢昆、王國華等三十一標兵士李建中、黃元吉、曾省三等四十二標兵士張喆夫、劉化歐、邵文彬、黃鎮中、劉制六等三十二標兵士孫昌復、單道康、馬萬里、馮扶青、李成牧、朱漬強、向海潛、等馬隊陳孝芬、江炳靈、饒申甫等砲隊黃駕白、徐萬年、曹華丞、陳國楨、陳子龍等工兵營李乃斌、方英、金兆龍、熊炳坤、馬榮、何英等輜重營胡祖舜、陸軍中學堂席正銘、雷洪、侯源英、謝采等陸軍測繪學生李翊東等成立振武社，為策動革命機關。辛亥正月，蔣翊武、孫昌復、詹大悲、何海鳴等在武昌成立文學社，胡瑛亦自獄中參加。詹大悲則在漢口辦大江報，川路風潮發生，詹何均被捕，大江報被查封。

共和會　荊州青年胡鄂公、熊得山、錢鐵如、覃秉清、邱壽林等醉心革命，相偕北上。胡由北京轉入保定高等農業學堂林科，與同學李堯衢、林柏衡進行革命組織。該校與直隸高等學堂為緊鄰，他們走過高等學堂時，常指而相告，「謀炸五大臣的桐城人吳樾就是這個學堂的學生！」己酉年胡與保農同學熊得山、李堯衢、吳若龍、林柏衡、程芝田等北京高等實業學生錢鐵如、天津法政學堂覃秉清、北京法政學堂邱壽林、陸軍速成學堂徐繼庶、保定法政學堂徐炳文及第六鎮兵士王榮九、趙海濤、陳雄等決定於十月初九日組織共和會，先發起「斷髮會」以覘人心，聯合保定各校於九月十五日同時剪辮，預約三家者僅數十人，到期竟有五百餘人參加。錢、邱、覃等在京津兩地響應剪髮，一次參加者千餘人數日之間，剪去幾萬條烏油油的辮子他們才很有把握地進行共和會之組織，初次參加者約四百餘人。庚戌年四月初八日胡與保定育德學堂劉仙舟、張在田，保定法律許潤民，保定法政劉新茹及京、津、通各地代表在保開成立會。各省成立分會者有荊州譚虛谷、謝石雲、陳濤等，桂林劉漢柏、孟浩、黃子明等，廣州何南屏、韓佐治等。九月十七日保農上課時有人告胡，「奉天學生因請願開國會已罷課」胡不管虛實，課堂一呼全班罷課，推而至於全校。隔壁高等學堂當局急令斷絕兩校交通，保農一學生踰垣而入，高等學堂亦罷課，推而至於保定文武各校。罷課結果，加入共和會者三千餘人。舉胡往京津一帶運動罷課，京津聞風響應。胡回到保定時，學堂駐了軍隊，黃教務長向他說：「你快跑，當局已下通緝令。」胡腰間僅剩一元，找了一個店家吃餑餑度日，一星期之後才因同學之接濟，別了保定，到江西住農業學堂。他故態復萌，又與新同學鄺摩漢、王振新、詹天祿、王寶山等成立共和會南昌支部。辛亥暑假，胡回到武昌與軍警學界聶松翹、梁鵬、劉鐵夫、鄭心田、王杰、李子青、趙守璞、陳用璋、馬萬里、何英等成立武昌支部，與共進會劉公、日知會胡瑛等取得聯絡後，即赴京、津、保及開封巡視各分會。八月十九日回到漢口，正是武昌起義的那天。

總之，自萍醴失敗及甯漢大興黨獄以來，各地志士紛起，正應了孫毓筠「革命黨捉不盡殺不絕」的話，足見失敗為成功之母，小挫是大捷的先兆。

八月十九日

張香濤內調軍機，瑞澂做了清朝最後一任的湖廣總督。瑞的胆子比他的前官更小，而環境更惡劣。他問張彪：「你的隊伍中有多少革命黨？」張說：「不敢瞞大帥，大約有十分之三。」

黨人原約於辛亥年中秋節起事，因布置未就緒，改於廿五日舉行。十九日，彭楚藩、楊宏勝、劉汝夔在小朝街被捕，當日被害。黨人大起恐慌，都說名冊被搜去，有一網打盡之危；非黨人也起恐慌，都說黨人故弄狡獪，把未參加的人也列入名冊內，有玉石俱焚之危。所以無論黨人與非黨人都想作背水之一戰。祇因缺少一個負責聯絡進行的首領，大家你望着我，我望着你，無「劍及履及」的決心。

工兵營同志沙中聚語：「我們把口袋中的錢整個兒掏出來買酒喝，喝醉了，要革命就革個痛快，要殺頭也殺個痛快！」於是大家仰着脖子豪飲，俄頃之間，夕照般顏色浮在每個人的臉上。

那時值班守衛的兵士是金兆龍、熊炳坤。熊站在樓梯口，金站在樓下；兩人距離不遠。一會兒，巡夜督隊官阮榮發來了，見熊東歪西倒地打着瞌銃，不禁勃然大怒，一巴掌把熊打得身子晃晃蕩蕩地像風中弱柳。熊陡然睜開鮮血般醉眼，使勁一飛腿，把督隊官攛下樓像斜坡上的石頭。熊口中併出猛獸般吼聲：

「滾你媽的蛋老子說幹就幹！」

砰磞一聲驚破了金的殘夢，倏地放起鎗來，全營為之大震。另一兵士方興投了一枚炸彈，在操場中引吭高呼：「集合集合！革命革命！」

拖炮的拖炮，背鎗的背鎗，由工兵營牽動了各營，一陣微風變成了飛沙走石的狂飆。革命軍唯一目的是攻楚望台（搶火藥庫），守台工兵營哨官吳兆麟——革命同志之一——開門以迎革命軍，舉為臨時指揮，當晚議定了「同心—協力」四字口號。

這次革命仍與萍醴起義時如出一轍，事前無精密計畫，事後找不到一個統馭全軍的領袖，但人人要革命，正合着胡瑛「你革得我也革得」的那句話，而清室之以攝政王始，以攝政王終，正合着「瓜熟蒂落」的那句話。二十日占領武昌全城，十八星旗遍懸於黃鶴樓頭及蛇山之巔。是日上午在諮議局選舉都督，議員劉賡藻動議：「第二十一混成協黎協統頗孚人望」，眾拍手贊成，同時臨時指揮吳兆麟也主張借黎的資望以資號召，乃有蔡濟民、馬榮、湯啟發等數人與議員劉賡藻等同往黎宅勸駕。

外傳黎躲在床底下不肯出來是不正確的。當黨人到黎宅時，一個火夫挑了三口皮箱出來，大家疑為槍犯，喝令止步，火夫戰兢兢地說：「我是奉黎大人的命令，黎大人不在家。」眾問：「黎大人在那裏？」

火夫期期艾艾地說：「在黃土坡」大家跟着火夫到黃土坡，從參謀劉文吉宅的後室中搜着黎，首由劉賡藻告以選舉都督的經過，黎說「你們人才很多，何必找我？我幹不了這件大事。」

大家一致籲請以民族國家為重，尤以馬湯口才為最敏捷，黎總是搖頭不應。蔡急了，倏地掏出手鎗來厲聲說：「你再不答應，我就自殺在你面前！」大家一齊說：「我們都自殺，要死一起死！」

黎看見一線線熱淚掛在每個人的眼簾下，倒弄得一籌莫展，很跼蹐地說：「你們要我上那裏去呢？」

「楚望台」大家也不知道上那裏好，只信口作了這個答案。劉賡藻畢竟是通達事體的議員，主張到諮議局，黎不得已搖着厚重寡文的身軀，讓他們簇擁着到諮議局來，許多路人紛紛加入了這個雜亂無章的隊伍，把黎圍在垓心。

到了諮議局，諮議長湯化龍及紳學各界亦至，黎還是搖着頭不肯出山：「你們不要抬舉我吧，我不是革命黨，不夠資格，夠資格的是孫文。」

「孫文嗎，馬上就到，」大家又信口作了這個答案。這句話一時傳遍了武漢三鎮，人心因之愈振奮，都以為這次革命是很有把握的。

湯化龍勸黎服從多數民意，以伸大義於天下。他是湖北名流，進士出身，現在諮議局議長，黎看見這個非革命黨人也同情革命，意思才漸漸地活動起來。

「武昌靠江海軍那樣利害，怕不容易守得住吧，」這是黎意思活動後的第一次考慮。鄧玉麟——後來革命軍「謀略團」團員之一——說：「萬不得已時我們退湖南。」

「湖南怎樣好退呢？」

「那邊有我們的同志，會接應我們。」

「餉呢？」

「有的是，打開藩庫取之不盡。」

黎默默無語。

有人擬就都督安民布告，請黎簽名於上，黎仍然搖着頭。蔡濟民又持鎗大呼：「為革命，為漢族，我們今天大家都不要性命了！不簽名大家都自殺！」

「好吧！」黎低低吁了一口氣，提筆簽了名。就此諮議局變作了臨時的鄂軍都督府。以下談到組織問題，先組織謀略團，以蔡濟民、吳醒漢、鄧玉麟、高尚志、張廷輔、王憲章、徐達明、王文錦、陳宏誥、梁鵬等任之。

黎雖然勉強就任都督，一個魁梧奇偉的軍人卻變為不言不笑的息夫人，別人向他說話，他除掉「

唔……唔」之外沒有回答別人建議辦這樣辦那樣，他只吐着簡單一個字——「好，好」因此人人謚之為「泥菩薩」。但是菩薩多少總有點靈驗的，他是穩健派頗有相當聲譽，對內穩定了湖北人心，對外刺激一般非革命黨使之認識革命排滿之必要而相與翕集於民族復興之大纛下。

時值新創之局，頗有「文武百官着草履上殿」的情景。清廷的「命」快要「革」掉了，「大人」「老爺」的稱呼也附帶革掉了，官民一律平等，以「君」或「先生」互稱，以握手鞠躬替代了作揖磕頭，一個有智謀有力量的平民不妨跨進都督府為上賓或取得某種委任狀，而那位大都督除了「唔…唔…好…好」之外是不大多開口的。

府中成立最早的是外交部。武昌炮聲一響，胡瑛一腳跨出獄門，一腳跨進都督府，自立為「外交部長」（該部設於都督府附近一滿清大員之家），是民國有史以來的第一任部長。王正廷來遲了一步，屈居副部長之職。一般人對胡之自加封號倒滿不在乎，因為府中出出進進大多數都是陌生面孔，誰也不明了誰的底細，胡掛上「革命老同志」招牌，加以坐牢的榮譽，都覺得他夠得上做「部長」，不過也有人偶然私議：「民國的事兒太稀奇，做外交部長的不懂外國語！」胡聽了並不生氣，只正色說道「長官以能見其大，發號施令為原則，用不着有事務才。」

府以內漫無條理，府以外是「飢餐胡虜肉，渴飲滿奴血」的亂糟糟的世界。漢人忍受了二百餘年「不平等地位」的痛苦，揚州十日，嘉定屠城的史實浮上每個人的心頭，一旦驟獲解放，如怒馬之奔騰，若狂潮之洶湧，單是閱馬廠諮議局附近電桿上掛的是腦袋，足底下踏着的是死尸，一人高呼「捉漢奸」，馬上便有人開鎗，不管那人是否漢奸，也不管子彈有沒有眼睛，打中漢奸或者誤傷路人。在這一片亂糟糟的世界中有一點卻是一絲不亂的：除極少數舊官僚及民族敗類之外，全體軍民人人懷着滿腔的熱血，不怕死，不要錢，不偷安，有錢出錢，有力出力，以求「超墨池而燈雪嶺，脫苦海以游天堂」。

假使黃包車夫拉着一位革命同志下車時把車錢給他，他一面拉着空車飛跑，一面報以同情的苦笑：「你們命都不要，我那好向你要錢？」

光陰過得真快，起義後一星期，即八月廿五日，黎都督還是目動口不動，口動心不動的一尊活菩薩，府中還是漫無條理，懂政治的湯化龍、居正兩人才建議草擬都督府暫行條例。當前的難題是誰擔任起草員？革命以平等為號召「人人都革得」，假使湯、居二人自任為起草員，豈不有包辦革命，擅定官制之嫌他們想了一想，抬出一頂大帽子來壓倒芸芸眾生，而帽子之最大者莫如革命領袖孫中山先生。他們召集各界代表在教育會開會，人人都是代表，人人都是大中華民國的主人翁，人人都有參加權發言權和表決權，誰也不能拒絕誰，所以屋子裏擠滿了五光十色的民眾代表，直至無可立足時始止，召集人宣布：「今天討論都督府組織暫行條例，這條例是由中山先生親擬，託交同志帶來的，請大家逐條討論。」「通過，贊成，舉手，」大家沒等到宣讀條文，暴雷般吼着，兩個起草人臉上浮着勝利的微笑。條例大要是都督下分設軍政民政兩大部，軍政設總司令一員，由都督兼領（後推黃興擔任）下設參謀、軍令、軍務三部，推定楊開甲為參謀部長，吳兆麟為副部長，杜錫鈞為軍令部長，軍務部部長由孫武任之，副部長由張振武、蔡紹忠任之；民政部長由湯化龍任之，下設外交、財政、交通各司，由部長選任之……

雖有大帽子鎮壓了一切反對派，但人人都想做部長，一方罵某人不是革命黨，一方指斥某人無資格，無經驗，當中氣得最利害的就是那個自立為外交部長的胡瑛，他說：「湯化龍，何德何能，也夠得上做民政部長嗎？然而……此正化龍之所以化龍也。」

因各部次第設立，便有排擠傾軋等等人事問題發生，若干部長受了冷嘲熱罵，大半意懶心灰而退；只有胡的外交部長做得最起勁，別人無辦法，他有辦法，別人嚇得退，他嚇不退。照理外交部應改為一司，隸於民政部之下，他卻不肯放棄部長的名號，別人不去管他，他也不受人管，而民政部長直等於零，除所委財政司長胡瑞麟擔任了幾天籌餉之外，湯只算一個掛名部長而已。

三條辮子

武昌起義之日，胡鄂公由開封趕到漢口，下榻鐵路第一賓館。翌日準備過江，看見帳單上開三元八毛，他問：「怎樣有這多？房錢六毛，飯錢四毛，合計只一元……」帳房滿臉堆着凶勁說，「住不起棧房就不應闖進來，我們開多少就是多少！」胡謂「你們總該講道理。」帳房鼓起銅鈴般大眼大聲說：「老爺偏不講理！」倏地飛來一拳，胡不及提防，幾乎站腳不住。他想了一想，不能吃眼前虧，乃如數付了房飯錢，身邊只剩得二元數角，于于然走到江邊來。

武漢交通斷絕，沒有船怎好飛渡？好了，一隻筏子踏着波浪緩緩而來，胡在岸上招手，叫「過江」，船夫說：「武昌去不得，今天不做生意。」胡把身邊所有的錢都拿出來給他看，只要渡過江，這些錢都是他的，不論徐家棚也好，鮎魚套也好。舟子看在錢的份上，才搖着槳靠攏岸，胡一腳跳到船上。

小船斜刺裏過了江，靠在一片沙磧上，離漢陽門尚有若干路，舟子就把胡匆匆卸下，掉轉方向，順着江流箭一般駛去。胡在岸上走了約一箭之地，早有一個步哨擎鎗而來，問胡是否奸細，胡答以「我是老革命黨，因參加革命而來。」哨兵見他佯裝革履，辮髮早已剪去，頗像個革命黨人的樣子，乃將他伴送到黃鶴樓，聽候營長發落。

黃鶴樓架了幾尊炮炮口指着陽夏，營長詢知這個西裝客是來見革命領袖的，乃向之說道：「好，我們已經有了都督了！你看都督的安民告示還是溼的呢！你有話向都督去說，要革命向都督商量。」

他派人把胡送到諮議局，等了一會由一個傳令兵引入極東一間樓房裏面有一個穿灰色呢袍的大漢，就是剛剛簽名不久的鄂軍大都督黎宋卿先生。

胡向之娓娓述北方情況，黎祇「唔唔，」應了兩聲，沒說什麼。其時勤務兵端上飯菜來，是四盤一湯，黎把眼睛望着胡，「你吃飯未？」胡老實不客氣地說：「我的肚子正餓着呢。」

兩人一面吃一面談，談來談去，總談不出所以然來。吃完了，飯臨時指揮吳兆麟進房來把胡拉到極西一間樓房——臨時指揮室——說：「你別和他談了，有話和我談。請教貴姓，台甫？此來有何貴幹？」

其時都督府已組織高等偵探、普通偵探、步探、馬探四科，胡到後即聯合成立一總辦公處，推胡主持其事，撥步兵三百、馬隊一百、小火輪二隻供其指揮，並擔任都督府衛戍事宜。胡看到都督府之雜亂無章，第一次建議是立威，所謂「立威」就是提高都督地位，其辦法是在閱馬廠築壇誓師，擇期祭告黃帝，大家一致贊成，乃於廿五日黎明由都督率領文武各員舉行祭告黃帝典禮，接着舉行誓師典禮，由革命老前輩譚人鳳授旗、授劍，黎當眾宣讀演說詞，有「請中山先生來鄂領導革命」之語。演說畢，黎騎着一匹駿馬在森森行列中兜了一個圈子，誓師典禮告成。從此大都督像有了點威風，人人不敢再視為無靈之土木了。

胡的第二次建議是請黎下一道手諭，嗣後凡捕獲漢奸或嫌疑犯不得擅自處分，應解交都督府聽候審理。黎說「好，好。」

當前的大問題：瑞澂雖已逃走，據報仍匿於楚豫艦上，而楚豫則寄椗於劉家廟附近江心中。八月廿六日胡化裝為外國大班，李玉山戴着巴拿馬大帽飾洋行翻譯員，兩人同乘小飛燕號汽艇順流而下，在楚豫頭尾繞了個圈子，果然看見有戈什哈憧憧往來。他回到都督府向黎報告：「逃督瑞澂一定在楚豫兵艦上。除楚豫外尚有楚材、楚有、楚謙、楚安、楚同五艦。瑞澂一日不去，則武漢一日不安。我的意思是開炮轟擊，不論擊沉也好，擊走也好。」

黎說：「好，好，你們大家商量。」這次黎破例多說了六個字，想是都督已有威風，做得較起勁的緣故。

參謀員紛紛站在諮議局樓上旁聽席走廊上討論了一會兒，一致主張進攻。黎問：「派誰去打呢？」李玉山說：「派鄂公可好？」黎說：「好，好。」李向胡耳邊說：「請舉我做你的副將。」

黎下「狀字第一號委任狀」（以前授官僅有徽章為憑）委任胡鄂公有指揮鄂軍水陸師之權，並調大炮八尊陸軍及水師若干陸海顧問各一員集中劉家廟對岸青山、紅關之間，定於翌日佛曉攻擊。

到了廿七日，殘月猶掛天空，秋原一片縞素，忽有飛馬遞來都督命令：「炮隊只許轟擊對岸，不得傷及兵艦，因各艦造價甚巨，皆為國家所有。」這一紙類似「不擒二毛」的命令幾乎將攻擊令一筆勾消，胡與兩顧問會商之下，都說黎是學海軍出身的，所以愛惜海軍過甚，但當前問題乃革命軍生死存亡問題，不是婆婆媽媽所能應付的，乃下令瞄準射擊，第一炮打到對岸，第二炮落在江中，第三炮才擊中楚豫尾部，當第一炮轟然怒吼時對岸清軍以為是漢口方面革命軍打來的，漢口革命軍也疑為清軍進攻，雙方展開了一場惡戰，因清軍未集中，吃了一場敗仗，捷報很快地傳遍各省，革命聲勢為之一振。那時各艦拔錨圖遁，江面一片嘩啦嘩啦之聲。第三炮命中時楚豫已能旋轉自如匆匆向左岸回了幾炮，其炮火之猛烈遠過於岸上攻勢，堤岸為之震動。它一面還擊一面撥轉船頭向下游疾駛而去，餘五艦則升起一片白旗向上游租界方面慢慢移動。

那時黃金般豔陽已湧現在藍寶石般天空之中。胡擬率隊下船接收各降艦，因顧問力阻而罷。後來革命軍敢死隊猛撲清軍時（九月初三日，）清軍勢已不支，不料楚有等艦開炮助清軍，革命軍因以大敗這是漢口失守的第一關鍵；另一關鍵則因漢口革命軍前敵總指揮張景良以通敵嫌疑被扣（九月初六日）有人力為緩頰，乃令之復職圖功張密令心腹焚毀革命軍彈藥輜重庫以為報復軍心因以大亂，大智門遂為清軍所奪（張被革命軍擒獲處死。）

楚豫逃往下游，胡率部回到武昌來半路上有偵探解來奸細一名，胡望了一眼：「這人好像在那裏會過的？」他猛然記起就是在漢口第一賓館打他一拳的帳房老爺，乃向之說道：「你認得我否？」那人早已抖做一團，現在抬頭一看認得面前站着一個掛指揮刀神氣十足的軍官就是數日前住不起棧房的窮漢，不禁抖動得更利害，條地爬在地下磕了一個響頭說：「請饒小人一命！」胡厲聲斥到：「你這個樣兒，那裏配做奸細？大概你又在訛詐別人吧，下次不許再訛詐，滾！」

這是一個「出死入生」的奸細，還有另一個「逢凶化吉」的奸細，八月廿八日據報武昌大朝街官印刷局北首有一名奸細叫做孫發緒的是安徽撫台朱家寶所派，小圓面膛，翳鬚疏朗，腦後垂有小辮，年約四五十歲，是個斯文人的樣子。廿九日胡帶了兵弁兩名視察官印刷局（想辦一種報紙，）便道走到孫的寓所，那時孫外出未歸，門上有鎖，胡叫兵士撬開，又在孫的篋箱內搜了一遍，搜出講義及唱和集，都捲起來帶走了。

孫確是朱撫台的參議。他回到寓所來見了那些模樣，明知走不脫身且逆料搜查者必將重來，乃裝做沒事人的樣子，以待危機之再臨。第二天剛吃飯時果然來了一位體貌清癯的軍官向左右望了一望，問：「那位是孫先生？」

「我，」孫不自主地站起來，筷子落在地下，臉上不覺浮起了青蒼之色。

「不要怕，請吃飯，吃了後再談，」胡極力安慰着他。

他那裏再吃得下，推說已吃飽，把胡導入房中就坐。兩人談了一會，孫覺得來者絕無惡意，漸漸談得放肆起來，談到山川形勢及攻守戰略，大有旁若無人之概。胡聽得津津有味，說：「好，請孫先生同去見都督，有話向都督一談。」

孫的臉色更蒼白得可怕，渾身不自主地戰慄起來。胡帶着笑臉說：「我要捉你，怕你飛上天，用得着來騙你？」

孫只好隨着他同到都督府。胡向黎來介紹：「此人乃幕府才，請委為秘書。」黎說：「好，好。」當填寫委任狀時，孫說：「我本來姓武，名孫，現在請改用真姓名。」孫的假話含有兩種深意：一則是抱着「首鼠兩端」的態度，倘革命軍失敗，附「亂」者乃武孫而非孫發緒；再則孫武是當時的革命紅人，武孫與孫武是一是二。孫武冒充中山先生之弟而大大有名，不料又有人冒用他的姓名，卻把他弄得顛倒難受，而孫亦把他自己的帽子塞在褲襠裏，以行其「兩頭蛇」的狡計。

九月初六日漢口不斷告警，胡到府時看見孫伏案寫布告，因問：「你怎麼做起書記（錄事）的事來？」孫向之露着苦笑：「他們叫我寫，我不得不寫。」那時因海軍向革命軍開炮，有人建議於黎「海軍提督薩鎮冰是都督的老師，何不寫信勸他反正？」黎說：「好，好，誰寫？」胡指着孫說：「請武孫先生執筆。」

黎一面授意，孫一面握管頻揮，俄頃而就。函中有云：「……黨軍驅逐瑞督出城後，即率隊來洪營合圍搜索，洪換便衣匿室後，當被索執，則以大義，洪祇得權為應允。吾師素知洪最謹厚，何敢倉卒出此？雖任事數日，未敢輕動。今則萬眾一心，同仇敵愾。……誰無肝膽，誰無熱誠，誰非黃帝子孫，豈甘作滿族奴隸而殘害同胞耶？洪有鑒及此，識事機之大有可為，乃誓師宣言，失志恢復漢土。……」

此信批露後，大家都恭維黎不愧忠厚長者，寫信也寫得那樣誠懇坦白，黎暗暗心喜，對孫乃刮目相看，別人見都督如此，亦皆刮目相看。但是孫的頭頂上一條辮子是最不中看的，那時都督府有三條辮子，除孫的一條外，尚有胡瑛與鄭江灝的兩條。一天，鄂公勸胡瑛剪辮，胡瑛把腦袋連晃幾晃說：「宗兄，你是明白人，我這條辮子是有作用的，是大有作用的。」

胡瑛是革命老同志，孫也是都督身邊的紅人，所以大家都有所顧忌，卻找向一個弱者—鄭江灝—進攻，鄭大聲抗議：「身體髮膚不可毀傷！」旁有一人大呼：「他想保住辮子，我們就砍下他的腦袋！」話聲未絕，早有另一人提起一把明晃晃的鋼刀來。黎在樓上聽得下面喧鬧聲，凭着欄干一望，忙叫：「你們不要動手！蘭溪你就把那條辮子剪了吧！」鄭乃借風轉舵說：「我奉都督命令剪辮子，不是向你們屈服」。

孫的「煩惱絲」雖幸而未引起煩惱，卻白白地丟掉了一個「參議員」位置；後來鄂省選派參議員時孫亦在名單之內，有人以「奸細」嫌疑及不剪辮兩個理由把他剔出了。迨和議告成他才把那條永遠沒用的孽根剪掉，並且恢復了「孫發緒」本名。以未得參議員之故，乃用黎都督私人代表名義北上活動，一會兒做到省長，一會兒又由省長屈就縣長（河南禹縣），一會兒又再做省長，這樣顛之倒之是他的一貫作風。民國元年二月胡在天津辦報，孫與其弟孫培專誠往訪，下樓時孫吐着一種有節奏的行文腔調說：「兄弟我之有今日，皆鄂公先生成之也。……鄂公先生成之也！」民國五年七月八日孫被任為山東省長，鄂籍同鄉殺虎口監督李欽設宴歡送，席間談到武昌起義時往事，孫大言炎炎地說：「嘿！我到湖北，他們是怎樣的求我，求我出來贊助革命！我們出死入生，好容易建造民國！……今天有證人在座，鄂公不是親眼看見的嗎？」

袁的「兩面光」

袁世凱在洹上村養壽堂執筆吟詩，成五言絕句一首：「樓小能容膝，簷高老樹齊，開軒平北斗，翻覺太行低。」門下士一面作和一面都貢以諛詞：「宮保朱玉在前，我輩不敢獻醜矣！」他們暗中又互作耳語：「詩雖不佳，何大類帝口吻也！」（此詩載袁的圭堂唱和集）

袁僅僅五十來歲人，鬍鬚根根變白，野心卻天天增長。除招致四方才士、名流外，有到彰德訪他的，不論生張熟魏，概以禮貌相接，送路費少則二三百，多則八百一千，人人都把他當做一個禮賢下士的大好老。他有兩個智多星都姓楊，一是多才善辯的楊度，一是安徽泗洲人北洋總督楊士驤之弟（士驤為袁黨，曾繼袁為直督）沉默寡言的楊士琦。這兩個僕僕於北京、彰德之間，是袁的耳目心腹。此外軍對中有馮段諸將，天津有趙秉鈞一條好漢，北京有袁克定那個佳兒，慶親王是他的囊中物，徐世昌乃其夾袋人才，所以他雖是奉旨退隱的閒雲野鶴，其權勢竟在諸名臣督撫上，無論南北大事，沒一件瞞得他過。

武昌砲聲一響，袁暗中掀髯而笑，表面卻裝做「主憂臣辱」的樣子，陰令徐世昌孝敬慶記一筆大數目，以圖待機起用。說者謂：西后結女主亡國之局，慶親王結賄賂弄權之局，李蓮英結歷代閹寺之局，袁結奸雄竊國之局，而袁之政治手腕乃得之於李鴻章，羈縻人才乃步武西后，權詐似曹阿瞞而有所不及。

八月二十一日清廷命陸軍大臣廕昌督師南下，袁暗中發了一陣冷笑。不久，馮國璋過彰德請訓，袁授以「慢慢走，等等看」六字要訣，廕乃深感「尾大不掉」之苦，遲遲不敢出發。慶親王乘機入奏：「請起用袁世凱會同蔭昌調遣各軍」，清廷乃於二十三日授為湖廣總督，袁以「足疾未痊，難肩重任」卻之，這是袁的第一步反攻。「我明明無病，你叫我下野養痾，我現在就給你一個因病不能復起的答覆。」慶親王暗暗納悶：「叫我保，保准了，又不幹？急病偏遇慢郎中，慢郎中賣的什麼藥？」他叫徐世昌於二十九日微服到彰德探詢袁的意思，袁說：「要我幹呢，我未嘗不可，幹要我幹得好，須聽我的話。」

徐跑回北京時，滿朝親貴都來問：「你帶了些什麼答案回來呢？」徐假裝一副不樂意的表情說：「不成，不成，我們叫蔭督師快赴前線吧，沒有他不見得不能打仗。」他把袁的條件說出，要總攬兵權，要召開國會，要組織責任內閣，要寬容革命黨及武漢起事人物。

袁的條件是真條件，徐的話卻是假話。袁的用意是：利用革命黨對付清朝，再留着清朝對付革命黨，造成「洹上釣徒」的第三者地位，清朝一天不答應，我就一天不出山。徐的用意是：叫蔭昌到前線碰碰釘子，不愁清朝不乖乖地鑽入袁的天門陣。

清廷已採取所謂懷柔政策，八月二十九日曾令各督撫轉諭軍民：「從亂者不咎既往，倘搜獲名冊，亦當立予銷毀。」但是袁的條件太苛，一旦接受了，連慶親王的內閣總理做不成，攝政王載灃也當退歸藩邸，那不是此滅國亡朝只相差一籌嗎？乃促蔭昌出馬一試。自八月下旬至九月初，蔭的號令不行，在孝感急得滿頭大汗，同時南方各省紛紛獨立，清廷慌了手腳，不得不接受袁的一劑「苦藥」，於九月初六日解除蔭昌督師職務，第一軍交馮國璋總統，第二軍由段祺瑞總統，命袁以欽差大臣節制水陸各軍。

「袁宮保出山了，咱們替他捧捧場！」是日北軍攻占漢口之大智門。袁一方把點顏色給民軍看，一方把點甜投給清廷，嘗然區區「欽差大臣」何足道哉，他仍然抱膝長吟，架子十足。九月初八日霹靂一聲，駐灤州第二十鎮統制張紹曾、協統藍天蔚等電促清廷立憲，建議削去皇族特權，組織責任內閣，倘清廷說半個不字，就有兵臨城下之危。這一舉確出乎袁的之外，可是無意中卻造成他威脅清廷的另一武器。

同日山西獨立，不獨清廷為之喪膽，袁亦驚出一身冷汗來：他第一不願清廷崩潰太速，第二不容革命勢力伸入北方，第三灤州事件不解決，北京在東西兩面夾擊中，袁在南北腹背受敵中。其時清廷變成了柔弱無骨的政府，九月初九日下詔准革命黨人依法組黨，對張紹曾等傳令嘉獎，命資政院起草憲法，釋放汪兆銘、黃復生於獄，十二日任袁為內閣總理大臣，十三日公布憲法信條十九款，載灃等且有遷都熱河的建議，但是袁不肯讓這個傀儡從他手掌中溜走。

袁仔細一想，當前的問題有二：(一)穩定南方局勢，(二)除北方肘腋之患。組閣令下之前一日，他飄然南行到孝感視師，一面諫阻清廷「西狩」，一面卻謙辭新命，他的做工一步比一步高明。

灤州事件發生後，清廷急將京奉列車調集北京，以防廿鎮人馬直搗幽燕，並賞張紹曾侍郎銜，綏為宣撫大臣，派往長江宣撫，「朝廷德意」明明係調虎離山之計。九月十七日袁在孝感軍次聽得另一驚人消息——第六鎮統制吳祿貞被刺——他暗暗慶賀他自己說道：「從此莫余毒也矣！」

吳是同盟黨員，字綬卿，湖北雲夢人，北方革命的中流砥柱。蔭昌督師南下時，吳自請隨行，清廷早已懷疑他，慮其肘腋為患，表面嘉獎，他暗令蔭昌提防他。吳知事已敗露，乃稱疾不行。當北兵縱火焚燒漢口時，他電劾馮國璋等罪狀，且在石家莊截留南下輜重。灤州事起，清廷勉強裝做倚重他的神氣，派往灤州宣撫。此舉正合其意，蓋吳與張、藍等都是士官老同學，藍是他的同鄉(湖北)，廿鎮軍官又多為他的舊部(廿鎮原駐奉天，其原任統制為陳宧，因秋操調駐灤州。吳在東省辦理邊務營務有年，其時東省有「湖北三傑」之稱，其一即吳，餘為陳宧與藍天蔚。)此去正好進行聯合計畫。他在灤州曾發表一次煽動性的大演說，全軍為之感動，清廷急授為山西巡撫，想把高官厚祿羈縻他。

袁的見解比清廷高明，知道高官厚祿不足以羈縻意志堅定的革命黨人，而吳一日不除，中國非復清朝的天下，北方亦非復袁的天下了，乃用釜底抽薪之策，運動第六鎮之一部由石家莊進攻娘子關。吳聞耗匆匆趕回來制止所部異動，且單騎入娘子關與山西民軍首領閻錫山見面，表示協同動作（晉軍舉為燕晉聯軍大都督），一面以「山西受撫」詭報清廷。他的計畫是：（一）聯合晉軍及廿鎮三路進攻北京；（二）廿鎮截斷京奉津浦交通，第六鎮截斷京漢交通；（三）派王孝真赴鄂與黎接洽。

袁的天門陣早已擺好，只留下一個漏洞，假使從這個漏洞裏鑽出個「飛天蜈蚣」來，不獨袁的地位不保，其性命亦岌岌可危。袁初意本不想殺吳，僅欲解除其兵柄，因抽薪之策不成，乃不得不進而為除根之計，密令第六鎮第十二協統周符麟，即以前被他買通的變節份子，於九月十七日包圍正太車站，周率部下數人謁吳於辦公室，當吳送出房門時，伏兵盡起，這位轟轟烈烈的革命英雄遂死於袁的陰謀中，年僅卅有二。同時殉難者有參謀官張世膺、副官周維楨等。

吳的衛士馳往營中告警，當大軍集合時，吳已僵臥於血泊中，遂與周部發生衝突，結果雙方逃散者共約數千人。周把吳的頭顱割下來，擬向袁討賞，不料袁翻臉無情，給他一個大大的閉門羹。周亦頗亦吳部復仇為慮，從此深匿不出，徒然做了一個愚不可及的罪人。後來山西人感念吳，懸重金購回其頭，瘞於石家莊，至今豐碑宿草中，尚不斷有人憑弔。

吳既被狙，袁的心腹之患已除，九月十八日資政院根據憲法通過袁為總理大臣，袁乃於廿三日抵京，廿六日新內閣成立，其中有楊士琦為郵傳部大臣、梁士詒為副大臣、楊度為學部副大臣、梁啟超為法部副大臣。楊除在經濟特科一度與士詒同榜，在東京一度與任公同草憲章外，他和這兩個廣東人姓梁的後來隨時都碰頭，隨時都是政敵，士詒與之同為袁黨，而兩人相爭過於敵黨，亦天下事之不可解者。

袁到北京執政後，一面採取「懷柔」民黨的策略，命楊度與汪精衛等組織國是共濟會，且暗示「本人傾心共和，只等時機一至，自有水落石出之一日，」一面又向革命黨賣弄威風，令馮國璋於十月初七月猛攻漢陽而占領之，卻又密令停止勿進，以為向清廷討價還價的地步。他對付清廷的另一套戲法不外總攬軍權，調馮為禁衛軍總統（段祺瑞署理湖廣總督，主持對南軍事）本人則取得節制近畿各軍的大權，除少數親貴與之齮齕外，他早已成為北方唯一的中堅人物了。

從前多爾袞致書史可法有云：「我大清朝的天下，乃得之於闖賊，非取之於明朝。」袁現在套用這個濫調，進行其兩面光的政策，無形中替漢人作了一次可怕的報復。他無異乎向民軍說：「我的天下乃得之於清朝，而非取之於民軍。」同時又無異乎向清廷說：「我乃得之於民軍，而非取之於清朝。」

淮海之間

九月七日黃興與李書城、耿覲文、曾可樓等由滬抵漢，時漢口已危在旦夕，鎗彈飛過江落在漢陽門等處，武昌人心動搖。黎都督請黃過江一面，黃即匆匆赴戰地指揮，布最後防線於滿春茶園。八、九、十、十一等日黃一面抹着滿頭大汗，一面電調各軍加上火線，但士氣已餒，有協、標統若干人遲遲不聽調遣，被黃手刃了幾個，而漢口卒於十二日全部淪陷。

黃初到漢口時，黎派人手持絕大旗幟一面，上書「黃興到」三個斗大的字，騎着鄂軍馬隊中最高大的一匹馬即黎誓師時所騎的，在武昌全城周游一遍。另已同樣旗幟巡行於漢口未淪陷區，想借黃的威名鎮壓已浮動的人心。十二日黃渡漢水到漢陽，仍有餘勇可賈，黎一再催他渡江議事，乃於下午抵武昌。

有人建議推黃為戰時總司令（原由黎兼），黎欣然應允，乃於十三日在閱馬廠舉行「登台拜將」禮。是日高築將台，台上置有方桌，周圍繞以武裝兵士，台口為營長以上高級軍官，由都督府到將台過道兩旁站滿了文武官吏，黎、黃並轡而出，文官行脫帽禮，武官行撇刀禮，兵士行舉鎗禮，其氣象之嚴肅過於都督誓師時。

兩位壯漢上台後，當由李玉山宣讀黎的任命狀，是一篇典麗文章，無非說「黃君興險阻擋嘗，功在民國，各軍當悉聽調遣」等語。讀畢，黎授令、授旗、訓話，黃答禮、答詞。黎退，軍樂大奏，黃騎着那匹最高大的馬繞場巡行，兵士舉鎗致敬，禮成。

總部設於漢陽昭忠祠內，以李書城為參謀部長，王孝真為副官部長，曾可樓為軍需部長，並調胡鄂公為大別山（即龜山）要塞監督。王是士官學生，福建人，他的父親和伯父都是清廷大員，因革命脫離家庭，東渡求學，畢業後在陸軍部服務，吳祿貞調往六鎮差遣。吳決定三路進攻計畫時，派之南下接洽，乃乘兵車抵孝感，下車後渡漢水，經斷琴口、黑山偷入革命軍陣地，在漢陽被捕，渡江解往都督府，由胡予以審訊。胡見他眉目英爽，便衣馬褲，只照例問了幾句，他卻仰着脖子說：「我有話要向你們都督談，請你不必多問。」

「見都督是可以的，不過你此刻是個嫌疑犯的身份，總該說出個道理來，才好引你進見。」胡向之藹然說道。

「不行，我不能向你談。好吧，借一支鉛筆讓我寫幾個字，你拿去給都督看。請以人格為擔保，不可私自偷看。」王說後寫了一張便條，摺了又摺捲了又捲，捲得像一根紙線，才給胡帶了進去黎打開一看，就一疊連聲地說：「王勇公來了，他是吳綬卿的代表，快請快請！」

他向黎提告吳在北方的一切布置，且請武漢堅持到底，黎的臉上陡然飛起了一片得意之色。這時黎已決心革命事業，死生禍福均所未計，他的話漸漸多，已變成一個「態動神流」的都督了。

九月十七日吳突然被刺，這消息遲至二十日才傳到湖北來，恍如晴空中起了個霹靂。同時北方革命同志派冷公劍、楊時傑繞道來鄂，力陳北方民氣大有可為，惜散漫而不統一，請派員前往主持，黎乃於二十一日召胡回府，命與吳若龍、冷公劍等由滬繞道北上。

這一時期是武漢革命勢力挫弱，袁及其爪牙氣燄薰天的時期，賴有各省先後宣告獨立，才保持了平衡局勢。其中情節最複雜的是「安慶之役」前已述及孫毓筠是壽州人，以其致力革命，壽州乃成為安徽革命的策源地。孫與權道涵、段雲同在甯被捕後，其同志張孟介、程稺周、管曙東三人秘密回皖活動，武昌起義後，他們聯絡壽州民團王慶雲劫奪南門外綠營防軍鎗械入城，宣布獨立，舉王為總司令，且將牢門打開，把權、段兩人放出來（兩人與孫同在南京被捕後解回原籍監禁）。數日後穎州亦相繼光復。

但是安慶城卻演了幾幕不可捉摸的怪劇。先是革命同志吳暘谷等擇於重九日在安慶舉事，推新軍教官胡萬泰為總指揮，由城外二十里集賢關駐軍六十二標發難，五里廟六十一標響應，不料那教官臨時逃走，革命同志聞訊，乃在城內開會討論，另推領袖，參加會議的六十二標代表李乾玉因回營太遲，被標統顧琢塘拘禁，六十二標以消息隔絕，屆時未敢發動；而六十一標炮營早已枕戈以待，因六十二標未動，亦未敢發動。天色大明時，巡撫朱家寶派江防營解散六十一標，城內巡防營亦被繳械，這時李乾玉已被釋回營，知道事機危急，乃於初十日逐走顧標統，全標向省城進攻，城內同志舉火為應，又不料朱撫早有布置，閉城以守。六十二標銳氣既挫，兵士紛紛散去，安徽新軍幾有烟消火滅之勢。

九月初二日九江獨立，十日南昌獨立，十五日壽州獨立，安慶城一夕數驚，諮議局議員竇以珏及紳士童茂倩等往謁朱撫，時大興問罪之師：「你把你的家眷移走，且有與城共存亡之表示，將來革命軍攻城時，死的是安徽老百姓，與你撫台無干。江防營都是些獷悍之夫，你把他們當心腹爪牙，命之駐守城內，卻把訓練有素的新軍解散！為今之計，宜將江防營調出，新軍全部召回。」

朱撫見人心已去，乃於十六日回答他們說：「請諸公妥籌自保之策，我朱某以人民生命財產為重，決無任何成見。」

諮議局根據朱的答覆開會討論，決定：(一)召回新軍，(二)調開江防營，(三)財政及警察權移交諮議局暫管。十七日朱下令調開江防營，江防營大憤：「你用得着我們時把我們當心腹，用不着時一腳踢出去。好革命黨人人可做，我們就革一次命給你看！」

廿一日江防營與城內外革命同志互相聯合，在御碑亭高審廳宣布獨立，舉王天培為臨時都督，管鵬為軍務部長，吳暘谷為全省經略使。但城內尚有舊勢力之存在，廿三日巡防營統領劉利貞鼓動流氓，並聯絡紳士童茂倩、鄧申侯等以反對剪辮為由大鬧都督府，經調人做好做歹，始決定王、朱合作，組成一個半新半舊，非驢非馬的軍政府。

正當其時，九江軍黃煥章率部抵皖，揚鞭入城，於是兩頭政治變成了三權鼎立，鬧得烏烟瘴氣。如此者達三日之久。九江軍鬧餉譁變，占領藩庫及軍械局，朱早已懷着鬼胎，疑變兵將不利於己，乃放棄「與城共存亡」的觀念，在撫衙打了一個洞，逃往天主堂，再由天主堂護送出境，同時另一都督王天培亦逃。

其時皖軍多駐城外，管鵬在集賢關集合各軍，聲言驅逐客軍出境。恰好李烈鈞由滬過皖回贛，邀同胡萬泰（即以前被舉為總指揮臨時逃走的新軍教官）、陶壽民等出任和事老，由李率領贛軍回贛，召六十一標三營由太湖回省維持秩序，並公舉孫毓筠繼任都督。（按管鵬與管曙東為兄弟，孫在南京被囚時，管父捐巨資欲募壯士劫獄，因出獄後無地可容始止，乃將此款移作革命用途。）

先是安慶獨立未成，皖人黎宗岳聯絡同志在大通獨立，組織都督分府，被舉為都督。黎是光復會會員，曾參加徐錫麟刺恩銘之一幕。此外安徽境內獨立者尚有兩處：（一）合肥由孫萬乘運動當地巡防營，並召開全縣代表大會組織軍政分府，孫被舉為司令。（二）蕪湖由吳振黃、劉祺運動駐軍李葆林等三營宣布獨立，亦設立軍政分府，吳被舉為都督，李為司令，劉為參謀長。那時「一國三公」是革命省區的普遍現象，江蘇一省便有十三位擁號稱尊的都督，誰是正統，誰是僭號，法律上無所根據，事實上亦無從證明。同一時期，江西也在鬧着「百日三都督」的把戲：九江馬毓寶、南昌吳介璋，都掛着「江西都督」的頭銜。不久又有周恩灝其人者，推翻吳而以彭程萬代之。馬趁着南昌「奪帥印」的機會帶兵入省，派朱漢濤為九江留守司令。吳向馬借洋五百元做盤程，馬以為所望太奢，竟吝而不予。隔不多時，朱漢濤又被民黨打倒（並予以槍決），另舉陳廷訓為司令，起兵驅馬，派歐陽武率兵進省。馬乃於二月八日向議會辭職，謂「在任四月，清貧如洗」，明明是討盤程的意思。議會表決贐以四萬元，以兵臨城下，竟未及攜走。此後公推李烈鈞為正式都督。（二次獨立失敗後，李解職離省，議會贐以八萬，亦無着落。）

四川的戲則文雅得多，把獨立最早的蜀軍軍政府（重慶）和大漢軍政府（成都）合併起來，由雙方代表簽訂合併條約，承認成都為中樞，設正副都督各一人了事。

江浙各地響應義師後，組織江浙聯軍，公舉徐紹楨為總司令，出獄後的孫毓筠被推為總部副秘書長（秘書長為于右任）。不久孫又被舉為安徽都督，後即率王占一一營由甯啟程赴任，經過大通時為黎宗岳所阻，折回南京，訴於同鄉人第一軍軍長柏文蔚（駐浦口）之前，柏加派朱雁秋一營（朱亦壽州人）由江輪護送回皖，黎自揣不敵，讓他潮流而上。孫就職後委桂仙峯為軍務司長，胡萬泰為司令，洪朗齋為民政司長，黃書霖為財政司長。後來派兵討伐大通分府，演為孫黎之戰，柏部回皖時才把黎逐走；不料袁世凱忽調倪嗣冲為安徽布政使（由河南調來），欲逐孫而取其他盤，孫乃讓位於柏文蔚（民元五月三日），這些都是後話。

江蘇省獨立最早的是上海一隅，這裏與另一「六君子」之一——李燮和——有關。李是湖南安化人，字柱中，求是學堂學生，曾參加萍、醴之役，因被緝亡命日本，先加入光復會，後加入同盟會。辛亥回國，黎元洪委為長江下游招討使，乃赴上海運動軍警，因同鄉關係，找到巡官黃漢湘、陳漢卿，水師教練官龔澤芳、營長章文豹等。九月十三日革命黨人在陳其美領導下圍攻製造廠，巡警臂纏白布響應，上海乃為革命黨所占領。事定後，伍廷芳、李平書等在城內海防公所召集會議，推舉滬軍都督，有人以李為湖北所派，欲舉之以通聲氣，但黨人反對者極眾，尤以黃鐘聲為最力，此席乃屬之陳其美。

李的「都督夢」做不成，乃與黃漢湘另謀發展，在吳淞一角之地組織軍政分府，又以勢不相下，分府由黃負責，李僅僅掛了一個「光復軍總司令」的頭銜，與浙江女子北伐隊長尹維峻徘徊於江海匯流之區以自遣。他的兵不過三千人，官長不過四十人，後來除以一部援甯外，又以一部援魯。民國成立時，他已經變成了一個「光桿司令」，乃自請解散，居然又被他取得長江水師總司令的新職（駐太平），及中將、勳五位等等榮銜，儼然也是個民國要人了。

對袁的「綏靖政策」

漢口革命軍因張景良通敵第一次戰敗時，袁世凱尚未南下視師，他認為革命軍銳氣已挫，乃於九月初六日密派蔡廷幹、劉承恩為代表，由漢口英領事為介渡江謁黎接洽和議。黎本欲拒而不見，但礙於英領事的面子，勉強與之相見。兩代表拿出袁所開的條件，黎衹看到第一條「君主立憲」字樣，馬上將條件退還，沉下臉色說道：「慰亭到今天仍替一家一姓說話嗎？你們快過江，恕我難於保護。」其時孫武、胡瑛、吳兆麟、張振武均在座。孫穿了一身簇新的金邊上將制服，這一天剛由病院到都督府接任軍務部長。孫、胡對和議主張試談一下，吳、張則絕對以為不可。正爭辯間，府中職員朱樹烈、范義俠、蕭鶴鳴等抽出指揮刀向几上一摜，大聲說：「誰主和，請吃力！」嚇得兩代表相顏失色，黎派人送之渡江。黎向主和者瞟了一眼：「你們莫性急，昨天美領事向我說，孫逸仙博士在美國大受歡迎，大概已啟程回國。他來了，一切有辦法。」

袁的第一次試探既歸失敗，等到漢口失守、漢陽危急、龜山得而復失、武昌已在北軍跑火下時，黃克強渡江與黎相見於卓刀泉，議攻守戰略，袁以為該是改革軍投降的時候了，又於十月初八日仍請英領事為介，命蔡劉再度過江進行和議。黎說：「不要他們過江，反正談不入港。」孫武仍主張一談，張振武大聲說：「那個蔣幹又要過江了，主和者殺無赦！」大家起而和之，袁的第二次試探又失敗。

龜山大炮不斷打來，都督府中了彈，流彈在人們腦袋上旋轉不停。張在卓刀泉與黎決定防守計畫，命鄧玉麟、何錫藩兩協守武昌，羅洪陞一協守大君山，劉佐龍一標守小君山，王錫齡一營守京口，陳龍章率敢死隊守磁基山，標統張廷輔、謝劉芳、張傑夫等率殘部守白沙洲，標統劉廷璧、管帶李忠義等率殘部守青山。布署既定，黎於初十日回武昌，人心為之大定。

漢口失而上海得，漢陽陷而南京克，其間相距僅有數日，革命軍失之東隅，收之桑榆，所以袁不敢估低革命軍的力量，這是民國賴以成立的一大關鍵。現在略談到當時組織中央政府的一段過程：那時沒有航空線，不能把中山先生從飛機中載送回國，獨立各省等得心焦，黎乃於九月十九日電請各省派遣代表到武昌開會，討論組織臨時政府問題。其時先後宣告獨立者有湘、陝、贛、晉、滇、滬、蘇、浙、黔、桂、皖、粵等處（以獨立先後為次序。）因電信阻隔，聯絡交通極感不便，東南方面尚未接獲黎的電告，蘇督程德全、浙督湯壽潛於九月二十一日聯名致電滬督陳其美，請在滬召集各省代表會議，指定江蘇教育總會為招待所，每省由都督、諮議局各派一人預會。二十二日蘇代表雷奮、沈恩孚，浙代表姚桐預、高爾登等電促各省代表啟程，並以外交重要，請先認伍廷芳、溫宗堯為臨時外交代表。二十七日黎電始到滬，三十日上海代表團議決以武昌為中央軍政府，以鄂軍都督執行中央事務，並請黎以中央軍政府名義任伍為外交總長，溫為副長（非次長）。十月初四日議決每省除留一人駐滬擔任聯絡外，全體代表均赴武昌集會。

十月初十日（陰歷）各省代表召開第一次大會，因武昌在龜山炮火下，乃在漢口英租界順昌洋行舉行，公舉譚人鳳為議長。十二日開會時有人獻一「分化敵人」的策略，倘袁世凱反正來歸，當舉為民國大總統。十三日通過中華民國臨時政府組織大綱，即臨時約法之前身。

十三日袁又作第三次試探，請託英公使朱爾典電駐漢英領公開調停。黎答以「問代表會去。」英領向代表會提示袁的停戰辦法：分全國與局部兩種，前者以全國為範圍，須與清內閣直接電商，問黎有無代表全國各獨立省區之權？後者限於武漢一隅，由黎馮直接談判。當然，黎已取得「執行中央事務」的地位，有全盤談判之資格。同時英領又提示馮的停戰辦法，仍呼民軍為「匪軍」，應退出武昌十五里，所屬兵艦卸下炮門交由英領保管，代表會見而大憤，亦提出「清軍應退出漢口十五里，其運兵火車應由英領簽字予以封閉」等條件，這種各走極端的間接談判是不會產生任何結果的，所以十四日民軍方而舉黃興、黎元洪為正副大元帥，後以黃謙辭，改為黎正黃副，以黃代行大元帥職權。然自十三日停戰以來，原約三日為一期，無形中一再展長。袁直接拍來一電請繼續停戰半月，十八日派唐紹儀為清內閣總理大臣代表，與黎「軍門」或其代表進行談判，民軍方面亦推伍廷芳為全權代表。

當袁派唐為全權代表時，楊士琦向袁說：「少川是廣東人，廣東人最重鄉誼。革命軍領袖孫某是廣東人，伍代表也是廣東人，廣東人和廣東人碰頭，幾句廣東話一說，倒不可不提防一下。」袁笑着說：「杏丞，你放心。我就請你和貴本家（楊度）隨着少川南下吧！皙子是湖南人，革命軍方面不少湖南人，讓湖南人和湖南人碰頭，說幾句湖南話調和一下吧。」

楊度在東京時與中山先生見過面，又與湘籍革命家黃興、宋教仁等有往來，他雖不是袁的正式代表，卻是個異常活躍的幕中人。他散播一種毒素，就是說：「革命事業非袁不易成功。袁不是曾（國藩）胡（林翼）之流，你們莫逼他走着這條路線。現在不是民軍與清廷的問題，是民軍與袁的問題，袁的問題一解決，革命就成功了，革命黨的民族、民權問題也都實現了。」這些話很易打入一部份意志薄弱者的心坎。他們獻身革命，初未想到「及身以見其成」，而現在則勝利的新大陸已浮在眼前了，經楊的巧言撩撥一下，愈足以促進其「二民主義」及對袁的「綏靖政策」，那時楊不是清廷的說客，不是民軍友人，而是袁的開路先鋒，不論袁做「開國之主」也好，做民國大總統也好，他祇求取得「子房」的地位。

十月十八日江浙聯軍驅走張勳時，武昌形勢日非，所以各省代表移甯開會，議決以南京為臨時政府所在地。廿一日唐紹儀抵漢，伍廷芳尚留上海，唐乃移樽就教，於廿八日在滬與伍進行談判，雙方議定召集國民大會解決國體問題。（伍初不承認，唐謂這是一個幌子，以為清室退位地步。）

十一月初六日中山先生返國抵滬，初十日當選為臨時大總統，十三日（即元年元旦）在南京就職，袁聽了這消息，不啻冷水之澆背，「革命政府已成立，那麼我坐在什麼位子上呢？」

中山先生就職之翌日，袁認唐的行動為越權，唐即引咎辭職。袁電請伍代表北上直接談判，伍則請袁南下，繞來繞去和議因之停頓。中山先生原抱有澈底革命的決心，就職後曾積極布置北伐軍事，擬分途向北京進攻。但他是個「民主熱」的政治家，處處尊重多數人意見，而那時多數人意見就是「利用袁則事半而功可倍」的淺薄意見。中山先生不得已才有「袁若表示贊成共和，當以總統相讓，但須南下就職」的表示。

在此時期內，袁一方不願中止和議，一方又極力威脅民軍，欲使之就範，他在武漢方面按兵不動，卻利用辮帥張勳做威脅南京的工具：第一次張與革命軍戰於固鎮，為粵軍姚雨平及江浙聯軍所敗，第二次戰於南宿州，又為姚及淮軍陳幹所敗，乃棄徐州，逃往濟南，這是革命軍武力非不可用的明證。

再接再厲

當和議斷續之交，黨人屢在北京附近起事：第一次為十月初九日北京之役，事前袁已有所聞，命楊度虛與委蛇（時楊尚未南下），謂袁極端同情革命，將命其子克定引兵三千人起而響應。初九晚民黨分途撲攻北京五城時，果然有一支軍馬迎上來，他們想：「唔，不錯，袁克定的接應隊伍來了。」那知睜眼一看，卻是些採取攻勢的清軍。他們知道中計時，已無閃躲機會，是役死難者有陳雄、李漢傑、高新等。

失敗後北方幹部同志紛紛逃到天津來，與鄂代表胡鄂公密謀再舉。十月十七日同盟會京、津、保支部在天津成立，共和會、鐵血會全體同志均加入，但有若干小團體如光復團、急進會、女子暗殺團、北方革命總團、共和革命黨、北方共和團等則另組輔行機關——北方革命協會，於十一月初一日在天津成立，推胡與孫諫生為正副會長，熊得山為秘書長。當該會成立前，即十月二十八日，一部同志在任邱、雄縣揭竿而起，被當地駐軍擊潰，殉難者有耿世昌、馮傑、戴國棟、李啟明、鄭玉成、羅子雲、劉長雄、馬榮華、趙世鐸等，那次又是袁的詭計，所以他們認為有再接再厲之必要，乃有十一月十四日灤州之役。

灤州自張紹曾解職他調後，駐有二十鎮第七十九標，標統岳兆麟部共三營，管帶為施從雲、王金銘、張建功等。孫諫生係該鎮宿將，因張、藍被逐連帶去職，旋又潛回灤州，與同志約於九月十四日起事，以鎗聲為號。到期孫躲在營房附近連放三鎗，一點動靜沒有，再放三鎗亦然，乃再草堆上放起火來，即由標統派隊撲滅。事後始知同志中有不穩份子，標統防範甚嚴，火滅後軍官李孝通第六人被開除，孫只得茫茫然逃到天津來，仍與各同志聯絡，有不達目的不止的決心。

後來施、王兩管帶被他說動，張管帶也有「要幹大家幹」的口頭諾言，他們乃在天津開會，到會者有陳濤、白毓崑、熊朝霖、胡伯寅等，議決先自灤州發動，並連絡京、津、通、保各地駐軍響應。有凌子煌其人者以北方共和團代表資格要求參加，別人見他瘋瘋癲癲，勸他不要去，他執意不從。他們到灤州後，十一月十四日宣告獨立，推王為都督，施為總司令，孫為軍務部長，白為參謀部長，陳為總指揮，凌為敢死隊長。

袁接得灤州獨立的警報，派總兵王懷慶馳往宣慰。王金銘願將都督一席相讓，懷慶唯唯。不料他騎了一匹馬以察看形勢為由揮鞭疾駛而去，革命軍自後放鎗，他已去得遠了。十七日清軍沿鐵路兩翼進攻，被擊退。十九日清軍又敗。二十日王懷慶與曹錕引了大批人馬激戰一晝夜，革命軍勢漸不支。凌自請率隊衝鋒，出發時沿途大呼：「走呀走呀，不走就要送掉性命呀！」經他這一鬧，軍心因之慌亂，張營復起而內變，灤州遂告陷落，王、孫、陳、白等率三十餘人退守昌黎，卒在雷裝大冶殉難，同殉者有施從雲、熊朝霖劉漢柏、孟浩、黃子明、冷雲起、石紹先、姜丕烈、陳子才、卜寶珩、樂邦彥、何絜、戴天鵬、姜啟夏、李元華、陳紹武等。

這是一次最嚴重的損失，因為孫、陳等都是北方同志中之矯矯者。天津黨人聞耗，不甘從此罷手，決定轉變方向，先在北京、通州一帶發動。其時中山先生已就臨時總統職，黨人疑和議不成，乃由錢鐵如、蔡德辰、熊得山、羅明典等潛入北京，聯絡京、通一帶毅軍許、方、田、張、鄭、王、李、姚、馬、劉、姜、米、王、李、尤、楊、袁、衛、殷、崔、張各營（分駐通州、南苑、齊化門、阜城門一帶部隊），定於十一月二十一日起事，因接濟未到，改期。

通州方面由蔡德辰主持，機關設於王丕丞之家，不料有余臨江向清軍告密，毅軍圍搜王宅，王父子三人（丕丞、洺、增斌）與蔡及楊兆麟、雷竹村、張雅堂等共七人均被捕殉難，這次計畫又成畫餅。

灤州獨立失敗，京、通暴動不成，北京刺袁一幕又如博浪之一擊（見後），天津黨人乃於十二月初九日召集京、津、通、保聯絡員及各軍代表開會，舉胡為北方總司令，議決於十二月十一日（均舊歷）夜半十二時在津大舉暴動，京、保、通分途響應。天津總部設於老西開吉祥里，與水師炮筏及韓柳墅小站駐軍均有接洽，密約口號為「直隸」兩字，擬分三路攻總督衙門，姜賜卿率敢死隊一百四十餘名擔任正面，以炸彈兩發為信號，這次不啻背水之戰，勝則直搗黃龍，敗則盡投虎穴。他們不贊成對袁的「綏靖政策」，想借以打擊和議，都下了破釜沉舟的決心。

起事之前一日，胡在街上走，遇見保農老同學許以栗，兩人握手話舊，許提議往公園中飲茶，照理胡是不應該答應的，因為許係直隸總督陳夔龍的內姪孫，但他們感情很好，故坦然偕往不疑。坐定後，胡問許的住處，許說：「我住在總督衙門裏。」胡忽然正色向他說：「我不忍瞞你：你和陳制台是親戚，最好勸他馬上獨立，此為上策；倘他不答應，或者你自揣不能說動他，我給你一隻手鎗，一鎗把他打死，此為中策，兩者若都握不到，那麼你快快離開天津，尤其是總督衙門。老實說，我就是北方革命的執行者。」

許大笑：「你真不愧牛皮公司！」

這牛皮公司的一句話是有來由的：許為杭州世家子，父母早故，詩文行行都精，外貌是個求馬翩翩的公子哥兒，開口不離乎「錢塘八乃」：許姓為錢塘望族，乃字輩有八個都是有名的達官名士（其中有乃普官至吏部尚書太子少保，內釗官至江蘇巡撫，左遷為光祿寺卿，乃穀以舉人挑知縣亦頗有名。）他的另一套是說「陳筱師」係他的至親，同學見他自鳴得意的神氣，戲贈以「牛皮公司」之稱。胡是貧農出身，冬天一件破棉襖口袋裏常常摸不出一個銅仔兒來，可是他有他的另一套，他視天下事若無物，高唱革命排滿，同學亦呼之為「牛皮公司。」

許自然不會相信胡的話，一個身無半文，手無寸鐵的人怎會做革命的執行者呢？那知十一晚果然有炸彈聲轟轟然，總督衙門趕忙地扯起金剛橋，交通為之斷絕。這一次黨人又告失敗，原因是日本人谷村和兩個中國青年躲在督轅附近木廠裏準備放炸彈，不料看錯時刻，各路響應人馬不及集合，敢死隊只得先動手，結果殉難者有錢鍾山、高士俊、林少甫、管國賢、何南屏、韓佐治、江潤生等，日人谷村亦炸死。

天津志士授首之日，正南北和議告成之時。十二月十九日夜，北京有人打來電話，清廷已定於二十五次遜位。時有易宣、阮琴風、熊得山、羅明典等在座，一陣和風把大家吹得黯淡無色，半晌都說不出話來。易站起來說：「別了，諸位好友。我今天和諸位是最後之一面了！我要再幹一次，最後之一次。錦州有我的同志，在這五天內……我明知此去必死，但一死使天下後世知道袁是盜名欺室的熊……」

胡也站起身來不許他走，因為此人出死入生，是個視死如歸的血性男子，但是他那裏肯聽人勸阻呢？他哭了，大家也哭了。易水風寒，壯士不還，二十日黎明他與阮琴風悄然離津，過塘山，偵探尾隨不捨，他開鎗拒捕，偵探回鎗，他與阮同畢命於鎗彈之下，同日熊得山在津被捕，北方革命活動遂告流產。

兩年後，胡在北京當議員，又與許相遇於途中。許提及上次分手後情景，吐着舌頭說：「好險哪，當晚天津暴動，我幾乎不能再與你相見了。」胡不禁愕然說：「我不是向你說過嗎？」許側着頭想了一想，笑着拍掌說：「對了，我記得你說過。但我當你是牛皮公司，怎把你的話算數呢！」

人間何處有「林清」

肅甯人周敬，他的父親在同縣被參革的王總兵家授蒙館，他和同縣人李承業同讀同游，兩人都是資質聰明的子弟。周敬十一歲讀完十三經十二歲父母雙逝，仍在王家過着孤苦伶仃的日子。

王總兵想起復功名，同縣有一個人是太監的兄弟，那個太監在李蓮英手下頗有相當的勢力。王找到了那人，想由那人的哥哥打通李的內線，乃與之密切往來，像異姓兄弟一樣。王的姨太太很美，也不知是王抱着「若要頂子紅，除非帽子綠」的見解呢？或者是一對狗男女的直接交涉，居然勾搭上了，偏被不走運的周撞見，均欲殺之以滅口。

也不知是王抱着「家醜不可外揚」的見解呢？或者受了姨太太的刁唆及矇蔽，亦把周當作眼中之釘。一天，那個太監的兄弟來了，向王說：「我哥哥想收徒弟（太監都有徒弟帶在身邊），請你便中物色一個可中意的人。」

王的心裏動了一動：假使把周小子送進去，從此永無出宮之望，一則除了眼中釘，二則少一張口吃飯，豈非一舉兩得！他把這事告訴周，且用花言巧語引誘他：「幾生修到帝王家，你是一個無父無母六親無靠的人，難道不想爬上雲裏去？」

周表示甯可殺頭，不肯當太監。但是，一個無父無母六親無靠的苦命孩子，怎能逃出惡主人的掌握呢？在一個淒風苦雨之夜，他們把周綁起來強行閹割，周沒命地抵抗，越抵抗創口越大，血越流得多，竟至昏迷不知人事。王以為他死了，把他擱在側屋裏，仍與姨太太飲酒取樂。

李承業聽了這消息，心頭像割裂一般痛，夜闌人靜中，含着眼淚來看奄奄垂斃的窗友。周悠悠然醒轉來，睜開微弱的眼光，望見坐在一旁哭得像淚人兒的李，不覺低呻說：「好，我決心做太監！此仇在所必報！」

李往門外躡足張望了一會，知道那對狗男女已入睡鄉，然後進來說：「你是不是要報王總兵的仇呢？他要你的下腦袋，你要他的上腦袋！」

周斷斷續續地吐着幽黯的聲調說：「不是的。殺一個亡八算什麼，我報仇的方法與人不同。兄弟，我略略有點天資，當太監必然可以爬到較高的地位。我知道，皇帝一天存在，太監的制度亦一天存在，將來必有無量數青年慘遭同樣的命運。」說到這裏，他的眼睛發火，咬着牙齒恨恨地說：「好兄弟，我要做閻進喜，望你做林清。你是我在這個世界上唯一可靠的人。」（按，嘉慶十七年，太監閻進喜、劉得才、楊進忠等謀亂，約林清攻打紫禁城。）

李荷荷地說：「死，我不怕，但我做不了林清。我是個有膽量去死而無膽量動手的人。」

周略略遲疑了一會兒，說：「好，你做不了林清，就請你在數年之內替我物色一個林清吧！」

李不禁嗷然地哭起來。

周一面呻吟一面安慰他說：「兄弟，你莫哭，讓他們聽見，我的閹進喜就做不成了。人總是要死的，死何足懼哉！好兄弟，我在京城等着你。」

後來周入宮由太監徒弟一步步爬到奏事太監，奏事太監共有四人，等於皇帝隨身的耳目。而李呢，東流西蕩，想在人海茫茫中找出一個有膽有識的林清。世界上倘真有林清其人，怎會在額角上刻着名字呢？李看看這個不對，那個不行，每隔兩年他必跑到北京來向周說：「林清還沒有找到呢。」

如此者有三次之久。最後一次，李下了鐵一般決心說：「哥哥，林清不是鳴鑼懸賞可以找到的，我一天沒找到，就一天坐立不安。我們不知不覺地已混了五六年，而林清仍無蹤影，也許從今混到死，混不出一個所以然來。好吧，我自己就來做林清吧！我現在的膽子比前壯多了，要動手也動得。我去買炸彈、手鎗、殺皇帝！」

周急忙堵住他的口說：「兄弟，你誤會了我的意思了。殺了一個皇帝又會出現一個皇帝，而林清不會源源有兄弟聽我說，我們要謀一個總解決的方法，要使皇帝永不出現，太監制度永不存在。」（按周的意思是革命不過口頭上不能運用這個名詞。）

李垂頭喪氣地說：「你的題目越出越難了。我除了這個辦法外，實在沒有更大的本事。」

周又安慰着他說：「兄弟，你莫急，事在人為，你起不知鐵硯亦可磨穿！」

庚戌年（宣統二年，一九一〇）春天，李流蕩到保定來，聽說育德中學有革命黨，乃投入該校為學生，久久仍無所得。又聽說從前行刺五大臣的桐城人吳樾是在保定高等學堂學生，他猛然一喜：「找林清要到高等學堂去！」那時他的錢已用光，乃考入高等學堂做謄寫講義的小書記。他注意每一張面孔，每一件物事，以求其意中人之發現。

高等學堂不是革命志士的製造廠，只偶然產生了吳樾，不見得再有第二個。不料鐵硯果可磨穿，後來被李發現了一扇門。他和一個肅甯縣同鄉名叫翟仲寬的談得很入港，翟是共和會員，勸李加入，並且說這是一個種族革命打倒皇帝的秘密團體。

李不做書記員了，懷着滿腔喜氣跑到北京來向周說：「林清找到了，而且不止一個。」如此如此說了一大套。

周說：「好，你住在北京與會友及各界聯絡，我和宮中太監聯絡，製造一個裏應外合的機會。」李在鼓樓附近租了一所房屋，由周供給費用，這費用是由二十多個太監湊集而來的。周常常跑來商量，每星期有一次，漸漸把那些太監同志引過來。若遇周值班不能出宮時，必委託另一同志與李接頭，一連四月之久，從無任何變化。一次，周不來，太監同志亦不來，像斷了線的風箏似的，李急得在房中打着磨磨轉兒，看看天色將晚，乃雇車到地安門，徘徊於玉闕瓊樓之外，想找到一個太監的熟面孔，打聽個中底蘊。

從此李永不回到鼓樓寓所了，沒有人看見他，沒有人知道他的下落。直到馮（玉祥）軍搜查清宮時，才有人發現前清末年曾發生一次太監「逆謀案」，因事機敗露，中堅份子皆被處死，想必李亦被禁衛軍掩捕，而實踐其與學友同死的諾言了。

這段事橫亘在胡的心頭，所以他反對暗殺，以為暗殺在某種情勢下或可發生小作用，究屬得不償失，因為殺了一個，又有一個代之以起，而犧牲了革命陣線內視死如歸的志士，則係不可補償的損失。過去黃際隆在唐山暗殺王懷慶，唐自起、黃佐卿在開平也以王為對象，薛成華在天津車站謀刺張懷芝，他們事前不聽胡的勸告，結果皆以身殉，而所謀未遂。

十一月二十七日（即民國元年一月十五日）為第五次和議滿期之日，其時北方革命運動屢挫，北方革命黨認袁為當前大障礙，人人欲得而甘心。錢鐵如、吳若龍、張先陪、羅明典、黃之萌、黃永清、蕭聲、陶鴻源、薛榮、李懷蓮、許同華、傅思訓、楊禹昌、蔡德辰、鄭毓秀等密議刺袁計劃，議決後商之於胡，以為他總是不肯贊成的，不料這次他忽然答了「很好」兩個字。大家問他「因何破例」，他說：「袁與別人不同，當某陰謀尚未發展之前，把他殺了，可消弭一切禍變，不比已成之局，殺一個又有一個。」

那天晚上他們打聽袁將於次日入朝，乃分為三隊，每人領得手鎗一支、炸彈一枚，密布於東華門丁家街，一隊在三義茶店喝茶，一隊在祥宜坊酒樓飲酒，另一隊徘徊於東安市場之外。上午十一時四十五分，袁乘雙馬車由東華門向外務部新衙門馳去，剛過三義茶店，張先培從樓上拋出炸彈，袁的馬車走得快，看看已到祥宜坊酒樓了，黃之萌怎敢怠慢，也把炸彈使勁地拋下來，接連轟然兩聲，受了驚的馬在烟霧迷漫中奮力而奔，衛隊開鎗還擊，張中彈被擒，黃之萌與陶、薛、李、許、傅、楊、黃、蕭等亦均被擒，餘人則從夾巷中擄得一馬車逃走。

是役，袁安然無恙，僅擊斃衛隊管帶袁金標及排長一人、親兵二人、馬巡二人、馬二匹、路人二名。當晚由營務總理陸建章親審刺客張先培、黃之萌、楊禹昌均處死刑，餘由外國新聞記者保釋是鄭毓秀在外運動的結果。

這一時期是袁的黃金時期，往往逢凶化吉因禍得福。九月初八日張紹曾等奏請立憲不啻天外飛來之筆無意中卻替袁幫了一次大忙，利用之以為向清廷進攻的武器。這次袁本身遇刺之前因與民軍議和討論清室退位問題，滿人親貴都罵袁是「私通民軍的奸賊」袁以「革命黨已潛入京師」相恫嚇，親貴中激烈份子報之以冷笑，袁亦幾乎束手無策了，因有被刺案發生，清太后才深信袁是「大大的忠臣」退位問題始有水到渠成之勢。（清廷優詔慰勉，並授以一等侯爵。）

奏請退位的第一炮於元年一月三日由出使俄國大臣陸徵祥等發出，清廷只當作「逆耳之言」袁自遇刺後即不久朝議事，他以得有南方推戴維總統的暗示，乃嗾使外務大臣胡維德、民政大臣趙秉鈞、郵傳大臣梁士詒等代演「逼宮」一幕：一月十九日（陰曆十二日初一日）胡等聯名入奏「人心已去，請速頒佈共和」二十六日段祺瑞等四十七將領奏請退位。袁躲在家裏臉上浮着勝利的微笑。

當前的另一阻力是軍諮使良弼，他主張硬幹到底：「袁世凱不是好東西，我們再叫他滾蛋，怕他真感篡逆不成？」那時袁若自己動手殺良弼呢，則篡逆之名將永久註定，那是他所不肯幹的。乃令楊度等向民黨諷示，阻撓和議的是良弼，倘除此人，則一切當迎刃而解。

這句話輾轉傳入彭國珍之耳。彭是四川成都人，曾在東三省在軍需，辛亥革命時棄職難逃，在蘇州找到同鄉人程德全（江蘇都督）程委為東方招討使，仍令北上策動北方革命。彭易名到天津，聽得另一同鄉人黃復生的話，乃於二月廿六日懷炸彈守候良弼門外，轟然一發，兩人同歸於盡（其後彭與刺袁烈士黃之萌等同葬三貝子花園）。這一次炸彈把親貴王公嚇得魂飛天外，證實了袁「革命黨已潛入京師」的一句鬼話，紛紛避難離京，到青島、大連、天津一帶，其因職務所羈而未能離京的，則紛紛請袁派兵保護，袁乃以保護為名而監視之。那天御前會議時，王公親貴到者寥寥，只有奉命逼宮的趙秉鈞等如時而至。隆裕向他們哭着說：「趙秉鈞啊，你向袁世凱說，一切事好商量，保全我母子性命要緊。」

趙是袁手下的一個怪角，你問他的姓是百家姓第一姓，問名，是天子腳下第一人，問排行，是老大，問生庚，是歲首第一時（甲子年正月初一子時）。你想，世界上果有這種「貴造」嗎？老實說，他生於何方，父母姓名為何，何時呱呱墜地，他的父母早把這本帳帶到泉下了。讓他自己知道自己時，他在河南臨汝縣做了一戶人家的書童，以富於機謀，由典史而同知，而道台，而巡警道，而民政部侍郎，而尚書，一路扶搖直上，成了袁的密探部主腦。北洋軍人呼之為趙大哥，他自起外號曰智庵，儼然以袁的智囊自居。

他扮演「華歆」之一角，自袁遇刺後稱病不朝，御前會議都是他開口說話。一次，他的野性發作，悻悻然向隆裕說：「今天開會，明天開會，會而不議，議而不決，那麼內閣只好引咎辭職，臣等大家不幹。」說罷，拂袖而走。

一月二十二日孫大總統命伍代表轉達袁，只要清室宣布遜位，袁本人宣布贊成共和，即當辭大總統一職以讓袁。袁吃了這顆定心丸，所以命趙一步緊逼一步，直到良弼被炸後，隆裕才下了性命重於皇位的決心，與趙磋商所謂優待皇室條件。

當隆裕痛哭之一剎那，趙的假淚亦不禁奪眶而出，退朝後京畿營務處要員雷朝彥（震春）陸朗齋（建章）等圍攏來聽消息，雷問：「大哥今天的戲唱得如何？」趙連連搖頭說：「難過，難過，這齣戲不是人唱的。」

當孫大總統表示將遜位，清廷表示將退位之際，在上海替袁做第五縱隊工作的楊度抽暇到青島玩了一趟。他身邊帶有「國事共濟會」會款鉅萬，這筆錢是袁叫他用以聯絡南方革命黨的，他拿來在青島買洋房，他自以為已替袁建了「不世之功」，揩點點油是不成問題的，但袁以此對他建冷落，楊生平的最大短處在此。（按汪精衛此時為袁所用，也是共濟會要角。）

統一與混亂

中山先生命袁宣布共和政見，當以臨時大總統一席相讓袁乃於元年二月十一日（陰曆十二月二十四日）宣布政見如下：

南京孫大總統，黎副總統各部總長參議院同鑒：共和為最良國體，世界公認，今由帝政一躍而躋及之，實諸公累年之心血，亦民國無窮之幸福。大清皇帝既明詔辭位，業經世凱署名，則宣布之日為帝政之終局，即民國之始基從此努力進行，務令達到圓滿地位，永不使君主政體再行於中國。現在統一組織至重且繁，世凱極願南行暢聆大教，共謀進行之法；只因北方秩序不易維持，軍旅如林，須加布署，而東北人心未盡一致，稍有動搖，牽涉全國，諸君皆洞鑒時局，必能諒此苦衷。至共和建設重要問題，諸公研究有素，成竹在胸，應如何協商統一組織之法，尚希迅即見教。袁世凱真

此電與清帝退位詔同於次日公布。退位詔有三，其第一詔略謂：「朕欽奉隆裕皇太后懿旨，前因民軍起事，各省響應特命袁世凱遣員與民軍代表討論大局，議開國會，公決政體。……今全國人民心理多傾向共和，南中各省倡議於前，北方諸將主張於後，人心所嚮，天命可知，予亦何忍因一姓之尊榮，拂兆人

之好惡。……特率皇帝將統治權公諸全國定為共和立憲國體。……即由袁世凱以全權組織臨時共和政府，與民軍協商統一辦法。……仍合滿、漢、蒙、回、藏五族完全領土為一大中華民國。予與皇帝得以退處寬閒優游歲月長受國民之優禮親見郅治之告成起不懿歟？」第二詔宣布與民軍訂立之優待清室條件。第三詔責成京內外各長官勿曠官守？維持治安。各詔均由內閣副署。閣員全體名單如下：內閣總理大臣袁世凱、外務大臣胡維德、民政大臣趙秉鈞、度支大臣紹英、陸軍大臣王士珍、海軍大臣譚學衡、學部大臣唐景崇、司法大臣沈家本、郵傳大臣梁士詒、農工商大臣熙彥、理藩大臣達壽。

當中最堪注意的就是「即由袁世凱以全權組織共和政府」一語。袁懷疑中山先生的話，深恐清帝退位後南方仍不以總統一席相屬，所以先在清廷方面「栽」了個「組織政府」的「根」，免得「兩面光」的政策而有「兩面空」的結果。

中山先生雖抱功成身退之見，但袁若以清廷為傀儡，挾驕兵悍將以自重，政體雖換招牌，腐惡勢力依然存在，則革命之血為白流，國家仍無救藥，所以二月十三日他「薦袁自代」的咨文中附提三項辦法：一、臨時政府地點設於南京，為各省代表所議定，不能更改；二、本人辭職後，俟參議院選舉新總統親到南京受任之日本人及國務員乃行解職；三、臨時約法為參議院所製定，新總統必須遵守之。

不料袁絕無尊崇法治的心理，於參議院尚未選舉總統之前，即以「組織中華民國臨時政府首領」名義照會外交團，自稱「本全權」，將各部大臣改為「各部首領」，居然成立了另一「政府」。他又以「不就總統」為要挾，拒絕「政府南遷」，之請其電文如次：

南京孫大總統，黎副總統各部總長參議院各省都督鑒：清帝辭位，自應速謀統一以定危局，此時間不容髮，實為唯一要圖，民國存亡胥關於是。頃接孫大總統電開，提出辭表，推薦鄙人，囑速來甯，並舉人自代，電知臨時政府，畀以鎮安北方全局各等因；世凱德薄能鮮，何敢肩此重任。南行之願，真電業已聲明，然暫時羈絆在此，實為北方危機隱伏，全國半數之生命財產萬難恝置，並非因清帝委任也。孫大總統來電所論，共和政府不能由清帝委任組織，極為正確；現在北方各省軍隊暨全蒙代表皆以函電推舉為臨時大總統，清帝委任一層，無足再論。惟總未遽組織者，特慮南北意見因此而生，統一愈難，實非國家之福。若專為個人職任計，舍北而南，則實有無窮窒礙：北方軍民意見尚多紛歧，隱患實繁，皇族受外人愚弄，根株潛長，北京外交團向以凱離此為慮，屢經言及，奉江兩省時有動搖，外蒙各盟迭來警告，內訌外患，遞引互牽，若因凱一去，一切變端立見，殊非愛國救世之素志。若舉人自代，實無措置各方面合宜之人。然長此不能統一，外人無可承認，險象環集，大局益危。反復思維，與其孫大總統辭職，不如世凱退居，蓋就民設之政府，民舉之總統而謀統一，其事較便。今日之事，惟有由南京政府將北方各省及各軍隊妥籌接收以後，世凱立即退歸田里，為共和之國民。當未接收以前，仍當竭智盡愚，暫維秩序。總之共和既定之後，當以愛國為前提，決不欲以大總統問題釀成南北分歧之局，致貽漁人分裂之禍。已請唐君紹儀代達此意，赴甯協商，特以區區之懷，電達聰聽，惟亮察之為幸。袁世凱咸（二月十五日）

此電實質完全是一個「騙」字：他明明以「臨時政府首領」名義自居，卻又以「北方軍段及全蒙代表推舉為臨時大總統」為由，出脫其「清帝委任」之嫌，又以「未遽組織」為言，逃避其「擅組政府，形同割據」之罪。既謂「與其孫大總統辭職，不如世凱退居」，又謂「當未接受北方各軍以前，仍當暫維秩序，決不欲以大總統問題釀成南北分歧之局」，兩者恰用低消。

試閱袁的另一電（致北方各省督撫的），尤足證明其「兩面光」政策實為「兩面騙」政策，假口北方治安以騙民軍，又假口民軍勢盛以鎮撫北方。該電原文如下：

世凱臥病三年，無志問世，朝皆敦促，迭詞不獲。自督師以消入朝，抱定君憲宗旨。乃大勢推移，內外嚮逼，東南區域既皆瓦解，西北各省時復響應，資政院及各諮議局並商學各界均主不以兵力平亂。又庫儲奇絀，借款為難，械不能購，兵不能增，以致漢口復而海軍繼變，漢陽克而南京旋失，江海之權亡，財賦之源絕。雖設法激勵將士，取消山東獨立，規復山西省垣，力保陝洛，收撫大同一帶，勉為支撐，北方賴以粗安，而潮流激烈，到處灌輸，民黨散布京津，時謀舉動，土匪又所在蜂起，分兵布置防不勝防重以六國調停，以尊重人道息戰和商為請，不得已始有代表討論之行繼有公決國體之詔，磋商多日，迄無成議，遷延愈久，險象環生；外人以商務賠款時有責言，會匪土匪焚掠淫殺，均以大局未定，難於勦辦。近則庫倫、伊犁、呼倫各處紛告獨立，西藏變動屢見，內多糜爛之患，外動干涉之機，民軍時復分道北攻，齊豫則警報頻來，徐潁又援師莫繼，兵餉多方湊發，異常竭蹶，年內非有百萬不克度歲，而軍心搖動，政見變遷，若再相持，轉瞬春融冰泮，民軍北來，欲戰不能，欲和不及，非但生靈塗炭，必致京師震驚，何以安宮廷而保陵廟，何以全皇族而活旗民！世凱遭此困難，祈死不得，求去不允，與惟德等私憂竊嘆，輒至相向泣下。近者各國駐使、各埠商團、名處議會、各省軍隊、各省督撫紛紛來電，咸謂人心趨向共和，斷難逆遏，事機危迫，呼吸存亡，與其為城下盟，後患不堪設想，何如恩出自上，早日宣布共和，俾君上不失尊榮，國民樂為酬報；並責以不應以兩宮及北方生命財產為孤注，僥倖一戰，不慮萬全。慈宮親貴鑒觀大勢，默察輿論，迭次召集會議，均主萬無可戰之理。世凱等復屢荷慈諭，諄諄以保全宗廟陵寢及兩宮安全相訓勉，並謂萬不可激成種族之慘禍。聞命惴慄，懼莫能副，心力既竭，計無復之，只得以國家為前提，以安上全下為目的，以多數輿論為從違。當奉慈旨與民軍先商優禮皇室暨待遇滿、蒙、回、藏等條件，此實朝廷兩害取輕，萬不得已之苦衷。果能雙方同意，和平解決，皇室既可安享尊榮，為前代所未有，而滿蒙回藏世爵，各旗俸餉，均可照舊不致停廢，以視決裂之後受禍不測者，其安危苦樂殆不可同日而語，磋商數四，朝廷比較利害，斟酌定議，遂有今日之局。諸公熱心求治，偉略匡時，渴望和平，定徵同意，惟於此中原委，或尚恐未知其詳，用敢略述奉達，伏乞亮察。袁世凱、胡惟德、趙秉鈞、紹英、唐景崇、王士珍、譚學衡、沈家本、熙彥、梁士詒、達壽同叩宥（陰曆十二月二十六日即清帝退位之翌日——陽曆二月十三日）

二月十五日參議院選袁為臨時大總統，以「中華民國之華盛頓」相勗，並派蔡元培、汪兆銘、宋教仁、魏宸組、鈕永健五專使北上迎袁南下，其時中山先生未解職，袁未南下就職，乃棄其「全權」之名，改用「新舉臨時大總統」名義發布號令，實有南北兩政府之嫌。二十五日專使抵京時，袁予以盛大之歡迎。此後連日開談話會，袁不再說「礙難南下」的話了，他像是很誠懇地討論南下問題，一會兒議到留守北方的大員，一會兒商及南行路線，擬由京漢車赴漢與黎（二十日黎當選副總統）相見後即轉輪赴南京。不料二十九晚袁密令第三鎮兵變，崇文門一片火光，全城鎗聲四起，專使等避居六國飯店。次日延及津、保一帶，這是袁使用武力鞏固私人地位的一幕。

那時第三鎮統治曹錕是袁身邊的「趙子龍」，打娘子關叫他去，打灤州叫他去，縱兵威脅專使也派他幹。他每次見「袁宮保」時畢挺地站着，呼之坐不敢坐，與之言除了「是……是」之外不敢多言。袁對馮、段禮貌有加，而對曹則不假詞色，即此一端，識者早知曹必能出人頭地，這由於前清官場中有一習慣，長官對屬員若太客氣，是不把他當作「自家人」，而越不禮貌，挨罵越多的越是紅員。有人以挨罵多寡為升官遲速的預兆，且欣欣然出而語人曰：「我今天又挨了罵了！」

兵變後，京、津一帶各國駐軍出動，日軍在秦皇島登陸，形勢異常嚴重。臨時政府陸軍總長黃興電請各省出師靖難，袁以「各國聯軍在京恐滋誤會」拒之。又陰令北方各省督撫通電反對袁南下就職，本人則提議請黎副總統赴甯代就職，本人暫留北京。六個月後再赴甯。專使鑒於時勢危迫，亦電請從長計議。孫大總統乃提出折衷辦法，允袁在北京就職，但須電向參議院宣誓，參院收到此電後，始認為已就職。

三月八日袁在北京就職，其誓詞如下：

南京參議院公鑒：麻電悉，所議六條，一切認可。凱以薄德，忝承公推，勉任公僕義務。謹照三月初六議決第二條辦法，電達宣誓。下開宣誓詞，請代公布。其文曰：民國建設造端，百凡待治，世凱深願竭其能力，發揚共和之精神，滌蕩專制之瑕穢，謹守憲法，依國民之願望，建國家於安全強固之域，俾五大民族同臻樂利。凡茲志願，率履弗渝。俟召開國會，選定第一期大總統，世凱即行解職。謹掬誠悃，誓告同胞。大中華民國元年三月初八日袁世凱。

兵變一幕的導演者是袁，但其範圍之擴大，則非袁意料所及。蓋北方將士經黨人一再運動後，吸收了革命思想，稍加撩撥，即有沛然莫禦之勢。況其時除前述各省外，相繼獨立者又有閔、川、魯等省。魯省取消獨立後，烟台繼之以起。奉天則組織半獨立性的「保安會」，因張紹曾假口外交不就會長，藍天蔚又在關內會務無人主持乃改組為「急進會」派吳景濂等南下接洽。甘肅又有秦州之獨立，（黃鉞為都督。）海軍方面停泊鎮江之鏡清、保民等艦及魚雷艇十四艘，停泊九江之海容、海琛、海籌等艦及江防隊各炮艇均先後加入革命軍。袁鑒於革命軍聲勢浩大，才肯與南京成立和議。然當袁就職之初，外間即盛傳法國拿破崙第一故事將見之於中國，袁於六月二十五日有電闢謠云：

> 武昌黎副總統各省都督鑒：世凱束髮受書，即慕上古官天下之風，以為歷代治道之隆污，罔不繫乎公私之兩念。洎乎中歲，略識外情，目睹法美共和之良規，謂為深合天下為公之古訓。客歲武昌起義，各省景從，遂使二千餘年專制之舊邦，一躍而為共和政體。世凱以衰朽之年，躬茲盛舉，私願從此退休田里，共享昇平，乃荷國民委託之殷，膺茲重任，當共和宣布之日，即經通告天下，謂當永遠不使君主政體再見於中國，就職之初，復經瀝沈宣誓皇天后土，實聞此言。乃近日以來，各省無識之徒，揑造訛言，搖惑觀聽，以法蘭西拿破崙第一之故事妄相猜懼，其用心如何姑置不問，大抵出於誤解者半，出於故意者亦半。民國成立，迄今半年，外之列強承認尚無端倪，內之各省秩序亦未回復，危機一髮，稍縱即逝，世凱膺茲艱鉅，自不得不力為支持，冀挽狂瀾。乃當事者雖極俯曲以求全，而局外者終難開懷以相諒。殊不思世凱既負國民之委託，則天下興亡安能漠視，倘明知不可為而復虛與委蛇，致民國前途於不可

收拾，縱人不我責自問何以對同胞區區此心可質天日但使內省不怍亦復遑卹其他惟當此艱難締造之秋豈容有彼此猜疑之隱用是重為宣布凡我國民當以救國為前提則自能見其大萬不宜輕聽悠悠之口為擾亂之階若乃不逞之徒意存破壞藉端熒惑不顧大局則世凱亦惟有從國民之公意與天下共棄之！事關大局不敢不披瀝素志解釋嫌疑知我罪我付之公論特此宣言維祈亮察袁世凱有

袁就職的初期中全國陷於混亂，陝西有張鳳翽、升允之爭，山東有胡瑛、張廣建之爭，安徽有孫毓筠、黎宗岳之爭，貴州有唐繼堯、楊藎誠之爭而各省殺官驅長潮尚未計算在內，害得首義武昌的黎副總統今天發一個垂涕而道的文告明天又有「泥首以請」的長電。其傳誦一時的傑作，有「四亡五哭十害，三危」等電，不啻一字一淚。袁知「此人易與」為分化革命陣線起見，常常把高帽子給他戴，什麼「實獲我心」哪，什麼「永拜嘉言」哪；而黎果然漸入其彀，曾於二月四日通電主張建都北京，不啻與袁黨同其旨趣。其時黎的得力秘書已不是那個圓臉垂辮的武孫先生了，卻從故紙堆中物色到捫蝨而談的饒漢祥，挾了一部佩文韻府，每天專做些悲天憫人的文章，以此獲得「標準秘書」之稱，黎黃陂亦賴以名滿天下。（實則饒之名以黎而顯）

各省中把戲最多的是山東。武昌起義後，忽有「清廷向德國借款以山東全省土地為抵押」之謠，

山東諮議局議長丁世嶧特於九月十五日召集開會，議決向清廷提出八條，倘無滿意答覆，當即宣布獨立。嗣由黨人組織保安會於九月二十一日推舉孫寶琦為都督。事為袁所聞，急派張廣建、吳炳湘到濟南，力勸以北方團體為重，孫又取消獨立，黨人乃向烟台方面發展。

烟台駐軍除警衛隊統帶鄭汝成（後任上海鎮守使）外，餘均參加革命。十月二十二晚黨人攻入道署，道台徐世光（世昌之弟）及鄭汝成棄職逃走，遂於次日宣布獨立。適有舞鳳兵艦由天津開到烟台，黨人推舉該艦艦長王傳炯為司令。不料王暗通清軍，張廣建又派炮兵標統張樹元為膠東兵備道，率兵進攻烟台。滬軍都督陳其美聞訊，亦派劉基炎率兵三千往援烟台，南京政府委胡瑛為山東都督，命杜潛率閩軍三千乘海籌、海容、建威、豫章、通濟五艦抵烟，王傳炯聞風先逃，登州、黃縣悉入民軍掌握。

胡到烟台後，即委虞克昌為警衛隊統帶，張學濟為秘書長，王培煦為民政司長，李惺齋為財政司長，邱倫璋為交通司長，欒星壑為司法司長，蔣冕為軍務司長，連紹先為魯軍司令。

那時張廣建繼孫寶琦之後宣布「假獨立」，亦稱「山東都督」，所以有人呼胡為烟台都督，又有人戲呼為「雙鎗將」，意謂「頭門口豎着一隻鎗烟榻上橫着一隻鎗。」（張電胡呼為「經翁」，即不承認其為山東都督之意。）

清室早已退位，共和亦經宣布，胡鄂公在天津辦報，忽然接得烟台的一封急電：「請即命駕來遊。」他正想換換空氣，即乘輪赴烟。當他與胡瑛見面時，只見辮子不翼而飛，賓客不速而至，都督府中烟氣如雲，瑛一面與賓客高談闊論，一面從床底下提出夜壺來當眾撒溺，其政躬之忙碌可知。

他與鄂公握手道故後笑着說：「周公瑾二十四歲拜水軍都督，我兩人恰是同年（廿八歲）比公瑾只大了四歲。區區不才，忝為一省陸海軍大都督，孰謂古今人不相及哉？」鄂公祇報之以微笑。

瑛說：「你莫笑，我這次請你來是有作用的，是大有作用的。你記得黃克強在武昌登台拜將的故事嗎？我虛此席以待宗兄也久矣，倘不以弟為不才，請即擔任魯軍總司令，大張撻伐何如！」他說到這裏，不禁怒形於色，搖着腦袋說：「張廣建，彼何人斯，一清廷鷹犬，亡國大夫耳！乃敢竊號以自娛，稱兵以抗命，我乃堂堂之陣，正正之旗。請看今日之山東，竟是誰家之天下？」

鄂公問：「你有多少鎗，多少子彈，多少兵？」瑛想了一想說：「尚待調查。」鄂公又問：「張廣建有多少人馬？」瑛又想了一想說：「也待調查。」鄂公說：「既不知彼，又不知已，戰事有何把握？」瑛說：「宗兄出馬，焉有不勝之理？你何不把炮打瑞瀓的威風顯給張廣建看！」

鄂公說：「我這次是來看朋友。天津報務很忙，未便耽擱太久。」瑛說：「我望宗兄如望歲，奈何棄我如遺？你不為區區計，獨不為三千萬魯人計耶？」

隔不多時，瑛與張廣建兩敗俱傷，袁另派周自齊繼任山東都督，（由度支部首領調任。）任瑛為陝甘經略使，又以地點太近，怕瑛走馬上任，乃改任為新疆、青海屯墾使等於「漂亮充軍」的處分，瑛自然沒有萬里投荒的勇氣了。

當山東易督的時候，瑛自知實力有限，乃一面通電辭職，一面又稱「暫維秩序」，在烟台設立山東臨時議會，由該會發表罵張留胡的通電。黎副總統為調停魯事，於三月有日（二十五日）通電云：「胡都督賢勞國事，奔走拘囚，海內同志，久深景仰。自武漢起義，贊助外交，東南半壁，倚為長城，元洪飲水思源，尤所深感。乃因蘄求統一，竟請取消重任，歸隱故園，視富貴若浮雲，愛共和若性命，此等人格，直當鑄金事之。倘必欲強仙鶴於牢籠，役神龍於涸轍，明德為累，令聞不彰，揆諸君子愛人以德之心，豈忍出此。至張都督內清伏莽，外固邊防，而人地似不相宜，再四思維，惟有哀懇袁大總統，將胡都督准予離職，張都督調離東任。」黎的一貫作風，對於爭督長地位的雙方，不論其是非曲直，主張一律予以罷免。對貴州的唐、楊，安徽的孫、黎，都發揮過同樣的主張。（張的下野電有「受袁國士之知」等語。）

政黨內閣制

各省的混亂狀態是革命過程中所必有的階段，但北方的屢次兵變則充分地表露了袁的統馭無方及北洋軍的弱點。三月八日袁在北京宣布就職後，十日黃克強由寧電達袁：「聞北方將招三十營維持治安。鄙意新兵未經訓練，不知南兵北調，南可節餉北可保安。」黃的意思很明白，袁既不肯南下就職，革命黨祇求能夠打破北方的封疆勢力，則一切都好商量。這個建議自然不是袁所能接受的。

元年三月三十一日臨時約法公布，四月一日孫總統宣告解職，以黃興為南京留守。翌日參議院議決北移（該院於四月二十九日在北京開首次會議。）當三月十三日唐紹儀組織混合內閣時，陸長一席，各方都屬望黃，袁則非用他自己的心腹不可，乃任黃為有名無實的參謀總長，一以敷衍民黨，一則為調虎離山之計。黃因南方軍隊無人統率，表示不就，所以改任黃為南京留守，仍統轄南方各軍。黃再南京遇刺數次，一般人因黃銳意裁軍，（黃倡辦國民捐為裁兵經費，將各軍解散或歸併後，於六月十四日解除留守職，）或者樹怨太多，尚無人疑心到袁的頭上。袁又以淡於名利的徐紹楨為參謀總長，徐堅決不幹，乃又以之予黎元洪，也是袁的調虎離山之計。豈知黎亦不願北上，不得已乃以副總統遙領斯職，部務悉由袁的心腹陳宧主持。如此一來，連這個有名無實的參謀部也落入袁的手裏了。

唐閣成立之前，孫毓筠主張推中山先生組閣，陸榮廷通電響應，是當時的一個小笑話。唐閣名單屬於袁系者有外長陸徵祥、內長趙秉鈞、陸長段祺瑞、海長劉冠雄，是最有權威的四大部，屬於同盟會者有教長蔡元培、農長宋教仁、法長王寵惠，（工商總長陳其美未就）都是清閒機關。

唐是袁的老友，袁把它看作死黨，但他不肯做「仰承意旨」的工具，一方欲促進孫、袁之合作，一方欲以「責任內閣制」走上法治軌道。袁的鼻子裏哼了一聲：「這個廣東人果然靠不住，果然投入廣東人的懷抱了！」

袁的拆台手段第一步叫趙秉鈞不出席閣議，第二步叫財長熊希齡遇事掣唐的肘。唐欲衝破四國銀行團的封鎖線，特向比國借款（英鎊百萬）收束南方事務，不料英、美、德、法銀行團以「借款優先權」為由提出抗議，袁黨復以「用途不明」相譏，唐閣已有風雨飄搖之勢。後因直督問題（順直議會選舉王芝祥為直督，袁口頭已應允，卻陰令直隸五路軍人表示反對，乃派芝祥南下宣慰軍隊，唐拒絕副署此令，）袁竟違法將未經內閣副署的命令發表，唐知道再幹下去非至焦頭爛額不止，乃於六月十六日拂袖出京，這兩位老友的交誼從此破產。

唐走後閣員連帶辭職，袁對同盟會三閣員卻裝出一副「極力慰留」的神氣，七月一日向他們說：「我代表四萬萬人請君等打消辭意。」蔡元培說：「我等亦代表四萬萬人向大總統力辭。」

六月二十七日准唐辭職，二十九日以陸徵祥繼任。陸以外交名流出席參議院時祇說了些「怎樣開菜單」的瘋話，絕口不談大政方針，參議院大譁，把他所提的國務員一律否決，且提案彈劾，嚇得陸躲在醫院裏抽聲嘆氣。此後續提國務員名單，袁嗾使軍警威脅議會，才勉強通過。袁的真面目漸流露，識者早知其不忠於民國了。

中山先生卸任後，欲盡讓政權於袁，以在野之身專心致力於實業、教育諸端。

袁電請中山先生北來，值張振武案發生，民黨識破了袁的陰險手段，力勸勿入虎穴，但中山先生欲示人以坦白，卒於元年八月二十四日抵北京。張案是民國成立後的第一件政治大陰謀。張為武昌起義元勛之一，當時三武名滿天下（即孫武、蔣翊武與張），都不把革命投機派的黎放在眼下，黎亦把他們當作眼中釘，屢次薦之於袁，是黎的調虎離山之計。張於八月十日到京，袁命北洋派要人予以盛大的歡迎，除宴之於公府外，又命段、馮諸將輪流設宴，姜桂題等開會歡迎。實則十一日袁即接到黎的萬急密電請將張正法，十三日又有電云：「張振武以小學教員贊成革命，起義時充軍務司副司長，乃怙惡結黨，桀鶩自恣。當武昌二次蠢動之時，振武暗煽將校團，乘機思逞，元洪念其微勞，勸以調查邊務，於是大總統有蒙古調查員之命。振武抵京，要求巨款，一看未遂，潛行返鄂，蠱惑兵士，勾結土匪。元洪愛既不能，忍亦不可。……伏乞將振武立予正法，其隨行之方維（乃湖北將校團團長）同惡相濟，乞一律處決。」那時黎已鑽入了袁的圈套，以袁為易與，欲遂其借刀殺人之計。

張做夢想不到死神會盤旋在他的頭頂上。十四晚，他在六國飯店歡宴同盟、共和兩黨黨員，十五日黎明即與同來的將校十三人被捕，由着名酷吏陸建章親自審問（陸任軍政執法處長），即日判決槍斃。步軍統領宣布罪狀，把黎的密電一字不遺地錄了出來，這卻是黎做夢也想不到的。

袁的意思很明白：「你想借刀殺人，我就把一切罪名都卸在你的頭上。」張死後，袁給以撫卹費三千元，被捕十三人各給千元為回籍川資。當其時，革命導師孫中山先生、革命健者黃克強先生、武昌首義的黎、推翻清室的袁，是國人所最崇拜的四大人物。中山先生曲高而和寡，克強漢陽之敗，和袁的陰險毒辣，都漸漸引起了國人的厭倦心理，而黎屢次發表「三危、五哭」之電，或為仁者之言，或則憂時之作，所以國人都痛贊他是個忠厚長者，為一時物望所歸。這次袁假手張案揭破他的陰謀，使他的聲望受到一次嚴重的打擊，同時使國人不要專罵他是梟雄，即以長厚見稱之黎，其手段之毒辣亦不在梟雄之下。此外尚含有挑撥及操縱的意味：黎殺了首義人物，必為民黨所不滿，民黨與黎互相水火，則「洹上釣徒」又居於第三者的地位，而黎不得不內附以求自全了。（與張振武齊名的蔣翊武，二年九月過全州，為桂軍所獲。袁電令就地處決，時為九月九日。）

這件血案發生後，第一砲是黃興放的，指摘政府殺人手續之不當，接着便有議員張伯烈等地質問，請提出謀亂證據，不能偏聽一面之詞。其時號稱三武的另二人——孫武、蔣翊武——都在京，孫力辭總統府顧問，並與蔣於十七日見袁，口口聲聲要給他們的「免死券。」袁對付參議院的手段仍不外乎卸罪於黎，其覆文有云：「此案純屬軍政，未便宜布詳情。國務總理患病不能到院，當派段總長為代表。如貴院要求證據，則令黎都督查明答覆。」

黎上了袁的大當，自知為清議所不容，乃不得不借重饒漢祥的一管妙筆，一再通電自白，列舉「張方之大罪十四，元洪之不獲已者三，自罪者三。」他知道引咎自則仍然不足以平各方的忿怒，乃進一步電辭湖北都督和副總統（雙十節後又有一電，請裁副總統一職，推薦黃興繼任參謀總長和鄂督）一面卻由湖北全體軍人聯名電留，且向議會提出反質問：「湖北非副總統無以有今日！設一旦搖動，議會諸君能否擔茲重責？請於二十四小時內電覆。」這套戲法前半段像胡經翁在烟台的「臨去秋波，」後半段卻未嘗不是督軍團干涉議會的先例。

黎又用忠厚長者的態度處理張的身後事：「贍其母使終年，養其子使成立。特派專員迎柩歸籍，並飭沿途妥為照料。俟靈櫬到鄂，元洪當親自奠祭，開會追悼，以慰幽魂。」他給張的兒子二千元作晉京路費，飭軍務司每月給張的家屬卹金三十元，至張子能自立時為止。（張眷擬拒而不受，其弟振亞怕以此抓破黎的臉，乃代為領受）張柩到鄂時，在抱冰堂舉行盛大的追悼會，黎有輓詞云「為國家締造艱難，功首罪魁，後世自有定論；幸天地監臨上下，私情公誼，此心吳負故人。」

無論黎怎樣善演「揮淚斬馬謖」，他的長厚之名卻不能不因此案而大大地打了個折頭。同盟會一方指斥黎是「偽善者」，一方對孫、袁合作前途表示極端的悲觀態度。而中山先生呢，過去是不以與袁合作為然的，而既經與袁合作之後，則欲以誠意感化他，不肯以枝枝節節的問題動搖其合作之本旨。中山先生過津時，曾電黃克強稱：「府祕書來告，振武被執時搜得其致兄書，有『承囑殺元洪事已布置周妥』之語。」黃通電力白無其事。袁接得黃電也力白「府中並無這個秘書。」

袁想在民國第一度雙十節之前，邀集孫、黃、黎三人作一度「四巨頭」會議。黎因張案不敢入京。中山先生到京時，袁命軍警待以總統之禮，派自己所乘的雙馬車，金漆朱輪，飾以黃緞，到前門外車站歡迎。

同時北京市民亦有盛大的歡迎。

先是同盟會除中山先生任總理外，以黃興為協理，宋教仁等為幹事，宋是黨中第一流政治人才，努力推進黨務於八月二十五日將同盟會、統一共和黨、國民共進會、國民公黨、共和實進會合併為國民黨，公戴中山先生為理事長，其理事九人中有黃、宋等，參議三十人有胡瑛、孫毓筠在內。是日中山先生出席成立大會發表演說，為民國正式政黨大張旗鼓之第一聲。

中山先生下榻迎賓館。袁見了這位手創民國的偉人，滿臉堆着笑，握手握得特別親熱，從此三日一大宴，兩日一密談，中山先生留京一月（九月六日曾赴張家口一行）與袁密談竟達十三次之多。一天，中山先生向袁說：「兄弟打算在十年內，當造成鐵路二十萬里。」袁說：「十年之內，兄弟當練成精兵百萬。」兩人拊掌大笑。

「中山先生萬歲！」袁高高地舉起杯子，引吭而呼。

「大總統萬歲！」中山先生亦微笑應之。

試看中山先生致黃之一電，就不難想見其以誠待人及其促成統一的苦心。電云：「到京後與項城接談二次。關於實業各節，彼亦向有計畫，大致不甚相遠。至國防外交，相見略同。以弟所見，項城實陷於可悲之境遇，絕無可疑之餘地。振武案實迫於黎之急電，非將順其意，無以副黎之望。弟到此以來，大消北方北方意見，兄當速來則南方風潮亦可止息統一當有圓滿之結果。」

中山先生到京後，宋內閣之說大盛。中山先生目的，一在引袁入黨，使之成為黨中極重要之一份子，而能為黨所用；二則以政黨內閣限制袁的軌外行動，以便與之真誠合作；三則仍主張移都南京，以擴清北方的腐惡勢力。中山先生表示革命並非以排滿為目的，而在於以平等地位結合五族而成為大中華民族，所以曾與載灃互相拜會。清后命世續開放頤和園，歡迎這位融合漢滿之界的民族先覺。

九月九日，袁授中山先生以籌畫全國鐵路的全權。十一日黃興到，袁的臉上同樣地堆着笑，手握得很緊。黃任南京留守時，各軍欠餉甚多，袁令財長熊希齡扼而不予，讓兩位湖南人吵架。黃乃自動裁兵，收束留守府，入京參加建設會議。（後來袁於十二月二十八日任黃為川粵漢鐵路督辦，黃未就。）九月十二日，清室在金魚胡同那桐宅歡宴孫黃二公，由貝子溥倫致詞云：「兩先生都是非常之人，所以能建非常之業。這次國體變更，是兩先生鼓吹奔走之力。咱們皇太后久仰孫先生的仁德，且信共和政體為二十世紀大勢之所趨，所以毅然以國政還之國人。咱們所期待的，五族一律平等，國基從此鞏固，皇室受福無窮。」黃致答詞：「這次共和告成，是由孫先生數十年的領導，所以人心一致，舉國景從，然非隆裕太后之明哲，其成功心不能如此之速。」（十月三日參謀部在頤和園歡宴黃與陳英士，有清太保世續作陪。黃問宣統起居。世云已剪髮，美日讀寫甚勤。黃云五族一家，皇族多才，亦為民國之福。）

中山先生的態度誠然坦白，黃的見解則未免太老實：他以為國民黨是救國救民的黨，無論誰加入國民黨，誰就變成了救國救民的忠實信徒。他想以黨的主義感化袁，同時以黨的領袖地位羈縻袁。他四面吸收黨員，並且當面勸袁入黨，袁又拊掌大笑。

袁偷偷地向楊度說：「皙子，你看我像個革命黨的模樣嗎？」楊不懂他的用意。袁馬上自作解釋說道：「民黨有黃、宋兩位中堅，現在是你們湖南人出風頭的時候，你不妨加入黨，和他們多談談，多接近接近。智庵也不妨入黨。假使他們答應廢除政黨內閣制，我也做個革命黨頑頑。」

九月二十二日陸徵祥內閣辭職，以趙秉鈞暫代。二十四日趙閣正式成立，其中以黃疏通之力為多。趙已加入民黨，黃把他當做自家人，絕未疑心到他是奉命入黨的奸細。

袁為粉飾太平計，於九月二十五日宣布「內政大綱」八條，謂與孫、黃二先生討論後，並徵得黎副總統同意後決定的。其條款如下：一、立國取統一制度；二、主持是非善惡之真公道以正民俗；三、暫時收束武備，先儲備海陸軍人才；四、開放門戶，輸入外資，興辦鐵路、礦山，建置鋼鐵工廠，以厚民生；五、提倡資助國民實業先着手於農林、工商；六、軍事、外交、財政、司法、交通皆取中央集權主義，其餘斟酌各省情形兼採地方分權主義；七、迅速整理財政；八、竭力調和黨見，維持秩序，為各國承諾之根本。

元年雙十節，袁以大勛位授中山先生及黎，唐紹儀、伍廷芳、黃興、程德全、段祺瑞、馮國璋都得勛一位，中山先生和黃都不受，使袁大為掃興。還有一位書生本色的吳稚暉寫信給袁：

報載黎副總統提議授書生勛位之說。敬恆狂妄，於勛位名目尚極端反對，何論授受！我等在民國為百姓頭銜，自詡極品，安肯受公等公僕之勛位者！令朝下夕痛詬矣，非惟不謝，不感也。至於勛之一字，他人吾不知，反問敬恆，敬恆愧汗如雨，何來此不祥之聲，令我騰笑舉世！即挫我骨，揚我灰，使最高明之化學家分析化驗，必不夾雜一毫此等夢想之份子。不然如何敢抱一頭兩腿，強顏遊行於光天化日下耶？切盼公等寶貴精神，專注於國難（其時發生俄庫問題），勿更以揶揄為消閑，侮弄書生。十二月十日公民吳敬恆謹上。

袁慣於以名位籠絡天下士，卻想不到革命者不吃這一套，可謂「自討沒趣」。

黃不久即回到湖南度歲，他仍然不放棄「拉人入黨」的主張，最要拉的也就是過去在東京往返最密的楊度。楊表示「入黨未為不可，但以取消政黨內閣為條件。」黃說：「什麼話，入黨要附帶條件！」他命在京做寓公的胡瑛勸楊放棄這種謬誤的成見，胡的第一次回電說：「晳子本舊時同志，去歲輔佐項城宣布共和，慘淡經營，厥功甚偉。既欲邀之入黨，其所建議，理宜委曲贊同。」第二電又云：「晳子前電，意旨懇切。瑛承囑往來極密知之極深。瑛以為吾黨處此時勢，急應將重要事實上之一切障礙誤解，委屈解釋，以達進行之目的。」黃命胡去誘致楊，不料胡反為楊所誘致，這是後來楊胡結合的一道伏線。

十一月十四日楊電黃，仍然堅持入黨的先決條件。二十二日黃覆之略云：「政黨內閣，對於內閣可令負完全責任，對於總統可永遠維持尊榮。國民黨主張此制，純為救國起見。來電謂與總統有妨，並指為不信任袁總統之證，於學理事實，均屬誤會。公前與興面談，亦曾極力主張政黨內閣，今忽變更前議，並別生枝節，恐非出於本心。」

黃雖然苦口婆心，終不能說服楊。過去中山先生在東京反覆開導，而頑石無意點頭，何況他現在已找到了他的「曾國藩，」而將求其所大欲呢！

孫、黃既決心與袁合作，宋亦有「總統非袁莫屬」的表示，袁應該可高枕無憂了，但他終覺美中不足，認「政黨內閣」是一根毒草，這根毒草被宋手加灌溉成為他的障礙物。他向宋拉手，陪笑臉，宋不因此而背黨投袁；他供給宋的「政費，」宋把支票簿退還；他拍拍宋的肩頭，許以未來總理，意思是「要做官容易，只莫談政黨內閣的話，」而宋不為所動。

這樣一個咬不動吞不下的漢子是袁所深惡痛絕的。後來中山先生東渡時，曾向友人表示：「我已辭正式大總統候補人，克強亦不幹，此席非袁莫屬。」袁的當前敵人只有宋一個。同事宋也正是趙秉鈞的正面敵人，趙以「逼宮元勳」追隨「宮保」有年，依着「水長船高」的自然律，豈容別人搶去他的「當朝宰相？」偏有民黨中跳出個「宋大哥」，倘「政黨內閣」實現的話，「趙大哥」的頭把交椅就坐不成，這個念頭是他後來主謀殺宋的動機。

他表面仍然向宋陪着笑臉，像是及要好的朋友。他奉着袁的密令，想設法騙宋入彀，以便拆民黨的台，同時他卻安排着另一顆心，把利劍隱藏在笑面之下，使宋不及堤防而遭其毒手。根據這些事實，民國初期民黨領袖對人態度之坦白，真足使人驚異，中山先生之於袁，黃之於楊，宋之於趙，都存着人格感化及同舟共濟的心理。

正式國會辦理總選舉時，國民黨空前勝利，反對黨雖聯合起來組織進步黨，仍有望塵莫及之勢。宋以在野之身遍游湘、鄂、皖、甯、滬一帶，到處發表演說，發揮「責任內閣制」之必要，袁聽了頻頻皺眉，曾向楊度說：「以暴動手段奪取政權尚易應付，以合法手段取得政權，置總統於無權無勇之地，卻利害多了」。

二年年初，中山先生派宋至北京代理國民黨理事長。宋在黨中的地位日隆，國民黨無疑地又是國會第一黨，這又是袁、趙急於殺宋的原因。

袁一手挾金錢名位一手持白刀，凡有不肯入彀不受他收買的，就以暗殺手段對付。辛亥年九月十七日暗殺吳祿貞，是開宗明義第一章。民國元年志士羅明典、吳定安等發表「告國人書」，揭發袁的陰謀，一天有人乘馬車到旅館來訪，和他們殷殷握手說：「兩兄膽識可佩，恨相見之晚。」從此請吃酒看戲，往來無虛夕。一星期後，那位朋友與另一人來，約羅、吳同往齊化門外二閘觀水，分乘馬車二輛，走到城外荒僻地點，兩人抽出電刀來把他們殺死，後拋屍而去。後來吳友帥根坤覓屍收殮，並向法院控告，法院置之不理。又有河南人曾廣福兄弟四人，辛亥前以尚書攝政王被遞解回籍，共和成立後以反袁又被遞解回籍，途中被人暗害，尸首無下落。這些事實，不過恆河沙數中之兩例。像袁這樣的人物，豈是人格所能感化，主義所能吸收的呢！

毀宋酬勛

二年三月二十一晚十時，宋由上海乘車北上，送行者有黃及廖仲凱等一腳剛跨入車門，一個着黑呢軍服的矮漢倐地對準他放了一槍，擊中了他的右腰。宋大呼：「有人刺我！」那個矮漢急忙向人叢中逃走，因雨後路濕，滑倒了一交，馬上爬起來向追者放了幾槍，便在漫漫夜色中遁走了。于右任把宋扶上汽車，伴送他到靶子路滬寧鐵路醫院就醫。當晚用手術取出子彈（有毒），剖腹滌腸，然傷勢漸形惡化。

他從昏迷中悠悠地醒過來，喝了一口水，勉強地吐着低弱的聲調說：「我的朋友呢？」於是黃興、陳英士、于右任都趕到，各人的臉上都掛着一串串的珠淚。宋在榻上掙扎着說道：「我這番北上，意在調和南北，一致對外（指俄庫風雲）不料……」說道這裏，又大聲呼痛。停了一刻，把臉轉過來向黃說：「我死後，公等仍須努力國事。請替我寫遺電。」黃趕忙地拿了一枝筆，從宋的枯顫的嘴唇中一面聽，一面寫，寫着下面數行字：「望總統開誠心，布公道，竭力保障民權，俾國會確立不拔之憲法，則仁雖死猶生。」

二十二晨四時，這位至死不忘民權的革命先進，竟與世長辭。（年僅三十二。家有老母，因奔走國事，不獲待養）陳英士親為市棺，價銀二百兩。國民黨上海交通部通告：「本黨代理理事長宋先生之喪，各黨員纏黑紗誌哀。」中山先生聽得這個噩耗，於二十五日由日本趕回上海，有一副極沉痛的輓聯：「作民權保障，誰非後死者！為憲法流血，公真第一人。」（出殯時黨員吳鐵城等乘馬前導。）

袁暗中掀髯而笑，表面卻裝做「壞我棟樑」的樣子，照例地下了一道緝凶令，有「暗殺之風，尤乖人道」等語。

二十三日，有一個做古董生意的河南人王阿法，自投四馬路捕房稱：「十天以前，我在文元坊應桂馨家兜售古畫。他給我一張照片，叫我下手謀殺這個人，許以千元為酬。我說我只會做買賣，不敢動手殺人。今天看報，才知道這個人就是全國景仰的宋先生。」捕房據報，即派眼線在湖北路迎春坊二百二十八號妓女胡翡雲（一名李桂洪）家捕獲應，翌日搜查應宅，正凶武士英亦被擒，並搜出應與國務總理趙秉鈞、內務部秘書洪述祖等的往來密電本五響手鎗及有關信件、證據多件，後來根據江蘇都督程德全、民政長應德閎製版公布的，有如之下鐵證多種。

「密事速行，川效。」「已由日本購孫、黃、宋劣史，印十萬冊，擬由橫濱發行。」二月二日洪致應：「大題目總以做一篇激烈文章，方有價值。弟（指應）須於題前逕密電老趙，索一數目。」二月四日洪電：「各電到趙處，即交兄手面呈總統，閱後色頗喜，說弟頗有本事。既有把握，望即進行。」「請款不可過三十萬。」「梁山匪魁應速勦滅。」「毀宋酬勛位。」 三月十四日應致洪：「匪魁四出擾亂（謂宋鼓吹政黨內閣制）已有緊急命令設法勦捕。」（應呼洪為「蔭之老伯。」） 三月二十一日應電：「匪魁已滅，我軍無一傷亡。」（文件中有所謂「監督議院政府神聖裁判機關」於三月九日開審判決處宋以死刑，於二十日執行。）

這一篇大文章做得如此之不乾不淨，不到兩三天功夫即證明總理衙門是教唆殺人機關，大總統是主謀殺人犯，這確是民國成立以來駭人聽聞的一件大陰謀案令人髮指的悲劇無可掩飾的醜劇。武是山西人年才二十二，在雲南當過營長流蕩到上海來。他在捕房供稱：「宋案是我一人下手與應無涉。」應供稱：「本人為共進會會長，中國共有會員一萬萬。」（應曾在鄂勾結軍隊，黎元洪下令予以通緝。後在程德全處任江蘇巡查長。）這些且不說，事已至此，袁、趙將怎樣做一篇遮蓋文章呢？畢竟趙不愧為「智多星，」想來想去，居然被他想着了一條「移尸嫁禍」之策。於二十六日以國務院名義通電稱：「據應夔丞二十三日函稱，上海發現一種監督政府裁判機關，其宣告文內列有宋教仁、梁啟超、袁世凱、趙秉鈞、汪榮寶等罪狀，特先判處宋以死刑，即時執行」等語。這篇文章做得太離奇，不愧為倒亂千秋之筆。

袁暗中亦不免「做賊心虛，」命工商總長劉揆一以弔喪為名，到上海來疏通黃。他殺了一位湖南人，卻請出一位湖南人來疏通另一位湖南人。劉也是國民黨人，竟不惜為袁作說客，黃對之頗不客氣，他祇得掃興而歸，向袁稱病辭職。更不客氣的是上海地方檢察廳，竟要票傳趙秉鈞到案，於是袁、趙又做了一篇更妙的反面文章在北京製造所謂「血光團」事件，指黃是暗殺黨首領，以票傳黃興為抵制。袁的御用紙北京國報公然用大字刊載着「偉人造反」的新聞，謂「鄂省季雨霖之謀亂，乃黃興主使。」民黨報紙亦報之曰「總統殺人。」此時的袁對黃漸漸地不客氣，但還不敢牽涉到中山先生的身上。

宋案發生後，趙秉鈞引嫌辭職。袁說：「你越想避嫌疑，你的嫌疑便越重。」命他改辭職為請假，假滿後一再續假。四月三日趙與新紀元報記者談：「我和宋君一任農林，一任內務，以同僚而為至契。我極佩宋之為人。他住在西直門外農事試驗場，距城有十里，天晚不及出城，往往就住在我的家裏。我和他無語不談。他離京南下時，負債五千餘元，是我代為清償的。洪述祖是唐少川介紹到部的，清室退位詔即其手筆。我四十歲時抱消極主義，五十歲後更抱厭世主義，因總統敦促，才勉効馳驅。」

關於票傳黃、趙的事，其中有一段過程。民黨雖明知袁、趙是殺人的真兇手，尚欲訴之於法律。四月十六日，應、武兩犯移交城內地檢廳，江蘇都督程德全電請組織特別法庭審理此案。袁說：「很好，這案子非澈底查究不可！」他暗中卻命司法部總長許世英出頭反對，所以司法部電知上海地檢廳：「特別法庭與法院編制法不合。茲擬為宋案有關人設特別旁聽席。」於是袁又裝做無可奈何的樣子說：「我是贊成設特別法庭的，其如司法總長不贊成，不肯副署命令何！我是大總統，大總統是不能不尊重法律的啊！」他忘了未經唐閣副署即行發表「派王芝祥為宣慰使」的一件事實。

四月二十四日，武士英在獄中暴斃，是中毒而死，是「死無對證」的另一篇妙文。他是宋案發生後自食其果的第一人。

黃膺白是承辦特別法庭的主裁，王寵惠、伍挺芳是兩位正承審官。黃克強雖不滿意，袁卻還一再向袁解釋：「法院是不能審理本案的，趙秉鈞為主謀犯，倘上訴至北京，試問怎麼執行？司法總長為趙閣閣員之一，應連帶辭職，怎麼能抗顏弄法？」四月二十六日，蘇督宣布宋案證據，司法部又來一個「力爭法權」的動作，否認地方長官有宣佈證據之權。這個時候，應犯在獄中瀟洒自如，初則以手帕染嗎啡汁過癮，後來公然索食鴉片烟，法庭怕他又來一個「死無對證」，祇好「特准吸烟。」

那個出題目叫人做文章的洪述祖，初則逃到青島，被膠州總督拘獲，袁命內務部次長言敦源往提，提來提去，竟以「膠督已釋放」回報。五月三日洪公然在青島通電：「辛亥秋與唐少川贊成共和……宋欲借政黨內閣之名，以遂其植黨營私之計，非揭發宋之劣跡無以……此項往來函電，並無殺宋之意義在內，何可認為謀殺之證據？」一面遍發通函謂：「毀宋僅欲毀其名，而暗殺則非主謀。」他的文章愈做愈奇，竟欲從字義上圖狡賴。

票傳趙秉鈞是五月八日的事。隔不多久，便有所謂「女子暗殺團團長」周予儆女士向京師地檢廳自首，說她是奉着血光團團長黃興的命令在京師謀殺什麼人什麼人，於是該廳亦票傳黃興以資抵制。那位出賣良心的周女士，得着一筆錢，逃往外國，逢人便自詡曰：「大總統資遣出洋。」

六月十一日上海會審公廨傳黃，一傳便到。他說：「祇要京中有證據寄來，隨時可以候審。」

在此之前，尚有一段小風波。北京各團體舉行宋教仁先生追悼大會時，袁命京兆尹王治馨出席向眾解釋：「去年應到京向趙總理自告奮勇要暗殺不利於政府的宋教仁。總理謂，須向總統請示。後來總理偶向總統談到此事，總統謂政見雖不同，殺人究竟不是正辦法。可見宋案與總統、總理都是沒有干係的。」到會者聞之大譁，嚇得王掃興而去。王也是宋案陰謀團要角之一。三年六月，他為了五百元贓案，發交步軍統領看管，同年十月二十一日大理院判處死刑，即於二十二日執行鎗斃。當時的贓案多矣，區區五百元算得什麼，是袁「殺之以滅口」的一篇照例文章，這是宋案自食其果的又一人。

二年討袁之役，應黨從獄中把應劫出來（七月二十五日）送往青島暫避。二次革命失敗，應以為一切已無顧忌，公然在青島發出「請平反冤獄」的電報，其第一電謂：「叛黨削平，宋實亂首。武士英殺賊受禍，功罪難平請速頒明令平反冤獄。」第二電謂：「宋為主謀內亂之人，而竟死有餘榮；武有為民除害之功，而竟冤沉海底。彼國民黨不過實行宋策，而種種戲劇實由宋所編製。當時若無武之一擊，恐今日之域中未必有具體之民國矣。桂馨棲身窮島，骨肉分離，舊部星散。自念因奔走革命而已破其家，復因維持共和而幾喪其身。伏求迅頒明令，平反斯獄，朝聞夕死亦所欣慰。」他於十月二十日大搖大擺地到了北京。豈止大搖大擺，簡直地活靈活現，向袁討取「毀宋酬勛」的勛位。他說他是對付「亂黨」的首功。他住在大升廊營小叫天家中，後來搬入李鐵拐斜街同和旅館，人呼之曰「應大人。」他在北京遇見了舊相識——胡翡雲也搬到北京來在松翠班搭班。袁想給他一筆錢，叫他離開北京，他開口就是勛二位和現款五十萬，少一件不成。袁暗暗為之咋舌，表面卻裝做無可無不可的樣子，叫他到天津避避耳目。有人告以：「袁不是好惹的，要動土莫動在太歲的頭上，」他卻翹着大拇指說：「嘿！應某人是什麼人，他敢把我怎樣！」

袁命執法處派偵探王志甫李桂芳二人做應的隨身保鏢。應常常宿於櫻桃斜街胡妓的香巢內。三年一月十八晚，有四個彪形大漢越牆而入，口稱奉令搜烟，傾箱倒篋，恰好應不在該處，他們張皇失望，一窩蜂似的走了。應知道這消息，才嚇軟了半截，翌日（十九日）匆匆出京，即在京津頭等火車中被人用電刀殺死。那兩個保鏢的偵探，於應被殺時安然不動，直到車中搜捕兇手時才安然受擒。不久即由執法處偵探長郝占一以「帶廳訊問」為由提回廳來開釋。外間都說動手殺應的就是郝與另一偵探名叫王雙喜的。這是宋案自食其果的第三人。

趙因宋案引嫌辭職，不久即調任為直隸都督。應在車中被殺的那件事，使趙亦不能不驚異袁的手段之太毒辣，太使人聞之寒心了。他屢屢向袁說：「以後誰敢替總統辦事呢？」袁聽了大不高興，卻裝做若無其事的樣子，承認緝凶，為一時搪塞之計。不到一個月，這位政界怪角，在天津督署中毒，於三年二月十七日七孔流血為死，（年僅五十有一。繼之者為朱家寶。）袁宋了一幅祭幛，寫着「愴懷良佐」四個斗大的字，上款題「智庵上將千古。」另有輓詞是：「弼時盛業追皋益」「匡夏殊勛懋管蕭」同時，清室賜諡「文恭」，似譏其逼宮時不「文」不「恭」之甚也。這是宋案後自食其報之第四人。（趙的死狀與林述慶相同。林在鎮江響應義師，曾任鎮江都督，二年入京，一日赴宴後七孔流血死，外間都說是袁所毒斃的。袁乃公布山本醫院的診斷書，斷為惡性出血症以釋羣疑。）

洪述祖於事隔多年（民六），大家把宋案淡忘得沒有影子的時候，才化名張皎安回到上海來，住在北山西路棣隆里六二一號。他和德商有債務訴訟，被押捕房。事為黨人所聞，洪馬上還了債，請原告撤消訴訟，從巡捕房出來，剛上汽車就被宋的哲嗣振呂（年僅十五）及秘書劉白扭住，把他扭到法院，解往北京，以主使殺人罪，於八年四月五日執行絞刑。他在獄中作詞自輓：「服官政，禍及其身，自覺問心無愧怍。當亂世生不如死，本來何處着塵埃。」向例，絞刑是全尸，而洪受刑時絞機忽把他的頭截了下來，聞者無不稱怪。他是宋案自食其報之第五人。（洪犯初僅判無期徒刑，上訴後改判絞刑。）

陸建章督陝時，袁令郝占一赴陝候委用，復命陸殺之以滅口，是因宋案餘波而自食其報之第六人，王雙喜在旅館中忽發狂疾，一會兒看見宋向之怒目而視，一會兒又見應血淋淋地追魂索命，不久疽發於背而死，又是宋案自食其報之第七人。

後來陸建章亦被殺，袁亦以暴疾死。若把他們都計算在內，因宋案而食報者真不知有多少人。宋案是二次獨立及未來南北戰事的一大導火線。一般談因果律者，都說宋生為一世之雄，死為厲鬼以殺賊。上海更有許多愚夫愚婦互傳着「宋教仁顯聖」和「陰曹調卷會審」的神話，而憑弔宋墓以求其庇蔭者，亦大有人在。實則「種瓜得瓜，種豆得豆，」初不必故神其說也。

當黃抗爭宋案的時候，一個六君子之一——李燮和——曾致書黃，勸其「適可而止。」他把這封信在報上發表，許多人疑心他不是給黃看而是寫給袁看的。

二次獨立

宋案發生後，黨人欲訴之於法律，袁則因抓破了臉，欲訴之於武力。有一件事直可噴飯：四月七日參謀部分致密電於張勛及魯督周自齊，囑其準備軍事，候令待發。這兩個都下動員令，而彼此各不相知。張扣留津浦北段車，周大吃一驚：「這個傢伙果仁想造反了！」乃拆毀鐵路，以阻張軍之南下，雙方步哨竟因之而發生局部衝突。等到參謀部來電說明，才知道「自家人不認得自家人。」

黨人在上海同孚路二十一號黃宅密謀二次獨立，皖督柏文蔚以省親為名，秘密到滬參加，但黃始終不放棄「法律解決」的主張。四月中旬五國銀行大借款（英金二萬五千萬鎊）用以「平亂」之說甚盛，袁想把這筆款子：㈠收買軍火，㈡收買刺客，㈢收買議員。四月二十六日黃的「當頭棒」到京，力阻大借款之進行，並有「應桂馨逆證中內務部秘書洪述祖至望大借款成功，潤及凶頑，為政府鋤除異己」之語。響應之者有湘、粵、皖、贛四督。

就在這一天，（二十六日）也就是南方宣布宋案內幕的這一天，堂堂的幾位閣員（內閣總理趙秉鈞、外交總長陸徵祥、財政總長周學熙等）鬼鬼祟祟地溜進了匯豐銀行，與五國公使簽訂借款合同，而這個合同是未經議會核議的。國民黨早有所聞，中山先生派參議院副議長王正廷阻止無効，民黨議員守候在交民巷，被袁的軍警驅散。袁的至戚周財長對黃回敬了幾句似客氣而及不客氣的話：「黃先生為手創民國之元勛，一言為天下重。學熙奉職無狀，敢不引咎自責，惟有肉袒面縛，敬候斧鉞而已。」（按此項大借款以監督財政、管理鹽務等等辱國條件向英、法、德、日、俄五國銀團成立，所謂善後大借款，為對南軍事之用。美國以不願干涉財政，臨時宣告退出。）

袁在初一時期中尚陪着笑臉，對借款問題以「無成見」三字做了他的口頭禪，但他的口中漸掛着「叛黨」兩個字，民黨的口中也漸掛着「國賊」兩個字。袁家軍漸南移，派倪嗣沖為安徽清鄉督辦，命海軍游弋長江（九江軍艦雲集），命趙倜、李純鎮守武勝關，並向鄂贛邊境移動，又有命征庫軍入關之議。五月二日特任段祺瑞代表內閣總理，是袁的戰時內閣。五日段帶兵到眾議院答覆借款問題的質問，議員看見兵，不由得都到抽了一口冷氣。有幾個議員心平氣和地說：「合同應否成立是另一問題，不過應依照手續交兩院核議。」段即咆哮着說道：「木已成舟，毋庸再議！」他僅僅說了這兩句話，即由兵士們呼擁着走了。

軍事準備已成，袁的笑容漸斂，藏在他內心深處的猙獰之態也漸漸地移到他的面部來。五月六日竟下「除暴安良」之令，此其絃外之音，不啻對南的哀的美敦書。

因張振武一案，不知不覺墜入了袁的網罟的黎，在這兵伐擾攘之中向袁遞上了一道降表：「元洪惟知服從中央，長江下游，誓死措拄，決無瞻顧。倘渝此盟，罪在不赦！」袁給他的回電說：「世凱若有欺天下之心，利一姓之見，罪亦不赦。」這一對未來的兒女親家互相勾結，互相發誓，是當時軍事成敗的一大關鍵。

欲明瞭袁、黎結合的經過，不能不特寫兩個推動人物，一是三月不沐浴的章太炎，一是滿身長着蟣蝨的饒漢祥。民國初期，章到武漢觀光，即倡袁、黎合作，排斥孫、黃之議。元年八月，北京新紀元報載有章函如下：

僕於七月二十四日抵漢，次日謁黎。黎公年四十九，體幹肥碩，言詞簡明。秘書，參議，衣服不華，每日至黎公座次關白文件，一席之間八九人，皆執連柄蒲葵扇，黎公亦時握焉；其所着西裝制服，以粗夏布為之。自大都督以至州縣科員，皆月支薪二十元。……以項城之雄略，黃陂之果毅，左提右挈，中國宜無滅亡之道。

以革命過程中坐過牢、文名滿天下、有「罵人瘋子」之號的國學大師，在湖北人的腦府中不失為一尊偶象，其言論當視為金科玉律。他獨獨垂青於黎，兼及袁氏，這種無形中的宣傳力量是能夠使人盲從得實實在在他的成就衹是文學上的成就，其政治主張不惟淺薄之極且終身甘作他人的工具，這是後來一般人所知而為當時人所未及知的。

章的官興不可謂不濃。袁初任總統時為網羅民黨名士和軍人起見東也送一個屯墾使西也送一個經略使都是些沒有衙門的大官兒其性質與顧問無異。章也得着一個籌邊使的頭銜，打馬進京，在考籃上貼着「籌邊使章」的封條，向袁要開辦費一萬元，即乘車到吉林，欲一試其「籌邊偉略。」他在舍館中傳見吉林西南道孟憲彝及長春知府德養源，那兩個都看不起這位突如其來的「怪上司，」都「相應不理，」章不禁大怒，即向吉林都督陳昭常提出質問：「本使是國家的堂堂官吏。他們被傳不到，是否不承認本使？不承認本使，是否不承認共和國家？」

後來章由北方到湖北來，湖北人予以空前的大歡迎，章覺得湖北人無論男男女女老老少少，都是極端可愛的。他在湖北提出徵婚條件：㈠以湖北籍女子為限，㈡文理清順，㈢大家閨秀，㈣不染學堂中平等自由之惡習而有從夫之美德者。外傳他頗屬意於吳淑卿女士，曾請黎為之執柯。他說：「武漢首義之區，即女子亦殊不凡。」

黎說：「這件事我辦不了，要勞動時老先生。」時老先生者，名樾階，鄂籍議員時功玖之父，時任女校校長，而吳女士乃其弟子也。

中國人只有稱贊蘇州女子的，湖北人雖人才濟濟，而女子卻並不特別有名。也許章的話是一時興之所至，他後來所娶的畢竟是浙江人而非湖北人。他在湖北時，以長厚着稱於時的黎，對他越顯得長厚之至，越顯得溫藹而有禮，他不禁拍着黎的肥碩而厚重的肩膀說：「民國總統一席，非公莫屬。」

這句話輾轉傳入王揖唐（其時名王賡）與另一六君子之一——孫毓筠之耳，都向袁獻條陳說：「這個瘋子的談吐和一枝筆都是極有魔力的。不見漢朝有商山四皓的故事嗎？總統倒不可不特別地拉攏他一下。」袁知道章的好名的老脾氣，馬上給他「勛二位」，把他禮聘到北京來。二年五月，正當對南用兵的時候，章向王揖唐借了一套大禮服，跑到勤政殿「受勛」。他感激袁的殊恩，對袁竟大發其痛罵民黨的議論：「那些暴徒們，如急狼惡狗，稍投骨肉，亦知掉尾，骨盡輒復狂吠。」袁拊掌大笑，他的話竟像是「夫子自道」；他過去罵袁為「本初」，黎為「劉表」，乃前倨而後恭，是「勛二位」在作怪。

其次，聲望遠次於章而信用遠過於章的，鄂軍都督府秘書長饒漢祥，是黎夾袋中的第一個人才。他是廣濟人，以舉人游福建，辛亥年不得志而歸，住在武昌斗級營小客棧中，窮得只剩下一條寡褲帶。有人推薦他會寫幾句駢體文，乃一躍而為黎的幕僚。他做了幾通痛哭流涕的文電，把黎的身價捧得更高，他的地位亦隨之而高。元年十一月，黎任之為內務司長（其時民政長為夏壽康。）但是民黨中人不喜這個咬文嚼字的冬烘先生，罵他是「癮君子」不配做內務司長，他連氣帶嚇地跑回原籍去，有一封信留別黎：「昨日一朵紅雲從空飛下，譬如乞兒得平天冠，幾至驚懼無措。漢祥一念既寒，萬緣俱寂，無妄之禍愚者不取。已星夜束裝歸里。如有復我者，有如此水！」

黎之重視他有過於昔日腦後垂辮的孫武先生，這由於黎覺得他自己已是首義元勛了，不能不多發點議論，而要發議論則非靠善哭的饒生不可。實則饒的作風亦有所本：過去張之洞督鄂時，好發表洋洋數千言的長電，雖受「上諭申斥」，其作風依然不改。張七旬壽誕時，陝西藩司樊增祥做了一萬多字的壽序，用電報打了出去，原文斑駁陸離，電報局因電碼多缺，曾往返電詢，經過好幾天才把全文原碼湊齊。饒也是喜用僻典和怪字的專家，電碼上某字旁加某字為某字，電報局和報館深以為苦。後來黎遞補大總統之後，饒的筆愈出愈奇，往往弄得捕無可補，報館主筆只好畫着許多方塊，下注電碼不明，這是民國文獻中的怪現象。

饒躲在相下時，袁派員持手函存問，這使饒深感袁的高厚，一方反映着民黨之嚴正，因之更把民黨恨入骨髓。黎把它找回來，從此更把他看得重了。二年六月十九日夏民政長辭職，黎命饒代理，九月二十五日改為署理這次湖北省議會也一致反對饒又連氣帶嚇地跑回鄉下又做了一篇類乎「萬緣俱寂，有如此水」的文章，黎又把他找回來。當初黎當選副總統時，饒替他代擬就職電，有「元洪備位儲貳」一語。這次他自己坐在堂堂民政長的椅子上，其下車文告有「漢祥法人也」一語。當時有人戲撰一聯曰：「黎元洪篡克定位，饒漢祥是巴黎人。」

饒鑒於省議會空氣之不佳，想擺脫本省的事，到北京去做更大的官兒。二年十月，他上了一個條陳，反對本省人做本省的官，這不過前清官吏迴避本籍的老調，可是袁要拉攏黎，便不能不痛贊饒。饒因之更傾向袁。後來勸黎北上，勸黎就洪憲時代的「武義親王」，這些都是後話。

黎的身邊擺着這樣一個人，而黎本身亦時感民黨之威脅，自張振武案發生後，他漸漸離開了革命陣線，漸漸投入「袁官保」之懷抱。當宋案和大借款問題發生後，他已經變成了袁的工具了。二年五月十一日，三黨合併而為進步黨時，推黎為理事長，該黨乃袁之友黨，與以中山先生為理事長的國民黨完全是對立的。袁想削平國民黨的根據地，便不能不假道於湖北。黎把大門敞開來，讓北洋軍橫衝直闖，如入無人之境。五月中旬，第六師李純部開到田家鎮，與贛軍陳廷訓師有一觸即發之勢。袁尚想避免「戎首」之名，佯以和平為重，找王芝祥、汪精衛出來做和事老，派胡瑛到上海疏通黃興，派孫毓筠到安徽游說柏文蔚。可是他暗中步步採取攻勢，以北方七督聯盟對抗南方國民黨系的四督。他所散播的種子就是後來督軍團同盟干政的先聲，並且造成了段祺瑞和吳佩孚的武力統一夢。

袁的第一攻勢，是向以國民黨為多數黨的議會進攻，授意北方各督發表會銜長電，痛責議會對借款問題之「不顧大體，無理取鬧」。這不獨開武人干政之端，也正是後來蹂躪民權，幾度解散議會的先聲。第二攻勢，根據陸軍部的呈文於五月十五日下令取消黃興的「上將」。這頭銜是元年九月七日所授予的，黃曾一再電辭，而袁也曾一再切留。黃並未把這頭銜擺在心上，不過有此一舉，袁對國民黨已到了勢不併立的程度，而絕非過去「我也做個革命黨頑頑」的時代可比了。他僅以黃為攻勢之對象，撇開了中山先生，除分化作用外，對手創民國者似乎尚存有一點兒顧忌的心理。

第一砲是叫張作霖放的，張也加入了北方各督大同盟，五月刪電大罵黃興：「傾陷政府，損害國體。……作霖等對民國存亡，不容坐視。……惟有本國民公意，負弩前驅，為我莊嚴燦爛之中華民國，掃蕩妖氛。」張做袁家軍的先鋒，是後來奉系干政的先聲。最妙者征蒙征庫，默無一言，用兵對南，自告奮勇。他所擁護的正是損害國體的人，他所辱罵的也正是締造民國的人。

隨後便有搖旗吶喊之一羣——河南護軍使雷震春、毅軍翼長趙倜等，罵黃「爭總統不成而搗亂。」

又有馮國璋、姜桂題、段芝貴、張勛等「枕戈待命」的聯名電報，馮、張是黃在漢陽及南京兩地的正面敵人。

袁又授意張勛做一篇「想入非非」的妙文謂：「黃興派張、吳、宋三人到兗州運動軍隊，勛已押之出境。」無論黃不至於看中頑梗不化的辮子軍，縱令有之，張是個「疾黨如仇」的人，怎麼會對黃的第五縱隊採取如此寬仁的態度，不加誅戮而「擺隊相送」呢！（但民五西南護國軍討袁之役，蔡鍔卻當真任命曲同豐為北洋招撫使，命他到清江浦招撫張勛的部隊。）

同時尚有許多節外生枝的文章，一面罵黃，一面舉袁做正式大總統。他們對民國組織法如此之不理解，卻還是「民國存亡，不容坐視。」

但是國民黨仍然不欲用兵，只提出十二個大字為解決糾紛的辦法：「宋案責成法院，借款責成議會。」並擬推舉岑春煊、王芝祥、章士釗、汪精衛等為調和專使，這也是後來南北和會的先聲。直到四省易督令下，才到了忍無可忍的地步，展開民國內戰史之第一頁。

陳其美之言

袁黨罵黃興是「搗亂派領袖」然事實則適得其反；黃鑒於外交嚴重，各國尚未承認民國，蒙、藏風雲日惡，主張謀法律之解決，反對以武力對付。這種因循遷就的心理，恰恰予袁以先發制人的機會。二次獨立失敗後，中山先生給黃的信，把這種心理寫得鬚眉畢現。陳英士當時是推重黃之一人，事後也有信責備他。茲併錄於後：

中山先生函略云：「癸丑之役，文主之最力，所以失敗者，非袁氏兵力之強，實因黨人渙散所致。猶憶鈍初死後之五日，英士、覺生等在公寓所討論國事及鈍初致死之由，公謂民國已經成立，法律非無效力，對此問題宜持以冷靜態度而待正當之解決。時天仇在側，力持不可，公非難之至再，以為南方武力不足恃，苟或發難，必致大局糜爛。文當時頗以公言為不然，公不之聽。及其後也，烈武（柏文蔚）協和（李烈鈞）等相繼被黜，靜山（孫道仁）觀望於八閩，組庵（譚延闓）反覆於三湘，介入（朱瑞）復盤踞兩浙而分南北之勢，以掣我肘，文不勝一朝之忿，乃飭英士（陳其美）奮起滬濱，更檄木良（程德全）倡義金陵。文於此時本擬觀兵健康（南京），公忽投袂而起，以為文不善戎伍，措置稍乖，貽禍匪淺。文雅不欲於兵伐擾攘之秋，啟兄弟同室之鬩，乃退而任公。公去幾日，馮張之兵然而黃的命太苦，過去到漢陽時，漢陽已危在旦夕，這次剛跨到南京來，而江南形勢已非。江蘇都督程德全原不算一個意志堅定的民黨同志。先是第一師長章梓、第八師長陳之驥都勸他宣布獨立，至於痛哭長跽，他只吐着「慢慢商量」四個字。十五日黃興到，程雪老再無從容商量的餘地了，才勉強地派第八師騎兵團長劉建藩（後為湖南名將，死於驅張之役）出發臨淮關，任命黃為江蘇討袁軍總司令，柏文蔚為臨淮關總司令。江寧要塞司令吳紹璘反對用兵，被殺於娃娃橋私宅。黃住在陳之驥的司令部，陳就是馮國璋的女婿。程雖被迫而獨立，十六晚即與應民政長一同逃到上海來。

十八日安徽獨立，舉胡萬泰為都督。同日廣東陳炯明亦獨立。二十日福建孫道仁獨立，任十四師長許崇智為福建討袁軍總司令。十九日上海獨立，總司令陳英士，參謀長黃郛，於二十二夜半圍攻製造局，鄭汝成、李鼎新等都逃往海籌艦，從艦上砲打吳淞砲台。二十五日譚延闓在湖南宣布獨立。（中山先生有勸袁下野弭兵電。）

相反的一面是袁家將的一幅升官圖。十五日克湖口，入徐州，十六日段芝貴升授上將及江西宣撫使，仍兼任第一軍長，所部左司令李純（兼任江西護軍使），右司令王占元（兼任湖南護軍使。）同日任命馮國璋第二軍長，會同張勛部向浦口進擊。十八日張勛升級上將，趙秉鈞改任步軍統領，朱啟鈐代理內閣總理。（二十日仍令段祺瑞代閣，任張勛江北宣撫使。）

戰之神在國境之內耀武揚威，海外又飛來一片和平之聲：駐法公使胡維德、駐德公使顏惠慶、駐荷公使魏宸組聯名電請息爭，頗像清末出使大臣孫寶琦等奏請退位的故事。只有一個不達時務的駐比公使王廣圻，抄了自己的一篇舊文章，（王曾為陸徵祥的參贊，第一次革命時，各使臣奏請退位，據說這電稿便是王的手筆，曾大受嘉獎。這次他抄寫舊文電勸袁退位。）卻受了一個免職處分。

二次獨立又演出民元各省獨立時四分五裂的怪現象。除南京見另條外，姑舉最重要的幾件事如下：

安徽獨立時，民元做過皖軍總指揮，臨陣失踪的胡萬泰，又爬上都督的椅子，把署理都督孫多森請到原來的民政長的椅子上。不久，討袁軍兩路失利，胡又採用那一策（三十六計中之上計）第一步取消獨立，第二步與孫偕逃（七月二十二日），剩下一把都督的空椅子，給憲兵營長祁耿寰坐了幾天，又讓給劉國棟。七月二十七日柏文蔚回到安慶來，劉退回小小參謀的椅子上，不料八月六日失踪的胡都督又出現，竟通電數柏五大罪（柏已離皖）再宣布取消獨立。但是這把椅子已輪不着他了，另一個坐椅子的倪嗣沖（七月二十七日袁任倪督皖）於八月二十八日到安慶來，從此安徽便成了北洋軍閥聯翩南下。夫以金陵帝王之都，虎踞龍蟠，苟得効死以守，則大江以北決不致聞風瓦解，而英士、鐵生（鈕永建）亦豈至一蹶不振？乃公以餉絀之故，貿然一走，而如荼如火之民軍於是殲滅無遺。推原其故，文之罪歟，公之咎歟？…」

陳其美函略云：「溯自辛亥以前二三同志如譚（人鳳）宋（教仁）輩過滬上時，談及吾黨健者，必交推足下，以為孫氏理想，黃氏實行。……謂中山先生傾於理想，此語一入吾人腦際，遂使中山先生一切政見不易見諸實行。然而徵諸過去之事實，則吾黨重大之失敗，果因中山先生之理想誤之耶？抑認中山先生之理想為誤而反對之至於失敗耶？南北議和以後，中山先生當時最要之主張約有三事，一則袁氏須就職南京也，二則民國須遷都南京也，三則不能以清帝退位之詔全權授袁氏組織共和政府也。乃竟聽袁氏食其就職南京之前言，以演成弁髦約法，推翻共和之後患。……其後中山先生退職矣，欲率同志為純粹在野黨，專事擴張教育，振興實業，而盡讓政權於袁氏，吾人又以為空涉理想而反對之。卒致朝野冰炭，政黨水火，既惹袁氏之忌，更啟天下之疑。……然以上猶可曰一般黨人之無識，非美與足下之過也。獨在宋案發生，中山先生適歸滬上，知袁氏將撥專制之死灰，誓必去之，乃吾人又不之信，必欲靜待法律之解決，不為宣戰之預備，豈知當斷不斷，反受其亂。……中山先生主張一方面速與問罪之師，一方面表示全國人民不承認借款之公意於五國財團，五國財團已允於二星期內停止付款矣，中山先生乃電令廣東獨立，而廣東不聽（胡漢民認為時機未至）；欲躬赴五粵主持其事，而吾人又力尼之；不得已令美先以上海獨立，而吾人又以上海彈丸之地難與之抗，更不聽之。……尋北軍來滬，美擬邀擊海上，不使登岸，中山先生以為然矣，足下又以為非計。……設當日能信中山先生之言即時獨立，勝負之數尚未可知；蓋其時聯軍十萬，據地數省，李純未至江西，芝貴不聞南下，率我勁師，鼓其朝氣，以之討賊，實非甚難。惜乎粵湘諸省不獨立於借款之初，李、柏諸公不發難於都督取消之際，迨借款成立，外人助袁，都督變更，北兵四布，始起而討之，蓋亦晚矣！……夫以中山先生之知識，燭照無遺，而美於其時貿貿然反對之，而於足下主持政見則贊成唯恐不及，非美之感情故分厚薄於其間，亦泥於孫氏理想一語之成見而已。……」

當時不獨黃的見解如此，汪精衛於六月十七日由歐回粵，亦主張民黨應作在野黨，「勿為泥中奮鬥。」（汪下獄後，與袁克定訂交甚契。二年七月，克定電汪云：「別來經年，想見若渴。弟扶病北萊省親，晢子云，兄將來喜甚。惟遲行未至，扶枕悵望。尚冀早來，藉慰病友克定諫。」）

然而黨人越退讓，袁的氣燄便越高。先之以逮捕議員、檢查郵電、槍斃「亂黨」等等動作，六月九日霹靂一聲，以地方抗命為由，免贛督李烈鈞職，命黎元洪兼領江西軍務，歐陽武為江西護軍使，升授中將，陳廷訓為江西要塞司令，加中將銜。（黎知道這是袁的壞主意，乃力辭不就，保歐陽武繼任。）十四日又免粵督胡漢民職，以陳炯明繼任（陳為廣東護軍使，其升授都督是因粵省鞭長不及，利用之以牽制胡，）

改任胡為西藏宣撫使調吉督陳昭常為廣東民政長（以奉督張錫鑾兼署吉督。）到了這個時候，黨人仍欲退讓到底李有「遵命免官」的蒸電，胡亦有銑電「請授赴藏方略，」這不能不使袁大大呼奇。七月一日又免皖督柏文蔚職，改任為陝甘籌邊使，派民政長孫多森兼署皖督。

多森是他的本家毓筠所力保的。毓筠自卸皖督任後，袁畀以公府顧問月支八百元，毓筠遂由革命家變成了一個機會主義者。他發起所謂「國事維持會，」又在議會中組織第三黨——民憲黨即袁的間接御用黨，——請楊度加入，楊是個不願坐第二把交椅的，這是兩個「君子」爭妍鬥勝之一幕。前清末年毓筠出獄時，家產蕩然無存，其一切費用取之於多森，多森曾任直隸勸業道，家中頗有錢。毓筠任皖督時，為酬答多森舊惠，保他做實業司長，多森不願俯就，乃為之運動中國銀行總裁一席。現又力保為安徽署理都督。

袁很想乘機裁撤各省都督。那時黑龍江護軍使朱慶瀾，貴州護軍使劉顯世，這兩省都是沒有都督的省區，即預為裁督之地步且有廢省改道集大權於中央之意。（後來李厚基任福建鎮守使也是個沒有都督的省區，）他一方利用北洋諸將為其爪牙，一方又怕養成其「尾大不掉」之勢，可是他的爪牙們對於任何問題都是「知有宮保而不知有清朝，知有總統而不知有民國」的，惟有切身利害的廢督問題則誓死力爭，袁恐急則生變，所以又想先廢南方各督，亦以扞格難行而罷。（袁要以四省都督留待有功者，所以亦不能裁廢。）

袁的軍事計畫，是以馮國璋、張勛兩部攻南京，第一軍長段芝貴率李純等向九江推進。七月上旬又派北兵乘應瑞、肇和諸艦抵滬，先到者有三營，海軍中將鄭汝成以總值法官名義為統帥，團長即後來齊盧之戰的有名戰將臧致平。假使袁舍棄武力政策而採取政治手腕，則民黨健者解除兵柄，民黨退為在野黨，內戰無由發生。可是第六師開到九江後，對於非袁系的軍隊有一網打盡的決心，逼得李烈軍退到湖口，與旅長林虎等於七月十二日通電討袁，其電中有「暗殺元勛（宋）擅借外款」諸條。先一日，李純由九江向沙河、十里鋪進攻林虎部，十三日江西省議會公舉李為江西討袁軍總司令，歐陽武為都督。同日，袁令歐陽武加上將銜，李純署九江鎮守使，派湯薌銘乘飛鷹艦赴九江助戰。

九江砲聲一響，黃興的非武力政策大為黨人所非難，祇得服從多數的決議，於十五日入南京宣布獨立。其誓師電寫得非常沉痛：「興一無能力，尚有心肝。此行如得死所，乃所尸祝，若賴祖宗之靈，民賊一去，興即解甲歸農，國中政事悉讓賢者。如存權利之想，神明極之！」所謂「解甲歸農」是對袁黨「黃興想做總統的」的答覆。

的窟穴了。

最可惋惜的是坐鎮江漢的黎，接受袁的亂命，取締民黨機關，追繳民黨證書，而民黨多湖南人，武漢又是湖南的近鄰，而旅鄂湘人大受其殃識。閱譚人鳳致黎之一函，可見當時仇視湘人之一斑。

聞公近日專以仇殺湖南人為事，而其被殺之人，不審罪狀，不問姓名，概以亂黨二字加之，立予槍斃。此等暗無天日，慘無人道之舉，即清吏如趙屠戶其人者，未聞狠毒至此。不意公負長厚之名，又當民國保障人權時代，竟有過無不及，洵百思不得其解矣。試問武昌旅館禁湖南人居住，旅鄂在公人役，多數命令撤差，豈玉石不分，可一網打盡耶？居住自由權、行動自由權皆被公剝奪殆盡，此等野蠻政策，即施之於渺不相關之秦越，尚屬不可，況輔車相依之兩湖乎？……公傀儡昏庸，聽人播弄，時而曰二次革命，曰三次革命，曰四、五、六、七次革命，自嚇嚇人，正所謂天下本無事，庸人自擾之也。……公作威作福，肆虐於我湖南人，試問湖南人何負於湖北，更何負於公？陽夏之役，救湖北者非湖南人乎？

黎對湖南人並非一律無好感，祇看他對湘督譚延闓和湘軍師長趙恆惕的態度，卻仍然不失其「長厚」之風。八月十二日湖南為環境所迫取消獨立後，九月十七日湯薌銘奉袁令率楚有等四艘淺水艦入岳州，第三師曹錕部亦駐岳，又以北軍第三十九混成旅長伍祥禎為岳州鎮守使。那時湖南已在袁的掌握之中。袁又想再用「借刀殺人」的那一套，命黎兼領湘督，黎敬謝不敏，袁就送一個順水人情，命他薦人自代。黎一則知道湯是袁的夾袋中人才，二則他和湯同是湖北人，又與湯的長兄化龍有舊，所以便保薦了湯。

十月七日湯赴長沙與譚相見。十八日袁發表免譚令，即以湯繼任都督，王瑚繼任民政長（王未到任以前，以湯兼署）並命譚入京，趙則解往北京聽候處分。（北兵於十一月十五日入長沙）黎打電報給袁說：「譚係被迫獨立，非其本心，曾仰藥以求解脫，元洪敢力保其無他。」譚通電否認受迫，大意說：「黎副總統心存愛護，力為解免，難道我不知道感激？可是他的話完全是假的，我根本就沒有仰藥的那回事。我為發號施令的都督，亦無受迫的那回事，要治罪，請派員查辦，我譚某是不會逃走的。」那時各省取消獨立後，浮起一片罵孫黃聲，譚始終不罵；各督多委稱獨立時係被迫或冒名發電，譚始終沒說一句告饒的話。

陸軍部判譚四等有期徒刑，又是黎出頭說項，乃於十二月十二日下令特赦，僅褫奪陸軍上將銜「以示薄懲。」黎又代趙說項，趙亦得免死，僅處三等有期徒刑四年，褫奪少將（以上為三年四月二十二日令，將因蔡鍔等之保，三年九月十三日趙亦得特赦。）

廣東和四川的事，解決得最快而不吃力。七月二十七日，袁派龍濟光、覲光兄弟為廣東正副鎮撫使，八月三日濟光加上將，繼任粵督，八月五日陳炯明出走。川軍第三師長熊克武於八月九日在重慶獨立，約湘軍會師武漢，九月十一日熊解職下野。

南昌危急的時候，江西都督歐陽武自稱罪人，到吉安青原山為僧，號止戈和尚。八月十五日，李烈鈞放棄南昌，十九日北兵入城，袁以贛督予李純（九月二十九日）馬繼增升任第六師長（原為六師旅長），張敬堯升任第六任十一旅長兼南昌衛戍司令（原為六師團長）

那位止戈和尚做和尚仍然不能逃「罪」。九月中旬，江西水巡局長倪占魁把他從山上解到南昌來，李純命予以優待，發交軍事執法處收押。他寫信給南昌商會，有「祖母九旬，老父七十，為武不肖，朝夕聚哭，求死不得，言之心酸」等語。商會為之乞情。九月二十七日解京後，判處二等有期徒刑八年，十月三十日亦獲特赦。

袁又命第四師長楊善德駐滬，即任之為松江鎮守使。（七月二十五日任鄭汝成為上海鎮守使）楊部第七旅長李厚基隨海軍總長劉冠雄入閩，劉被任為閩督（十二月五日）。那時海軍總次長都出任封圻，而袁的爪牙亦遍布於南方各省了（第四師第八旅長為何豐林。）

袁對南用兵時，對中山先生初則尚客氣只以黃為攻擊之目標七月二十三日下令，目黃與陳英士、柏文蔚為「叛逆」派馮國璋，張勛捉拿黃命倪嗣沖保衛安徽命陸軍總長段祺瑞以漢口為軍事根據地。後見軍事得手對中山先生亦漸不客氣了，七月二十四日「銷去其籌備全國鐵路之全權。」同時，京師總檢察廳票傳國民黨北京支部長吳景濂問黃興是否為國民黨黨魁，「其逆謀倘與黨有關，則政府將取締。否則應由黨中開除黃的名籍。」吳答以「三日內開會公決。」三日限期既滿，吳逼得沒法，只得在報上登了一道啟事：「黃等除名事非大會不能決定。但期限甚迫不及召集大會，因即遵令除名。」不久吳聲明脫黨。

七月下旬，上海領事團竟簽字於協緝黃興、李烈鈞、陳其美、柏文蔚、鈕永建、劉福彪、白逾桓、居正八人案。港督竟下令永禁孫、黃、胡岑入境。（中山先生與黃均於八月上旬東渡。）這由於袁與英使朱爾典是老朋友，帝國主義者恐民黨得勢後中國將有復興之望，乃不惜與袁勾結的緣故。

袁對取消獨立各省，初尚表示寬大，慢慢地採取一網打盡的毒辣手段。十一月劉冠雄在閩解散湘軍，又在藩署放火嚇走了孫道仁。湯薌銘在湘用「活閻羅」華世義為軍法課長，到處布滿着口操鄂音的偵探，引起了湘、鄂人的惡感，而北兵在南方紀律不良，更引起了南北惡感，這是後來南北大戰的導線。

民黨中人除少數變節分子外，或殺，或囚，或竄身海外，袁一律加以「亂黨」之名，指一個被暗殺了的宋教仁，尚留得「有功民國」四個字。（二年十一月十六日，宋母萬氏身故，袁謂宋有功民國，其母應酌予恤款，以示優異。）

二次獨立失敗，歸納起來有好幾種原因。一為民黨步驟之不一：不獨京內民黨之一部被袁用分化手段弄得四分五裂，即在南方革命根據地的中堅分子，亦有緩進與急進，法理與武力之爭。借款事起議論未定，而袁家軍已渡河。南方各省忽而反對獨立，忽而昌言獨立，忽而取消獨立，心理不一致，事權不集中，所以在未交戰以前就沒有制勝的把握。二為人民苟安的心理：大部分國民因清室已推翻，滿足了「一民主義」的慾望，從此怕流血，怕革命，正如保皇運動時民心之不肯附革命黨一樣。三為名士、偉人之反宣傳，章太炎即其一例。加以袁之顛倒黑白，更有以助長其聲勢。四為黎入了袁的迷魂陣，脫離了革命陣線。此外非民黨各派亦慮多數黨得勢後，將無立足之地，相與投入袁的旗幟下。五為帝國主義者與袁的勾結，於借款助械之外，又有抑制民黨的動作。

二次獨立失敗，所給予民族道德的影響很大。渾渾噩噩的中華民族，受了第一次革命的推動，剛有發糞為雄之兆，又被袁的利誘威脅手段所摧殘。袁以收買為能事，所以當時的武人打幾個擁戴電，文人寫幾篇勸進文，即可相慶彈冠，不獨政治主張談不到，政治節操亦等於零。袁只圖一時的便利，卻貽國家民族以大害，他不能不負這個責任。

二次獨立失敗，袁雖獲得軍事上勝利，卻充分暴露其統治力之薄弱，及其政治頭腦之簡單。當其時不獨外交團認袁友統馭中國之力，老百姓想過太平日子，也存着「非袁宮保莫屬」的心理。可是數十年來袁所經營的北洋軍，除極少數能作戰，比較有紀律外，大多數無異於殺人放火奸淫擄掠的盜匪，恰恰與民眾的期望相反。即就擁護個人之一點而論，袁用以鼓勵他們的無非是高官厚祿，欲裁督而有所不敢，欲廢省改道而有所不能。如此一看，北洋軍人所擁護的不是袁宮保而是自己的名位。袁利用他們做爪牙，他們也就利用袁作其升官發財的階梯。所以後來袁的利害與他們的利害相衝突時，即無人再為之「負弩前驅，義無反顧」了。

當年無論正反各派，或許袁有安定國家的才力，或謂其才足以濟其奸，但是他的「才」不過爾爾，他缺少法治精神，不把國家一切法規放在眼下，即就其設官授職而論，槍法錯亂異常。二次獨立時派劉冠雄為南洋巡閱使，又派雷震春為長江查辦使；派張勛為江北鎮撫使，又派蔣雁行為江北檢察使（還有一個江淮宣撫使馮國璋）派李純為江西護軍使，又派趙維熙為江西宣撫使。若就湖南而論，所派的官吏多，湖南查辦使就派了三個，郭人漳、湯薌銘和曹錕。湖南檢察使也有兩個，張學濟和朱樹藩（還有一個湖南護軍使王占元。）那些五花八門的官職，恐怕袁自己亦記不了許多。袁本來視用人如兒戲，所謂籌邊宣慰和屯墾使都是沒有衙門沒有職責的大官兒，所以不嫌其疊床架屋而不妨信手為之。再論當時的軍職，除都督外，有以護軍使或鎮守使節制全省軍務的，有以文人而為都督，武人而為民政長的。官制既雜亂無章，勛章（嘉禾、文虎）一混淆莫辨。後來袁想踐帝位的時候，為訪求輿論，命左右剪截各省報紙，左右以「御用報」進，袁遂以為天下之民皆悅而歸己，其淺薄誠可想而知了。

二次獨立不成，最受蹂躪的是江南。袁家軍兩員大將，馮國璋和張勛，一個是袁的嫡系，一個是袁所吸收的雜牌隊伍。江蘇都督一席，袁的意思想給馮，後來根據「先入關者王」的原則，不得已才給了張（二年九月一日）不久又借重外國人的勢力嚇退了張。（二年十二月十六日改任張為長江巡閱使，以逢任蘇督。）

宣統二年十月，張以雲貴提督調任江南提督，接統江南浦口各營，是為張與江南發生關係之始清室退位時，他帶了辮子兵北上去「勤王，」在天津新站為英、德兩國守兵所阻，才退到德州來（元年三月十五日的事。）他在南京的勢力是被革命軍打退了的（辛亥年舊曆十月十八日被江浙聯軍趕走，逃往津浦北段，）他沒一天不夢想江南，沒一天不咬牙切齒地痛恨民軍，沒一天不想把已推倒了的清帝再捧到黃緞繡龍的椅子上，同樣也沒一天不想把紅頂、花翎、黃馬褂點綴在自己的肥軀上。足以表現着這些心理的是他誓死不肯剪掉的辮子，他的將士們都不許剪掉辮子。

他睜眼一看，清幼帝「蒙塵，」大清的天下不是一手一足所能挽回的，不得已才依附「袁宮保」

想借袁的勢力恢復他自己在江南的勢力。他所擁護的是「袁宮保，」不是「袁大總統。」嚴格地分析他的性格與其說忠於從前坐在黃緞繡龍的椅子上的清幼帝毋寧說忠於他自己身上的裝飾品——紅頂、花翎和黃馬褂。

好了，江南的砲又在轟轟地響了，「袁宮保」赫然震怒了，替袁厮殺就是替自己的功名富貴厮殺。他向袁告奮勇。袁說：「好你跟華甫兩人去打！」

七月二十八日南京取消獨立只短短做了不到半個月的討袁夢。程都督、應民政長又出示安民，希望寬大為懷的袁恢復十五日事變以前的局勢。袁也偽裝着無可無不可的樣子，只懸了一道賞格，捉到黃興者賞洋十萬，捉到陳其美者賞五萬。

程、應都懷着鬼胎，不敢由上海一口氣回到南京來。北兵步步逼近，民軍人人自危。八月八日，奇峯突起，來一次「再獨立，」布告上寫着的，討袁軍總司令換了何海鳴，都督換了陳之驥。不過上海報載着如下的一段趣事：

第八師長陳之驥，聽了再獨立和自己被推舉為都督的事，馬上帶着兵弁跑到督署來。何海鳴降堦相迎，大呼：「陳都督萬歲！」

「何先生有餉多少!」

「造幣廠有的是。」

「有兵多少?」

「貴都督的兵就是我的兵。」

經過如上之問答,陳反身大喝:「綁起來!」一面向何說:「此時不殺你,候程都督的示。」

時人稱之為六小時之獨立。

陳畢竟是馮國璋的女婿,馮軍逼近浦口,他渡江迎接丈人。第八師的兵士大部分是湖南人,八月十日與第一師因誤會起衝突(因口令不符,)湖南人衛護湖南人,把綁在都督的何放出來,十一日,何再來一次「真獨立,」派兵守獅子山砲台,與浦口的北兵隔江相峙。同一天,上海獨立失敗,堅守吳淞砲台的鈕永建因彈盡援絕,經外國醫生的和解,把砲台交給紅十字會接收。(海圻攻吳淞砲台不下,鈕部孤軍大有各。)

這次南京之役,發端雖類乎兒戲,卻是革命史上有聲有色之一幕。八月十七日北軍得天堡城,民軍囊沙為壘,十九日復奪回。民軍第一師之第三團,第八師之第二十九團,全部都是湖南人,都是些視死如歸的勇士，人自為戰與太平天國時的攻守地位恰恰相反：過去攻城的是湖南人，這次守城的是湖南人，真可一雪湖南人的奇恥大辱了。袁家軍有海、有陸、兵多、彈多、錢多，有第一戰將的馮，有聲勢浩大的張，攻打無援、無餉、無統帥，現在無休息，將來無希望的少數民軍，天保誠五得五失，直戰到最後之一人。獅子山的砲擊才寂寂無聞，北軍才攻破了朝陽門（八月二十六日）。

張勛報捷的電報剛寫好，攻入朝陽門的兵士又觸着地雷而退出了。於是乎張的告捷電改作了請援電。此後兩軍隔着一道厚牆，又連續苦戰了四五天。北軍分為數支，張部攻太平門，雷部攻南門，馮部打下關，火攻、掘地道、用雲梯，把一切解數都施展出來。九月一日張以揚州軍第四師徐寶珍部為先鋒，用地雷偷掘地穴，轟然一聲，城垣崩圮，才確實攻入了太平門。（事定後第四師被裁併，徐被免職，算是他們的報酬）同時北軍火燒下關，正和兩年前火燒漢陽一樣。張軍入城時，尚有三三兩兩口操湘音的兵士，在南門及鼓樓一帶找着北兵廝殺。

張因此恨透了民黨，更恨透了湖南人，封閉湖南會館，這是湖南人到處遭厄的時期。張下令「三天不封刀」，讓弟兄們「打起發」，所以他本人挨到第四天（九月四日）才進城。辮兵挨戶搜查，遇着湖南人的家（南京客民以湘人為最多，號稱湖南人的第二故鄉）上自天花板，下至陰溝，都被他們掘毀，屍橫遍地，血流成渠。辮兵多有脫卻軍衣，把步槍當作扁彈來挑贓物的；又強迫小工和人力車替他們搬運贓物，亦有因爭贓物而巷戰，以示其餘勇之可賈者。

女人和湖南人同樣地倒楣，強奸之風極盛。最奇者雷軍在南門的行動，與張軍在北門的行動如出一轍，像是分區行劫各有各的勢力範圍。當時中外報紙所載，北兵或放火或破門而入，婦女善走者避入教堂，或呼妹攜女投秦淮河以死，人民哭聲震天，願死不願活。除地皮外無一物不搶，一家搶數次，几踏搬盡，乃至大被席地而眠。辮兵殺紅了眼睛，錯傷了日本人三名，東京民眾向外務省大臣牧野大示威，請下動員令，幾乎釀成了兩國間的重大問題。後來搶劫之停止，非由於「封刀令」，一則無可再搶，二則外國人的壓力使然。

那個稱總司令的何海鳴，卻躲在馬棚積草下得免。

論功行賞，有勳章如雨，上將如雲之慼：張得江蘇都督和勳一位，馮得一等文虎章，劉冠雄得勳二位，雷也得勳三位。

張有一電大吹法螺，請獎敘大批軍官，其言謂：「南京易守難攻。昔者洪楊割據，困以天下之師，糜餉數千萬萬，猶以九年之久，始奏克捷。今勛專令南征，每戰必勝，用兵不及半月，實非始意所期。」他痛恨湖南人，卻以曾國藩自命，而本領則有過之無不及也。

南京人發起閉市運動，繼而又發起「空城運動」。九月九日滬寧路首次恢復行車，車站人山人海，秩序大亂，一般乘客均無目的地，只求離開南京這座枉死城，放他們一條生路。有人勸張稍稍注重軍紀，張破口大罵：「X妹子，小舅子」，語極粗鄙，不承認是他的部下所為。（曾出示謂亂民行劫委罪軍人。）後來張敬堯在湖南也學會了這一套。（被劫之家不敢赴訴，恐其復來報復也。）

一件看起來極離奇而分析起來極平常的事：張打了勝仗而兵士反逃去大半。兵士們打了起發，不再願當兵吃糧了，「他媽的回到老家做個財主頑頑」。於是乎張不得不招兵，招來一批「候補富家翁」。而那位馮軍長呢，事定後率部離寧渡江，他的用意一則蘇督已歸張大辮，二則不願為辮子兵分謗。馮軍開拔時，民軍第八師二十九團及三十二團之殘部多被吸收，是丈人接收了女婿的一筆遺產。

張所喜悅的事辮子同志，所恨的是西裝革履。自他開府金陵後，假辮盛行，亦有頭蓄頂髮者，坐轎子上院，出入「總督」之門，遞手本，行叩拜大禮，卑職、大帥之聲不絕於耳。張禁用「前清」二個字，（意謂清室未亡）手本上所寫的官銜與清朝完全無異。張每日忙於扎委「知縣」，搜捕「亂黨」。當他開印之先，傳命修理督轅，棟樑尚硃紅色，把往日兩江總督的吹鼓手、砲手都招回來，照舊例每日開吹三次，開砲三次以壯聲威門前重建大旗桿一對張的政績是反對新學恢復清朝官制其委扎中有釐捐總辦、糧台總辦、督硝總辦、候補道等等官職。城內住戶門首有「江寧駐防」「總統府顧問官X寓」「XX部部員X寓」等字樣，官廳布告有「江寧府楊」「江寧縣左」「上元縣沈」等字樣。縣太爺坐堂審案，有刑名老夫子有差快，刑具有藤條小條等。各營令箭軍用龍頭，即前清用以殺人的。官長着前清時的藍色制服。不用民國軍旗，用紅色白邊的蜈蚣旗。又把旗民招回來，住在皇城之內。

最可駭怪的，張禁懸國旗，營中僅有上面寫着張字的紅旗。袁聽了也覺駭異，打電報責問他，直至九月十七日，石頭城才有國旗出現。張又痛恨警察，要把士兵代替警察的崗位，這由於過去張棄城逃走時，警察歡迎革命軍入城，他罵警察是「亂黨」的同黨。後來接受別人的忠告，才招來了一批北洋巡警。

關於恢復治安的問題，張以為「開門七件事要緊，其餘概可不問」，故先恢復了柴米、油鹽等七市。張有佳電（九月十日）表明他的隊伍是節制之師：「匪軍逃竄，乘機搶掠，土匪助虐，益肆兇殘，多有假冒官軍情事。此時各軍號令不一，勛破除情面，派弁巡衛，隨地正法者二百餘，秩序始復，此金陵各國旅居洋人之所共見。今路透電乃以藍衣兵占多為言。查勛部入城，僅占東北一隅，地處荒僻，民戶無多，其餘繁盛之區，均由各軍分紮。孰搶孰否，不難按戶而稽。」另有一電稱：「諸軍巷戰，統將專事殺敵。間有一二不法軍人，趁匪軍劫掠之餘，見物輒取，固所難免。」這篇妙文妙在一個「取」字。意若曰：「兵士打起發，乃取之於匪軍而非得之於民家也。」

為着外交關係，袁不得不派李盛鐸到南京來查辦一下。選派這個角色，袁也煞費苦心，李是張的同鄉人（江西），已內定為駐日公使，李抱着鄉親及官官相護的觀念，以「鋪戶繁盛，往來如常」為答案。

老百姓不答應不成問題，日本山座公使不答應（日使伊集院於民二七月回國，山座剛繼任，即與袁交涉非撤換張不可）則難乎其難，說來說去好容易說到改輸職為道歉，由張與駐寧日領事船津直接交涉。船津提出條款，其第三條「張督着上將制服往領署道歉」，好容易改為「着常服上將徽章。」第四條「第一日張督親往道歉，第二日派兵一團即一千五百人到署，舉槍謝罪，」張要求改以「軍官三十人為代表，」船津僅答應「減人數為九百。」張頗以「兵士難駕馭」為慮，而日領不再向隻討價還價了，日本軍艦都集中在下關，領署前架槍置砲，水兵每日自南至北巡街，看上去會要採取「斷然處置」了。

張對內如悍虎，對外卻如馴羊，是民國史上的一大恥辱。李盛鐸名為查辦而來，袁暗中叫他勸張讓步點，莫鬧出更大的事。九月二十八日，張到領事署謝罪，日領曾諷以「何故不剪辮？」是日下午三時，命張文生率領親信兵士九百人，排隊向日旗行禮。這時日本尚無大舉侵華之意，而辱之者可謂甚矣。

對日交涉雖以屈服而了，外交團嘖有繁言。袁本意是不願以江蘇地盤給非嫡系的張的，馮軍仍留在浦口，所以借外國人的勢力去嚇退張。十月派阮忠樞到南京，勸張做更大的官，不必留戀六朝金粉之地。阮也是張的好友，袁派選這個「蔣幹」卻也煞費苦心。張跳起腳來說：「宮保不要咱，咱就不幹！咱是拿性命拚得來的功名！」這句話嚇倒了袁，以後便走馬燈似地派李盛鐸、劉思源、段芝貴、錢能訓更番到寧，勸張莫發火性，「宮保卻有苦衷，須知外國人是不好說話的。」段最會說話：「宮保升紹帥做長江巡閱使，巡閱使比都督更大，紹帥不要誤會。」巡閱使在袁的心意中本來也是個沒有衙門、沒有職權的大官兒，只因段的一句話，後來卻變成了太上督軍，甚而至於是太上政府。

張只做了三個月的都督，便提出（一）督府開支六十五萬，（二）開拔費五十萬，（三）湘、鄂、蘇、皖、贛五省水上警察的節制權，為讓帥印的三個條件。所以後來張的巡閱使，竟是彭玉麟第二（長江水師提督），比他的前官譚人鳳威武多了。（馮繼蘇督後，所遣直督由趙秉鈞繼。）

以上所述是贛寧之役的前因後果。那時湖南人雖不見容於南方，卻有兩個湖南人大大地得意於北方，就是憲政專家楊度和熊希齡。

名流內閣

段代閣（祺瑞）用兵對南，袁忽命熊希齡組織名流內閣（二年七月三十日）頗出乎一般人的意料。那時有楊度洛楊士琦組閣的空氣。二次革命失敗前士琦曾報告楊一個好消息：「辛亥革命時，項城不便直接取之於清廷，乃利用民黨將清廷打倒。但項城與民黨非誠意之合作，不久必再打倒民黨，造成清一色的局勢。這局勢造成後，他必然感到臨時約法足以限制其權力，將改造之以推行總統制，然後……」說到這裏，他頓了一頓再說，「總之，最後不出兩途：或維新，重用新人物，或守舊，延攬舊官僚。你是項城夾袋中的新人物，前程遠大，先得準備一下。」

士琦是袁的首席智囊，與袁有着悠久歷史和深切感情。這一席話也許他摸熟了袁的脾氣，故能言之鑿鑿，也許是他向袁提出了這個條陳，一面透點口風給楊以示關切之意。兩者孰是，只有他自己肚子裏明白。從這裏看起來，外間謂袁身邊有二楊，實則以士琦為見重。即以揣摩工夫而論，楊度亦遜士琦一籌。

但是，袁畢竟是舊勢力的代表，從戊戌變法到民國成立，始終站在舊的方面，想維新也新不出一個所以然來二年七月間，袁一面對南用兵，一面密派吳笈孫到青島勸徐世昌出山，是士琦口中「延攬舊官僚」之一途。徐不肯做急色兒要裝模作樣，而袁又感到由專制而共和，由共和而再變為專制，步驟不可太快，有拉攏中間派做橋梁之必要，所以他決定用溫和的進步黨（其前身為保皇黨）代替激烈的國民黨，藉以供其玩弄，並借以收拾人心。

這個決心對於熊希齡謂為好運之臨頭固可，謂為惡運之開始亦無不可。熊在熱河都統任內（元年十二月十二日見命令）頗蒙不白之冤（熱河行宮竊寶案），袁最喜利用有弱點的人，弱點抓在他的手裏，便不愁不受他的擺弄。

七月二十八日，熊有電揭破日本對華的分立陰謀，其文如下：

報載四省獨立，有在寧設立政府，推岑西林為總統之謠。前南北議和時，犬養毅等於前年（辛亥）冬來華運動南北分立，渠與希齡本屬舊交，屢至滬寓，密告希齡，謂袁如得志，中國可危，不如勸孫黃公推岑為總統，與袁對抗，並要求齡介紹往見。齡與張謇、湯壽潛、莊思緘、趙鳳昌諸君，與犬接談數次，竭力反對。幸黃興當時力主和議，岑亦病辭不見，犬乃回國。去年（民元）春間再到上海，乃不與齡接洽矣。此日本民黨利用我南北分立之實在精彩也。

這是熊將登台而未登台的一篇好文章。總之，熊內閣與其目之為名流內閣，毋寧目之為軍事勝利後袁的「金字招牌。」其中有司法總長梁啟超、農商總長張謇等而「不名之流」如陸軍總長段祺瑞、海軍總長劉冠雄皆得廁身為要角。

熊不忘情於湖南人尤不能忘情於老友想延攬楊度入閣，袁抱着無可無不可的態度。但楊度所欲得的是交通總長或同成路督辦而交通乃梁士詒系的禁臠，豈容抱負不凡的局外人跨進門檻來！他只向袁說了一句話，「晳子對交通為門外漢，」楊的一把大好交椅就被斷送了。

熊想起過去隨五大臣出洋時的一段過程，越想越過意不去乃欲以教育一席畀楊。他期期地說「請晳子幫幫我的忙。」楊隨口而答，「我幫忙不幫閒。」

這是一句雙關語，因過去楊幫過熊一次大忙，現在熊想以「冷豬肉」為酬（教育為閒曹），故楊亦以冷語答之。後來熊改請汪大燮為教長，以漢口商場督辦予楊。楊之不就教長不是不想一過總長的癮，是想留此身以做「開國元勛，」區區閒曹何足道哉？

熊由一個搖鈴專機做到湘撫陳寶箴的紅員，（皮鹿門在湘講學時，熊親自搖鈴召集聽眾，時人戲撰一聯曰，「鹿皮講學，熊掌搖鈴。」其實陳寶箴頗器重熊，又有人撰聯曰，「四足不停，到底有何能幹？一具偏聽，曉得什麼東西。」頗傳誦一時。）再由紅員屈身為體操教習，又由體操教習變成五大臣出洋考察的隨員韶華如矢現在以「清才碩望」做到「首輔」不可謂非「大丈夫得意於時」之秋了。惜乎遇着使權用詐得袁不能展其懷抱且為時不到半年（二年七月三十日奉令組閣九月十一成立三年二月十二改組由孫寶琦代）鳳凰鎩羽而歸（熊為湖南鳳凰人故又有「鳳凰內閣」之稱）又豈熊所能逆料而在這次組閣的途程中楊與那位「經濟特科」的老同年——梁士詒——從此種下了「相妨相忌」的根基。

熊有一種強烈的愛護桑梓的觀念二次獨立失敗他極力想開脫譚督的罪名後來又運動蔡鍔督湘，所以湖南人對他是很有好感的。

在二次獨立的前後，黎元洪的弱點（槍斃張振武案）同樣地被袁抓在手裏，所以他也同樣地被袁玩弄着。二年四月六日，黎發表預辭總統的電報中有這麼幾句話：「沈機默運，智深勇沉，洪不如袁項城。明測事機，襟懷恬曠，洪不如孫中山。堅苦卓絕，一意孤行，洪不如黃善化。」可是他另有致共和黨的私電，則僅僅推重袁，可見前一電是他的門前話。那時湖北「改進會」有二次革命之謠，黎謂「主要犯為勛三位、中將、第八師長季雨霖，聯絡員為勛四位、少將、旅長熊秉坤，」請褫奪這兩人的官勛，並限他們於十日內自首。袁暗中又放了一把野火，硬指季等的動作是黃興主使的。饒漢祥也在敲着邊鼓說：「的確是黃主使的。」

袁知道黎愛戴高帽子，乃親寫「民國柱石」四個大字製匾送給黎。民黨失敗後，又親書「中華民國副總統府」八個字製成寬五寸、長四尺八寸的長匾，派專使送到武昌來。所以黎對袁由懷疑的心理漸變為心悅誠服的心理。八月五日竟領銜通電主張「先選舉總統」由革命者的身分降到勸進者的身分十月又有「請敘袁克定贊助共和功」之一電，袁覆以「酬庸之典，以待有功兒輩何人乃蒙齒及鄙人勉服國務，乃為救民豈有榮施及於家屬。若援奚午舉子之例，並無謝元破秦之功。損智益愚大人所戒，庸材薄殖，何德何能。俟其閱歷稍深或堪造就為公奔走待諸將來。幸勿復言以重吾過。」

二次獨立失敗，黎亦漸淪於「兔死狗烹」的悲境了，因為袁想要造成他的「家天下」斷乎不願有一位「民國柱石」坐鎮在武漢。不過，他仍然認黎為過度時代不可少的裝飾品，和名流內閣一樣，所以命陸軍總長段祺瑞權代鄂督，（二年十二月八日段到漢口，以周自齊代陸長。時日黎北上，段就代着後，令原有鄂軍一律退伍，湖北從此在北洋軍的鐵蹄下。段是袁身邊的要角，不能久居京外，所以三年二月一日，改在段芝貴為鄂督。）請黎入京一晤。黎之入京確乎是被動的，試看清隆裕后舉行所謂「奉安典禮」時，他尚有「清帝后奉安，元洪不克蒞京親祭，特派代表參加」之語，後來他之不返鄂也確乎是被動的，當他啟程北上之先，曾派參謀長金永炎代督，而袁改派聲勢赫奕的段，是阻止他回任的暗示。

黎到北京時，袁派自己所乘的金漆朱輪雙馬車迎接他，這馬車便是元年八月用以迎接中山先生的。袁又規定副總統月俸一萬，每月公費二萬，比之元年授中山先生以鐵路督辦，每月公費三萬元，一個也不多，一個也不少。袁替他布置的下榻地瀛台，便是從前光緒被幽之地。黎到北京後，立刻便有袁、黎聯姻的傳說（以黎的少女配袁的少子），而袁不待婚禮之成，即向黎呼親家，呼得異常親熱。相傳聯姻時有一段趣話：雙方都想做男家，忙壞了媒人湯化龍，最後讓步的是黎。袁把第七和第十一子的生辰八字（均九歲）及兩人在校中的成績單給黎看，要他挑選一個。黎徵求夫人的意見，夫人問：「那個是大太太生的，那個是姨太太生的？」黎答以「都是姨太太生的，」夫人即變色說道：「不行，因為我的女兒是我所生的。」於是乎又忙壞了黎，說來說去，才說服了夫人，才完成了文定手續（黎贈女婿禮帽一項，大禮服一襲。袁贈兒媳金首飾數件。）

袁每次吃飯，必呼親家來共食。一天，大雪，袁御皮大氅一襲，黎極口贊美，這件衣是浙督朱瑞以七千五百元的代價買來「呈進」的，袁即解下來贈給親家。（後來對張作霖也用同樣手腕。）但是，親戚雖親，裝飾品卻依然只能做裝飾品。黎自知已不能回任，於十二月十九日呈辭鄂督兼職，照准。辭呈中充滿着酸腐之氣，其中有幾句話：「元洪屢覲鈞顏，仰承優遇，恩逾於骨肉，禮渥於上賓。推心則山雪皆融，握手則池冰為泮。馳惶靡措，誠服無涯！」袁的指令也充滿着酸腐之氣，有云：「昕夕握譚，快傾心膈。褒鄂英姿，獲瞻便座，遜琨同志永矢畢生。每念在莒之艱，輒有微管之嘆。」（後來黎見袁有異志，想以答謝承認民國專使資格周游各國，袁恐其脫去樊籠，吝而不予。）

黎的酸腐之筆，無疑地出自詞章各家饒漢祥之手。記得饒做湖北民政長的時候，有個叫杜顯鑑的上了個「痛陳時弊」的調陳附以小詩，饒即首批如下：

批閱來書，頗有見地。末段詳言世德歷引時賢，潘岳之述家風，曹植之求自試，申之以履歷，繼之以詩篇，洵條陳中之創格也！詩言投報，禮尚往來，竊以詩答何如。詩曰：廣廈無寓間，大裘無萬丈；惟有愛士心，方寸自來往。安得出師腑，化作彌天網，雕鳩與鵬鳥，鉅野皆收養！逝將掛冠去，身與心俱爽。白雲倘可悅，與子同游賞。

此公自隨黎北上後，白白丟掉了民政長，補了個有名無實的政治會議委員（二年十二月十三日），後來又勸黎受袁所封的「武義親王」，黎才知道上了這個腐儒的大當。

與黎同時被軟禁的，還有一個以瘋着名的章太炎。二年五月，章在勤政殿得了袁所特授的勳二位，興匆匆地回到江浙來，他像是忘了「非湖北女子不娶」的誓言了，六月十五日，在上海愛儷園（即哈同花園）與吳興湯國黎女士結婚時年四十五歲，湯女士二十八歲，相差有十七歲之多。那一天，觀禮的有孫中山、黃克強、陳英士諸先生，介紹人是蔡元培。章又不知從何處借得一項其高無比的大禮帽，禮舉在一品香宴客時即席賦絕句云：「吾生雖稊米，亦知天地寬。振衣陟高岡，招君雲之端。」又謝媒一首云：「龍蛇興大陸，雲雨致江河。極目龜山峻，於今有斧柯。」湯女士也揮毫寫着七律：「生來淡泊習蓬門，書劍攜將隱小村。留有形骸隨遇適，更無懷抱向人喧。消磨壯志餘肝膽，謝絕塵緣慰夢魂。回首舊游煩惱地，可憐幾輩尚生存。」

章在北京大罵民黨，為什麼民黨領袖不念舊惡而與之交游呢？大家須記得，他在革命過程中不失其為偶像，中山先生等不願他為袁所用，想用寬大精神感化他，使他重回到革命陣線來。他果然辭去了有官無銜的「籌邊使」，在西湖度蜜月。當時曾有湯女士要和他離婚的謠傳。（遽聞他的內衣兩月不澣，楊頗惡其不潔。）

七月間，東南半壁正鬧得天翻地覆的時候，他貿貿然跑到北京來。袁恨他仍與民黨交游，命軍政執法處長陸建章派兵予以監視。十一月，章寫信給陸說：「朗齋足下。入都三月，勞君護視。余本光復前驅，中華民國由我創造，不忍其覆亡，故入都相視耳！邇來觀察所及，天之所壞，不可支也。余亦倦於從事，右迫歲寒，閒居讀書，宜就溫暖，數日內當往青島，與都人士斷絕往來。望傳語衛兵，勞苦相謝。」又寫一封信給袁：「大總統執事。幽居京都，憲兵相守者三月矣！欲出居青島，以反初服，而養疴疾。抵書警備副司令陸君，以此喻意，七日以來，終無報命。如何隱忍，以導出疆，雖在異國，至死不敢謀燕。」袁同樣地給他一個不理不睬。

他又貿貿然跑往東站，被無情的憲兵抓了回來。他恨極了，佩了袁所授予的勛位到總統府來，袁拒而不見。他又氣極了，坐在客廳裏老等等來等去，等不出半個人影兒來。他不禁大怒，摔破了茶碗，衛兵跑了出來，把他強塞入馬車中，送往龍泉寺「讀書」，時人稱之為「民國之禰衡。」

三年六月，那位有潔癖的湯女士致電於袁：

頃接外子稱，電匯款適足償債，我仍忍飢，六日二粥而已。君來好收吾骨。……病中譯閱，慟絕。外子生性孤傲，久蒙總統海涵，留京原屬保全盛意。惟舊僕被擯，通信又難，深居龍泉，殊乏生趣。伏乞曲賜慰諭，量予自由，俾勉加餐，幸保生命。黎結褵一年，信誓百歲，唧環結草，圖報有日。

從這封電報看起來，可見以前要離婚之說是別人假造的。當時有黃節想看章，託李經義疏通袁（李與章無一面之緣，為義所動，即函袁請允黃到龍泉寺收拾章的遺稿，）不料見面時章與之大談其本國史足足談了三小時，越談越有精神，可見餓病之說也是假的。

袁的意思想把他遞解回籍發交地方官看視直到徐世昌做相國的時候湯又有「陳情表」如下

外子好談得失罔知忌諱語或輕發，心實無他。自古文人積習，好與勢逆，處境越困，發語越狂，屈子憂憤，乃作離騷，賈生痛哭，卒以夭折，是可哀也。外子若不幸而遽殞，生命誠若鴻毛，特恐道路傳聞，人人短氣，轉為大總統盛德之累耳！氏欲晉京侍疾，顧氏母年七十，夙嬰癱瘓之疾，動止需人，若棄母北上，何以為子！不行則外子屢病瀕殆，殊難為懷。棄母則不孝，遠夫則不義，氏之進退，實為狼狽。用敢迫切陳詞，惟相國哀而憫之，乞賜外子早日回籍，俾得伏處田間，讀書養氣，以終餘年，則不獨氏骨肉生聚，感激大德，即大總統優容狂瞽，抑亦千秋盛事也。氏侍母得閒，亦當勸令杜門，無輕交接。萬一外子不知戒悔，復及於戾，刀鋸斧鉞，氏甘共之。

章自己知道絕無生還故鄉之望。三年年底他給湯女士一電：「義不受辱，決志趨死。不避銜悲，亦無須設法為告誡。盤仙，於青田劉文成墓旁一壙地足矣。」

春雲漸展

袁的帝制動機始於何時，非起於袁地下，不足以明其究竟。嚴格地說，加他個「少懷大志，長而有不臣之心，及其竊據總統，益有帝制自為之意」的批評，當非過甚其詞。再推而言之，袁的異志多少有環境促成的關係，蓋自民國成立以來，一般武人、大吏和無行的文人，其頭腦頑固的不必論，更有爭妍獻媚以求達其升官發財之目的，試舉頑固及無恥之各例如下：

一、元年三月三日，東三省總督趙爾巽下令：「共和既定，即應解散黨禁，勒令復業。近聞南省黨人尚有潛伏奉省各地，無資回籍者，統限於五日內赴就近官署報告，酌給用資，限速出境。」這位由前清督府變作民國都督的趙先生，不知把政黨當作什麼東西，革命當作什麼一回事。

二、元年三月十日，禁衛軍軍統馮國璋令南城居民撤去國旗，蓋恐兩宮觸目生感也。這位未來的民國總統，對尊重國旗的觀念似乎太淡漠了。

三、民元二月，奉天將領馮麟閣、張作霖、吳俊陞、聶汝清、劉鴻恩電北京，略稱：「恭王、溥公、鐵良等來東謀獨立，戴恭王為皇帝，趙督為總理，請速議決三事：（一）維持大清帝號，（二）袁內閣須認大總統之任，（三）新政府地點須在北京倘允照辦，則麟等心悅誠服，永無異言。」這完全是強盜推寨主的口吻。但張作霖另以私人名義電熊希齡，自謂有國家思想，並且聲明恭王和澤公均不在奉天。

四、新疆第一任都督袁大化，稱新疆都督和巡撫部院，頂戴未除，這是何等非驢非馬的怪現象！

五、甘肅都督趙維熙不肯剪髮。元年七月，旅京甘人請願參議院轉咨政府，電飭趙剪髮，並保護剪髮人民。這也是新舊遞嬗中的怪現象。猶可怪異的，趙得二等嘉禾章及陸軍上將銜，竟有謝恩摺，文中凡用凱字處均以愷代之。

六、元年樊增祥電袁反對官吏自稱曰「僕」，又謂民國宜有武等之爵。

七、二年二月二十八日北京國風報載有馮國璋、倪嗣冲勸進密電，其警句云：「孫黃失勢，已入英雄之彀中。黎段傾心，可寄將軍於閫外。」馮、倪雖否認有此電，究不能使人無疑。

八、湖北商民裘平治（實際是山東人）逕呈總統府，略謂：「總統尊嚴，不若君主。長官命令，等於弁髦。國會成立在邇，正式選舉關係匪輕，萬一不慎，全國糜爛。共和幸福，不如亡國奴，曷若暫改帝國，立憲緩圖共和。」袁雖於二年三月十九日下令拿辦，裘公然晉京自首，像是討賞的功臣，竟無下文可看。

九、二年四月，湖南人張忠翊遞上勸正皇帝位表，自稱曰「臣」，全體用駢文，有不可不正位的理由六。袁令湘督拿辦，而亦無下文。這是湖南人勸進的第一人。

此外同樣的舉例不勝舉，但是袁仍以假面具騙人，儼然是個擁護共和政體的人物。二次獨立失敗後，袁自覺已可安然做一個震古鑠今的大皇帝了，不料他仍然不願做急色兒，要做一篇「天與人歸」的大文章給國人看。這篇文章層次井然，不枝不蔓，試數其過程於下：

第一步由臨時總統變成正式總統。總統法議定後，袁授意十九省都督發表「速選總統」電。二年十月六日開選舉會，事實上袁已居於「環顧無敵」的地位，但做賊者心虛，終恐大總統一顆金印從他手指縫裏溜了出去，竟嗾使軍警及便衣偵探化裝為「公民團」，自宣武門至眾議院，包圍得水洩不通，議員只許進不許出，以免人數不足而流產。這是袁使用軍警偽造民意的最笨拙之一幕，也就是後來北洋軍人段祺瑞等組織公民團搗亂議會的先例。那些公民們大呼着：「不選出我們中意的大總統，你們休想出院！」以此議員們飢火和怒火攪作一團，連選兩次都流產（議員共到七百五十九人，第一次投票袁得四七一票，黎得一五四票，伍廷芳孫文也有幾票，因票數不足流產，第三次袁得四九七票，黎得一六二票，票數仍然不足）第三次袁得五〇七票，黎得一七九票，才結束了這幕醜劇。

第二天選舉副總統時，沒有把守大門的軍警，沒有魑魅現形，黎在七百十九人中安安穩穩地得了六百十票，比之總統之難產，真太有勞逸之分了。黎恰是「如日當中」之年（清末袁五秩大慶時，張文襄贈以聯曰：五嶽同尊，惟崧為峻極；百年上壽，如日之方中。）又有錦上添花之樂（黎是年五十歲，十月十日就職，十月十八日為其生辰。）

雙十節這天，太和殿就職，天安門閱兵，這些都不必細說。其第一道命令，世續、徐世昌、趙秉鈞、等均授勛一位（趙系追贈），各都督們，三位有差（此後各國紛紛承認民國）。袁的意思想命徐組閣，但是惺惺作態的徐，一面以「不剪髮，不受勛」相標榜，一面卻又假口於祝賀故人和參加清后奉安典禮，偷偷到北京一次（三年二月），袁又派王揖唐到青島迎徐。三月二十九日，徐應召抵京。四月十三晚，袁宴之於瀛台，陪席的有黎元洪、代國務總理孫寶琦、公府秘書長梁士詒、政治會議議長李經羲、約法會議議長孫毓筠等。）

第二步把立法機關變成了一個御用機關。袁不是有所愛於國會，更不是有所憚於國民黨，過去要留着國會選舉總統，所以不能解散國會；又要留着國民黨以維持議會中的法定人數，所以不敢解散國民黨。總統選出了，袁的急先鋒——倪嗣冲便有「解散國民黨，凡該黨身居要津者，驅之回擊」的文電（十月十二日）。十月二十五日，袁通電各省軍民兩長，假口於民黨搗亂及憲法草案之不適國情，限於五日內呈復意見。自然各疆吏以「袁宮保」的意見為意見，其回電中有痛罵民黨的，有主張解散國會

（後來督軍團解散國會的先聲）而另以法制局制憲的其中兩篇傑作，一出自「精通憲法」的張勛之口，謂「憲法草案乖謬絕倫，勛雖不才，誅鋤叛逆以身許國萬死不辭。」一為淮軍宿將姜桂題罵議員為「新進少年，國民公敵」而主張「取消黨會，掃除機關」

十一月四日下解散國民黨之令，撤消列名黨籍的議員，另行補選。另有嚴令如下：「嗣後如再有以黨之名義演說、開會或發布傳單者，均屬亂黨，一律拿辦。」「廣東、湖南為該黨之根據地，暴民專制，土匪橫行。」同月十四日又下令宣布民黨議員曾對政府提出質問案者的罪狀。袁到這時才吐了一口惡氣。

議員被槍斃了（粵籍議員伍漢持在津槍斃），黨部被包圍了（十一月四日，軍警三百餘人包圍順治門外彰儀門大街國民黨本部），黨證被追繳了（五日軍警包圍兩院追繳證章達四百三十八件），議員行動被限制了（離京議員要五人作保，擔保其日後不反對政府，脫黨議員同樣辦理）。但事候補議員，仍以民黨為最多，則非進一步解散國會不可。到此地步，與袁合作的溫和派（進步黨）以不禁大大搖頭，知道袁是不可以合作的（為後來反袁之動機）。

第一個，梁任公跑去謁袁，想去阻止他，袁的手人下答以「總統正在商量要緊的事。」梁說，「我有更要緊的事正要和總統商量。」久之才得接見。袁說，「晚了，命令已下了，」梁默然。

回到國務院開秘密會議，因「此令未經本院通過，」梁主張內閣總辭職，熊總理又是一個默然。湯化龍以眾議院議長的地位，不能不明白指斥解散令之絕對違法。他說，「議員資格是應由議會決定的，不受任何外力之干涉。倘委為內亂嫌疑，則應舉出確證，由法定手續以求解決。」他吩咐議院辦事人：「不論何黨議員，以後本會開會通知，仍須照常投送。」他也跑去見袁，作退一步的請求——將未附「亂」議員的證章發還，以免議會不足人數，袁也給他一個默然。

進步黨電請黎主張公道，黎亦默然無所表示。

有一家報紙的針最能見血：「解散民黨的命令，乃根據克復湖口砲台時所得的證據，那麼這幾個月以來，政府何以不聞不問，直遲到今天才發作？謀叛議員投票選舉的總統，議員既無效，總統應否無效？」從這條短評看，袁的這一篇大文章又做得不乾不淨。

十一月四日解散憲法起草委員會。熊暗中囑咐議會：「你們莫再開會了吧，省點麻煩為妙」（十一月十二的事。）所以兩院開談話會，想求一個合法的停會或閉會題目，竟苦於無從着筆。卻有些非驢非馬的議員，專向議會搗麻煩，請其代為「昭雪，」以免「玉石同焚。」後來袁大總統果然把玉石分了一下，令警察廳歸納之為三類，一是早經脫黨者，一是未脫黨而不附「亂」者，三是隸黨而附「亂」者。

十一月二十六日組織所謂政治會議議員由府中派八人（議員中安徽有孫毓筠，湖南有楊度，無異於湘皖軍之爭妍鬥勝）院派四人各部每部派一人各省每省推薦二人組織之以此議國會的組織法，將據以召集所謂新國會。

議長本已內定楊度，秘書長內定顧鼇，不料袁的一位老友，便是前清督撫中領銜奏請提前立憲及召集國會的李經羲，惠然命駕來京，袁臨時變了卦，請他做議長（張國淦副之）楊冠李戴，是以淮軍代替了湘軍，又是舊派戰勝了新派。老實說，袁是亡清總督出身，最看得重總督出身的人物，所以楊的政治會議議長為李經羲所奪，後來「新朝宰相」的地位也為徐世昌所奪。

袁所指派的是李經羲、梁敦彥、樊增祥、蔡鍔、寶熙、馬良、楊度、照惟熙八人，後又加入饒漢祥、楊士琦二人。十二月十五日，該會委員六十九人齊集新華門，由國務總理熊希齡、內務總長朱啟鈐導入北海居仁堂，恭謁袁大總統，下午在北海團城承光殿開會。首由李議長致詞：「現在所注重的是治人而未到法治的時期。……本會之產生，並無成規可按，所以性質上只是一種諮詢機關，有同意之權，而實行之權則在政府。……大總統祇以救國為前提，不存在絲毫政見，我們雖不能代表國民，卻也有我們應盡的天賦。」

就在這時候，袁的武器就是所謂十九省都督仍以黎領銜，發表「請解散國會」的電報。袁根據這電報嚇了一道命令：「臨時約法不適現政府之用（袁說是宋教仁所造的亡國利器。）總統選出後，已將憲法草案交國會修訂，乃國會遲擱不辦茲從黎元洪等之請交政治會議修訂。」

十二月二十九日政治會議第一次會議討論大總統交議「救國大計案」（就是資遣議員回籍案及增修約法程序諮詢案）舉座相對默然後來交付所謂審查會以蔡鍔為審查長孫毓筠等十五人為審查員，定於民國三年一月二日開會審查。

這兩個題目都極難做出有聲有色的文章來，雖說官是人人想做的，而面皮不可不要，為着迎合一個人的意見，甘冒全國之大不韙，即御用機關，亦覺得難於着筆。他們有主張仿照民元參議院的成例，由各省推派三人組織所謂「共和議院」以代立法機關的，又有說這辦法是國民黨的建議而非袁所願模仿的，乃於三年一月十日以下列兩答案呈覆袁：㈠國會議員應停止職權，至給資多少，由政府決定，同籍與否聽其自便；㈡增修約法事本會不便越權，應特設造法機關。

第一個答案，袁抓在手裏，於一月十日下令停止議員職務。（早已根據各都督的呈文，解散各省議會。）根據熊的良知及其人格，是斷斷乎不肯副署這個命令的，惜乎熱河古物案被袁抓在手裏，有斷斷乎不能不副署之勢。熊的大政方針，來不及向國會宣布，而國會陷於彌留狀態。當時有人說：「國會慘死秘不發喪，承繼無人，另撫異性兒為後。」

第二個答案，袁看了一看無異乎說：「天者，天也，頭上之青天也，」看不出一個所以然。來所以他又於同一日（十日）下令：「政治會議全體議決請特設造法機關，案諸美法先例，既屬同符，準以吾國政情，尤為切中。惟造法機關應如何組織，用何種名稱，其職權範圍及議員選派方法應如何妥慎訂定，特再諮詢該會，剋日議決具覆，以便公布施行。」袁的語氣明明不許交白卷，不許再事巧避，「以免本大總統獨作難題。」

熊已不能再支持下去了，而袁亦無需乎再利用名流內閣了，所以熊由病假而長假，以「中國煤油大王」為其最後之報酬。（三年二月十二日准熊辭職，以孫慕韓暫代。熊素慕美國煤油大王，下台後袁即任之為全國煤油督辦；又任張謇為水利局督辦，梁啟超為幣制總裁。）熊的辭職之動機，仍不外乎愛護桑梓的立場。翻開民國初期史一看，幾乎無一處不有其「歷史之循環性；」元年唐閣因王芝祥督直問題忽然出走，三年又因蔡鍔督湘問題使忍辱負重的熊不得不掛冠而去。熊是湖南人，事事均可退讓，只有一件事是他認為必須堅持到底的，即不讓人罵他是「賣省求榮」的罪人。他主張調蔡鍔為湘督，袁已同意，當蔡卸任滇督入京請訓後，袁忽然不肯兌現，從此蔡變成了袁的「籠中鳥，」不能振翅而飛熊自覺無面目見湘中父老，又況他「在國務總理的任內」（後來熊常以此語掛諸齒頰）不曾有過一天的國務總理的尊嚴：（一）二年年底報載熱河行宮古物案，熊以公函請內務部轉知警廳查究，該廳將原函照轉至初檢廳，檢廳竟批：「飭具訴狀，原件卻回」其目中無國務總理可知。（二）袁遇事獨斷獨行，倘非熊的涵養工夫甚深，幾乎演成唐紹儀以後的第二次府院暗潮。（三）熊大呼裁兵、裁員、減政，主張全國以二十師為限，段陸長竟破口大罵，熊遂稱病請假。

解散國會一幕，是熊最痛心的事，又是袁的不可恕的罪案。試觀二年宋案發生後，不久國會在京開會，其時袁命秘書長梁士詒致頌詞如下：

中華民國二年四月八日，我中華民國第一次國會正式成立，此實四千餘年歷史上莫大之光榮，四萬萬人億萬年之幸福。世凱亦國民一分子，當與諸君子共深慶幸。念我共和國家由於四萬萬人民心理所締造，正式國會亦本於四萬萬人民心理所結合，則國家主權當然歸之於國民全體。但自民國成立，迄今一年，所有國民直接委任之機關，事實上尚未完成，今日國會諸議員系國民直接選舉，即係國民直接委任，從此共和國之實體藉以表見，統治權之運用亦賴以逐漸進行。諸君子皆識時俊傑，必能各抒讜論，為國忠謀。從此中華民國之邦基益加鞏固，五大族人民之幸福日見臻進，同心協力，以造成至強大之國家，使五色國旗常照耀於神州大陸，是則世凱與諸君子所私心企禱者也謹頌曰：「中華民國萬歲！民國國會萬歲！」

然而到了現在國會竟成了「搗亂機關」撫今憶昔，真不勝滄桑之感了。

第三步是從新約法中取得終身總統的地位三年一月二十六日根據政治會議的第二個答案，召集所謂約法會議（謂造法機關以議決增修約法案為其職權，應即稱為約法會議云）議會名額分配如下：二十二行省每省派二人共四十四人，京師四人，蒙、藏、青海共八人，全國商聯會四人共為六十人。除由袁的「叔孫通」即總統府機要秘書王式通擔任約法會議秘書長外，三月十八日選舉孫毓筠、施愚為正副議長（是日開幕選舉議長，孫得四十四票，施得三十八票，孫票竟占百分之九十五。）老實說，約法會議便是政治會議的化身，有總統府秘書，有遺老和各省的舊官僚，有落拓不羈的老名士，大半都是些頭童齒豁的老古董，由政治會議議員一變而為約法會議議員。

袁謂「臨時約法為南京臨時參議院所議決，而參議院議員又為各省都督所指派，不能代表真正民意。」但是約法會議議員，表面經推選手續，事實上仍為直接或間接的「欽派。」總之，無論政治會議或約法會議，對於大總統交議之件，不問內容如何，初讀必然通過，審查必然通過，匆匆表決，全場一致。祇有一個不達時務的張其鍠，因約法上有頒爵位之一條，忿然離職出京。嚇得原保舉人李經羲不敢不發實呈明。奉批「追趕回京，交部議處。」

約法會議以「春秋着大一統之文，孟子垂定於一之訓」為總統制的論據。五月一日公布新約法，即日廢止國務院官制，設政事堂於總統府，任徐世昌為國務卿，且呼之為「相國」，以楊士琦、錢能訓為政事堂左右丞，張一麐為政事堂機要局長。又設陸海軍大元帥統帥辦事處，任廕昌、王士珍、薩鎮冰等為辦事員（由陸、海、參三長及大元帥特派的高級軍官組織之）。公府秘書更名內史，秘書長梁士詒改任稅務處督辦，副秘書長阮忠樞升任內史長（阮是袁的「蔣幹」，替袁勾結張勛的是他），以曾彝進、王式通副之。

這次改革是把內閣總理變成了總統的「承啟處」，陸、海、參各部變成了總統的「武官室」。暗中叫苦的有兩個人，一個是政治會議議長李經羲，想做國務卿，此時不能得之於袁，後來終能得之於黎。另一個是楊度，他聽得楊士琦的一夕話，早以「新朝首輔」自居，不料「愛好古董」的袁從「遺老博物館」中搬出東海徐公來，把他的好夢吹醒。從前袁對楊寵信有加，曾指定以公府純一齋為其下榻處。自徐相國登場以來，楊鬱鬱寡權，從此絕足不入府，以折柳章台自遣。他暗中卻在觀望風色，想借機會擊退老官僚的舊勢力，代之以另創一格的新勢力。這是徐楊鬥法及徐不願贊附帝制的一道伏線。

故宮博物院

袁的總統制早已實行。其總統府官制，除秘書廳外，有護衛提調處、軍事處、外務處、財政處、總稽核處種種（民國二年間事。）後又改設秘書、承宣、軍事交際、顧問五廳和侍衛處。各廳職官有所謂「監」「少監、」「丞、」「郎、」「舍人、」「參議」種種。其為名譽職的顧問月薪從八百元至數千元，諮議則三五百元，有前清舊官僚，有民國卸任官吏，有奔走南北的時髦政客，以網羅人才為名，以達其收買和利用之目的。這些人才越積越多，袁自己亦記不了有多少，所以議會中會有「請將府中官制提交議會」的提案。

二次獨立失敗後，袁搬出兩件外國法寶來，一為美國古德諾博士，於三年一月上了個「請廢除總理，各部直隸於總統」的條陳，一個是日本法學博士有賀長雄，主張採用總統制（一月十日給有賀等等嘉禾章。）一個西洋人，一個東洋人，都是法學湛深的博士，配得煞是好看。袁把他們的條陳譯為中文，交印鑄局刊為小冊子，分給各省以供參考。

此風既開，便有一個善觀風色的本國貨——四川城口縣知事陸某上了個「大總統改為終身制」的條陳。袁不禁假意地跳起腳來說「什麼話！簡直是弁髦約法！」正待傳令申斥，他的左右為上提醒他：

「這麼一來，豈不叫人家不明白大總統的真意了嗎？」袁亦回嗔作喜，把這個條陳分發各省官吏，美其名曰「徵求意見」（這事載三月八日政府公報。）第一個搶先交卷痛加贊美的，又是袁家的那位「急先鋒」倪嗣冲。

一件極細微的事，由此卻表現着袁的極端復古的精神。來袁最恨「先生」這個稱謂，命陸軍部通令各省，無論公電或私函內，不許再有「先生」之稱。記得民國元年，「君」字是最時髦的尊稱，如孫中山君、黃克強君或袁君慰亭、黎君宋卿之類。那個時候，大中華民國人民驟然變成了四萬萬個皇帝，所以互稱曰「君」，正和民國十六年革命成功後互稱「同志」一樣。元年二月二十四日，臨時大總統下令，不許再有「大人」或「老爺」等稱，官吏互呼以官職，如「科長、局長」，民間互呼以「先生」或「君」。

那個時候，還鬧了一場笑話。元年四月，教育部總長蔡元培因典禮院歸併該部，乃派前學部科員胡玉縉前往接收，承政廳知照函內有「奉總長諭」字樣，胡怒，函蔡呼「鶴卿先生」，指「諭字乃承亡清陋習」，且謂「玉縉為前學部人，與今教育部出無繼續之關係，未知從何諭起……希望先生之諭而不可得者，車載斗量，何必以玉縉濫廁其間」。蔡覆函謝之，亦呼「綏之先生」，略云：「無論專制共和，一涉官吏，便不能免俗曰諭曰派，皆弟所蹙然不安者。字句小疵，想通人必不芥蒂。民國初立，教育布新，所欲請教者甚多，尚望惠然肯來，相與盡力，敬為全國同胞固請。」蔡先生雅人淵量自非傖促可比。因此又聯想到民國二十年X部長初登台的時候所延攬的多半是他負笈外邦時的老同學，對公文都不甚了了，其知照函內往往有「XX兄云」字樣，秘書X君提筆改寫「奉部座面諭」，乃大有幹才之稱。

民元禁呼大人，民三又禁呼先生，直到今天，北方人還亂喊着「大人」，南方則早已「先生死」了，這由於南人代表新勢力，北人代表舊勢力的緣故。

袁本獨惡聞「先生」之名，並且總統皇帝化，命令上諭化，在公文上早已弄成非驢非馬的政體了。例如命令中有「覲見……交某部存記」字樣，職官錄中有左右丞、參議、評事、行走之名，那一件不是因襲前清舊制！又如大總統封交各督，便是前清的「廷寄」一例。前清上書對軍機像僚屬，對督撫則平行；民三各部總長除有特別要公外不得直接總統，對各省巡按使無干涉權，巡按使呈文不由部轉，直接總統，也正是督撫得單銜上奏的老例。

公文中有「極峯」之稱，好像在洪述祖致應夔丞的函件中發現過（不知始於何時）而那時刻已普遍化了。此外尚有「主座」之稱，是叫皇上為主子的變例。

豫督張鎮芳主張廢小學，直督趙秉鈞主張廢司法機關以節經費，是復古潮中的一對好貨。

袁的復古思想從落第知事的眼淚中也可以看得出來。縣知事考試於三年二月十五日開始（應考者共二千四百五十八人，甲等錄取七十三人，乙等三百十一人，丙等二百三十五人，比例為四分之一，丙等入行政講習所一年。落第者不得櫻下屆考試。）有落第者六百人上書大主考（內務總長朱啟鈐，其文如下：）

「學生等經第一試第二試揭曉後，多列前茅，孰意一經口試，大反前案，凡錄取者盡是有經驗之老人。學生等均以未曾做過前清十年亡國大夫，年齡未達五十歲，離死期尚遠，竟不能邀口試委員之青睞，而概遭擯斥。夫政府既抱定人惟求舊，力排新進之方針，即不應規定畢業資格，乃條例若彼，而考試若此，何以見信於天下？為此請求政府大發慈悲，將第一項資格（三年法政畢業為考試資格之第一項）刪去，以免後來者再受其騙，寒士幸甚。」

（不久有參政程樹德秘呈總統，請恢復科舉，袁批「交教育部採擇施行，並邀程參政面議。」各報着論抨擊，嚇得程夜扣教育總長湯化龍之門，取消其主張，並討回原呈。）

不過袁有時也像要偷人的寡婦，裝出一副假正經面孔來。甘肅巡按使張廣建，就是民國元年與胡瑛爭山東都督，呼胡為經翁，自稱受袁「國士之知」的，卻因揣摩袁的風氣，碰了一個大大的釘子，這釘子雖與一時的顏面有關，卻未嘗不是希榮固寵的一條捷徑。茲錄袁的申斥令如下：

古者任土作貢，乃國家租稅之一端。彼此主德不修，乃於正供之外，別標貢品名為進奉，實同苞苴。本大總統囊在前清，對於僚屬饋遺概拒弗受，茲復身膺國民重寄，瘡痍未復，惕息難安。此次本大總統生日，以國家體制與外賓交際所關，循例而行，何故稱慶？乃甘肅巡按使張廣建等竟於祝壽呈文附有方物。本大總統生平操行，張廣建等豈無所聞？封疆大吏為全省表率，試問此等方物何所取給？張廣建等着傳諭嚴加申斥，所呈方物一律發還。嗣後文武百僚，如有借祝壽為名，意存嘗試者，以違令論（三年九月十七日令）。

以上一切都是徐相國上台前後的花絮。當徐上台之前，頗像寡婦嫁人，表示不願意的樣子，而花轎上門，則上轎又唯恐其不速了。

他的第一步做工是不幹。袁命外交總長孫寶琦、陸軍總長段祺瑞勸駕，他一面裝出「恥食周粟」的表情，一面吐着勉為其難的口氣說：「幹呢我確實不願幹，不幹呢又未免太對不起老朋友了。好吧，我就姑且過過渡，但是民國的官俸我是斷然不便領受的。」

袁把自己辦公的遐矚樓讓給徐，派八人侍候老相國，自己搬在同院的春藕齋來，卻常常跑過來移樽就教。一天剛舉步上樓，聽得人聲嘈雜，馬上退下來吩咐公府指揮使說：「你們要懂得尊崇相國的體制！嗣後有人要見相國的，都引到接待室，非經相國特許，不得擅自上樓。」

老朋友最懂得老朋友的脾氣，徐雖然口稱不受俸（國務卿薪俸亦未規定）接事後剛滿一個月，袁叫主計處撥送四千元（在總統交際費項下）徐假意地謙遜了一會兒，也就受之無愧了。（徐生性最儉，做總統時每天還要在算盤上和廚房核對一天的菜帳。）

徐的拿手好戲是一切恢復清制。第一道命令令全國文官呈送履歷時，須列舉前清官銜。五月二十三日，改各省民政長為巡按使，觀察使為道尹。五月二十九日是端午節，徐以太傅資格，紅頂花翎，碰頭朝賀，參加清廷的午節宴。當時有用滿人為各部次長的風說，又有袁用徐過度以便恢復大清帝國的傳說。

根據新約法，立法院採取一院制，定名為「立法院」，在該院未成立之前，於六月二十日設立「參政院」代行立法職權，特任黎元洪、汪大燮為正副院長，參政員七十三人，均由總統直接任命，多前清達官貴人，年在六七十以上的。比較的新人物有梁士詒、梁啟超、孫毓筠、嚴復、楊度、劉師培等在內。該院憲法起草委員推定梁啟超、楊度、嚴復、馬良、李家駒、汪榮寶、達壽、施愚、王士澂、曾彝進等十人（參政院成立後，政治會議即宣告停止。）楊與這兩個姓梁的廣東人隨時都有碰頭機會；自光緒三十一年與啟超同做五大臣鎗手編制憲法草案以來，忽忽十年，昔時少年現在都變成了鬢毛已斑的中年人，繞來繞去還不曾繞出憲法「運動場，」不過由「滿清憲法欄」跳到「民國憲法欄，」而所謂「民國憲法欄」也者，僅係「袁家憲法」之前奏曲耳!

袁的另一工具是武昌首義的黎元洪。黎坐在參政院院長椅子上,已略略窺見了袁的「掛羊頭賣狗肉」的假戲法,但他身邊沒有昔日「合圍搜索責以大義」之士,所以他逃不出袁的手掌心,祇能恢復辛亥年「息夫人」態度,除了「唔……唔……好……好……」之外,不大開口說話。

任命參政時又有一段笑話。袁的意思,以年紀越老過去官做得越大的為上選,所以派出「勸駕員」多名分往大連、青島遺老窟中,持有袁的親筆函,勸他們出山,到北京來做他的裝飾品。函中謂「共和宣布,係政體之更易,並非清室之已亡,望勿以此芥蒂於懷,同出匡濟,以救中國之危。」有人在名單上看見瞿鴻璣的大名,就是光緒二十九年誤認梁士詒是梁啟超的兄弟的那位老軍機,這時已年逾耳順了,那人頗露出不以為然的樣子,已為此公必不就,何必從棺材裏把他拉了出來。袁向之瞪眼說:「什麼,你以為他不幹嗎?是他叫他的夫人到京來討這份差使的?」

此後即有「懲逆獎順」種種官制、條例及動作之表現。官制分九等,有上卿、中卿、少卿、上大夫、中大夫、少大夫、上士、中士、下士等名目。各省都督改稱將軍,有上將軍、將軍、左右將軍之稱。對建國元勳及民黨要人則呼之為「逆」,呼民黨為「亂黨」,撰「國賊孫X」一書分發軍隊及各學校(時中山先生與黃克強等均亡命海外）又頒布所謂「懲辦國賊條例」及「亂黨自首條例」，全國密布偵騎，有「寗可錯殺老百姓不可放縱革命黨」之語。這一時期是袁的極盛時代，也是民國初期之黑色大恐怖時代。

裁撤各省都督是黎的一篇得意文章。黎主張廢督改軍區制，袁正有釋武人兵柄的計畫，初擬劃全國為五大軍區，後又增為八大區，因那時到處鬧着兵變的把戲，又怕操之過急，乃於六月三十日下令：

「各省都督一律裁撤，於京師建立將軍府，並設將軍諸名號，有都理各省軍政者，就所駐省分開府建牙，俾出則膺閫寄，入則總師屯，內外相重，呼吸一氣，永廢割裂之端，同進昇平之化。」計有：吉林黑龍江護軍使裁。任段祺瑞違建威上將軍，管理將軍府事務。張勛為定武上將軍，長江巡閱使。直隸巡按使朱家寶加將軍銜，督理直隸軍務。張錫鑾為鎮安上將軍，督理奉天軍務，兼節制吉黑軍務。孟恩遠為鎮安左將軍，督吉。朱慶瀾為鎮安右將軍，督黑。靳雲鵬為泰武將軍（泰安）督魯。河南巡按使出文烈加將軍銜，督豫。閻錫山為同武將軍（大同）督晉。馮國璋為宣武上將軍，督蘇。朱瑞為興武將軍，督浙。李純為昌武將軍（南昌）督贛。倪嗣冲為安武將軍（安慶）督皖。段芝貴為彰武上將軍，督鄂。海軍中將湯薌銘為靖武將軍，督湘。陸建章為威武將軍（咸陽）督陝。甘肅巡按使張廣建加將軍銜，督甘。新疆巡按使楊增新加將軍銜，督新。胡景伊為成武將軍（成都）督川。龍濟光為振武上將軍，督粵。陸榮廷為甯武將軍（南寧）督桂。唐繼堯為開武將軍，督滇。

姜桂題為昭武上將軍，督熱。蔡鍔為昭威將軍。蔣尊簋為宣威將軍。張鳳翽為揚威將軍（以上三人無地盤。）

細繹這道命令，對於有兵權有地盤的冠以「武」字，無的則冠以「威」字，而兩者是隨時可以調動的，後來除自生自滅者外，中央無權調動，則非袁始料所及了。若再加以分析，東三省另成一區域，不威不武，而另設各省所無的左右兩將軍，是一個特異之點。福建、貴州兩省無將軍，又是一個異點。凡是有上將軍的省區，正是前清有總督的省區，所以後來封公封侯亦有差異，這是袁的「食古不化」之處，也正是他的失策之處（聞陸榮廷因未得上將軍及公爵而反袁。）

再有一點是民國初期政治史上極右制的動作——「換湯不換藥」的動作：都督是裁撤了，換上個「督理某省軍務，」後來一改而為督軍（都督、將軍之總稱，）再改而為督理，三改而為督辦，改來改去，總改不掉這個「督」字。尤可駭笑的，後來黎元洪做總統，抄了自己的老文章，廢督而稱「督理軍務善後，」專在字眼上下功夫，真可謂自欺欺人了。

將軍冠字令發表後，即有由副總統領銜，眾位將軍列名，恭上大元帥以「神武」徽號的提議，（即神聖英武之意，）但袁想做洪憲大皇帝，用不着再來這一套「神武大元帥，」所以這一說，無形打消了。

八月十八日袁授意提出修改總統法，參政院如奉綸音，馬上議決一種矯矯獨造的法案，規定總統任期為十年，期滿後得當選連任，且繼任人由現任總統推薦三人，預書於嘉禾金簡，藏之金匱石屋，其鑰匙三柄由總統、參政院長、國務卿分別掌管，不得擅開。被推薦者並無任何限制，傳賢傳子，悉聽其便。雖然位居全世界一切總統之上，不啻終身總統與萬能總統，名義上祇比皇帝差一級，事實上也許比皇帝的權力更大，但袁仍覺不過癮，非「再上一層」不止。

大總統選舉法公布後（三年十二月二十九日），接着又公布所謂「附亂自首特赦令」及授卿令（四年元旦）。上卿僅有徐世昌一人，中卿加上卿銜的有趙爾巽、李經羲、梁敦彥等，中卿有楊士琦、錢能訓、孫寶琦、朱啟鈐、周自濟、張謇、梁士詒、熊希齡、周樹模、汪大燮等，少卿加中卿銜有章宗祥、湯化龍等，少卿有董康、莊蘊寬、梁啟超、楊度、孫毓筠等。而死去的一對仇人——趙秉鈞追贈上卿，宋教仁追贈中卿。

袁授意京內外大舉慶祝一下。京師舉行提燈慶祝會時，用彩色電燈綴成「堯天舜日」大牌坊，不料狂風大作，天氣驟寒，人人為之掃興。京師警察廳又挨戶勸貼春聯，表示歌舞昇平的氣象。不料前清宗室世恂（內右三區住戶）在大門上寫着一副素聯：「得過且過日子，將死未死國民。」警察不便追究，祇好代他刷掉。

卿大夫之後，又有聞雞起舞的顥鼇獻「恢復五等爵」的條陳，由法制局編纂，政事堂議決後，再交參政院通過頒行。觀上種種，袁不獨手操生殺予奪之大權，且有卿、大夫為其輔翼，五等爵為其沛施酬庸之典，儼然是個變形易貌的大皇帝了；惜乎內有狼禍之縱橫，外有強鄰之煎逼，使他感到一種不可告人的痛苦。

狼來了

狼是討袁軍？是復辟派？是現代宋江？言者不一其詞。有人說他姓白名朗（有時化名齊天化），人家叫他「白狼」，從此他便以白狼自命。他的隊伍是白衣白馬，行動則如虎如狼，初起餘豫鄂之交，以龍旗加圈為旗號，取潛龍受困之意。

狼是河南寶豐縣人，曾為縣廳小吏。據段祺瑞的報告又謂狼是袁在魯撫任內的下級軍官。家頗富有，好讀小說，慕宋江之為人。又據俘匪供詞，狼年約三十七八歲，身肥長四尺餘，頭上戴着烏巾，有兩寸半的綠色小辮。坐的是黃緞八人大轎。又一說，狼是受過軍事訓練的回教徒，曾任第六師參謀（駐保定），隨吳祿貞到石家莊，吳被殺後與「中州大俠」王天縱同入綠林（嵩山之麓是盜窟，王、白均起於此）。後來王受黎元洪的招撫，狼仍為匪，自稱「中原扶漢軍大都督」。二次獨立時，袁竭北洋軍的全力去打國民黨，後方不免空虛，狼遂糾合退伍軍人和樊棗一帶的潰兵，縱橫舞陽等縣。他的軍師陸文褀是湖北隨縣人，狼把他當作吳用一樣看待。

狼的戰略是聲東擊西，避實就虛。那時沒有動人的口號，卻由陸軍師替他編了一首動人的歌謠，其歌曰：「老白狼白狼老。搶富濟貧替天行道，人人都說白狼好。兩年以來，貧富都勻了。」這歌詞的用意和李自成的「迎闖王，不納糧，」可謂異曲而同工。

又有一套「不打兄弟（指兵士），專打連長以上的官長」的煽惑性的宣傳。從官報上看起來，他竟像三頭六臂的通天夜叉。他的黨徒分布於京、津、滬、漢，或扮商人，或飾流丐，或設古董店，或開雜貨舖，是他的交通網和運輸站（代替擄奪品由水路送至以上各埠）。但是人人都曉得，越把匪勢說得大，越可以卸罪和邀功，這是統兵大員們的慣技。

有一件事怕莫要使人笑掉下巴吧，三年三月，有四個童子在武昌池塘中尋藕，摸得一支廢槍，馬上被捉將官裏去，外間遂鬧着「白狼的童子隊到武昌」的謠言，這謠言竟見之於總統的密電，其張皇可想而知。

一會兒說金家寨（豫鄂皖邊境）是狼巢，一會兒又報京漢路被狼切斷了，氣得要做神武大元帥的袁咬牙痛恨，硬指狼是黃興的健將，捕狼的賞格，合北京和河南兩地計算，由五千加到十二萬之多。袁正在炫耀着「武力統一，」正在向外國人宣傳其「非袁則中國之秩序不能維持，」正在以此進行其變皇帝的把戲，以圖取得各國的承認的時候，而小小狼群張牙舞爪，竭五省之力不能平，每進勦一次，官軍的槍枝子彈就得打折扣一次（或被收買或被劫奪）外交團竟懷疑中國將再演明末流寇的慘禍，而有出兵代平亂的口頭表示。

張鎮芳，袁的老表親秀才出身而曾任津海關道，革命時管理皇族捐的，民國成立後由直隸都督而河南都督，替袁看守老家，竟以「剿匪不力」而撤職（撤職後調管公府財政有財政總長的呼聲，狼平後河南軍人仰承袁的意旨，歸功於張前督之計畫周密而開復其官勛。）派段祺瑞出任豫督，駐信陽督剿狼匪（三年二月十三日。）狼雖然知道段是袁的第一戰將，竟不以正眼相覷，堂而皇之地坐在嵖岈山（確山縣屬）操練隊伍，該山綿亙數百里各要口均埋有地雷，上山的人要把油簍遮蓋面部，裁許放行。

那時又有張勛在徐州接見白狼密使的謠傳。袁想出「以毒攻毒」之計，命張捕狼，張一開口便要招募新兵十營，嚇得袁不敢再嘗試，忙叫阮忠樞去疏通，「我不叫你捕狼，你也莫要求招兵，」雙方對消了事。袁忽然想到明末掘李自成祖墓的那回事，派人調查狼的祖墓，開棺戮尸，懸街示眾，此事發生後三年四月，項城十里外黑龍廟忽然發現了見方二尺中間寫着大白字的白布旗，據說狼要掘袁的祖墓報仇，嚇得署督田文烈（此時段又內調，四月三日任田署理豫督。）急派唐天喜旋長守護袁陵，而狼又西走函谷了。

槍斃了縣長（三年一月安徽六安縣長殷葆森聞警先逃，大總統明令槍斃，）更易了好幾任都督，委派了若干剿匪司令（三年一月，派趙倜督辦豫南剿匪事宜，四月任陸建章為第七師長兼豫陝剿匪總司令，加上將銜，駐潼關。所遣執法處長，以雷震春繼任，）然而狼之為狼也自若。他竟有包天之胆，直接打電報給袁（三月，）將直取西安，叫袁早為之備。氣得袁痛恨達於極點，把所有的北洋饒將如陳樹藩、張敬堯之流都調出來，限期肅清狼匪。而限期一再推展，不知賞過了多少上將、中將和多少文虎章，而狼縱橫鄂、豫、皖、陝、甘、川六省，如履無人之境。

狼的話一點不假，說要取西安便越紫荊關直驅西安，比袁的諜報來得更正確。二月中旬狼的幹部開了一次會議，中下級主張找一個梁山泊一類的地方做巢穴，上級主張流動戰，逢州搶州，遇縣奪縣，不須固守城鎮，後來是採取了上級的主張。出發時，派悍匪宋老年率一千五百人為先鋒，狼的兄弟白瞎子和宋老年、李鴻賓都是匪中之最驃悍的。（宋綽號宋一眼，據聞是狼的義子。李最工心計，後來在洮南病死。）並且規定三七制，劫來財物三成歸公，七成自得，隱匿不報者殺。

狼的布告：（一）以驅袁為目的，（二）建立良好政府，（三）順之者生，逆之者死，（四）友善鄰邦，袁又替他加了一條：「推舉岑西林為總統。」袁的意思很明白想借以嫁禍國民黨證明「狼是黃興的健將」的一句話。

狼最喜活活把人燒死過。紫荊關時，於大燒大搶之後，忽然出了一張發善心的布告，略謂「本應洗城，雞犬不留，以報掘墓之仇，因不忍於心，故僅焚屋宇，暫留民命。」布告上還有「奮起隴畝，志在救民」的兩句話。當時民間也有三句話：「狼是梳，官兵是篦，地痞是剃刀。」

狼軍究竟有多少人呢？甲說號稱一萬，有械的不到一千人；乙說善戰之匪僅有二千五百人，有械的不足半數，此外有二萬皆由裹脅而來。（但是狼的布告凡退伍兵入夥的無軍火不收。）其中十之七八是烟民。官兵的月餉僅四兩，狼以十兩相誘。狼軍一天能走一百二十里，官兵要走兩天，所以官兵號稱追狼，實係擺隊送行。總之，證以各方報告，狼的實力必不多，可是袁家軍動員數十萬，捷報上所稱斃匪的總數，當布下一百萬人，而且狼知其他悍匪也不止死過一次（忽而曰擊斃，忽而又曰遠颺。）

剿狼還動用了空軍：航空校長秦子壯率領四架飛機自為大隊長，一次誤入狼穴，毀了兩架，又一次大隊長受了重傷，回到北平來養病。最可駭笑的，廣州居然也破獲了狼的機關，把狼形容得如荼如火，與過去各省呈報破獲「亂黨機關」同一可笑。又謂白狼之外還有黃獅、綠狼，致勞大總統明令嚴緝，則使人笑不勝笑了。

狼的軍師也像有千百化身：除最初的陸軍師外，據說還有南京人李白毛，後來在甘肅被打死。又有病死了的楊先生和失踪的鐵冠道人。其中最着名的一位軍師，據說是國會議員凌鉞，因此牽涉到府中粵派（梁士詒、）皖派（楊士琦）之爭，又牽涉到國民黨要人黃興的身上。

話說有一天，袁在報上看見一篇主張總統制的妙文，標題曰：「中央制芻議，」署名曰段世垣。袁點首贊美，乃向左右說道，「不知道姓段的是那一省人。」左右告以是河南人，而且是國會議員。袁的臉上不禁浮着笑：「咱們河南人真正漂亮！」秘書長梁士詒從旁邊湊着與說道：「總統何不請他做秘書。」秘書到了差，久之未得傳見，因為萬忙的總統早把這件事忘記了。又一天，那未剿狼失利，代罪圖功的卸任豫督張鎮芳跑進公府來，談來談去，偶然談到河南的人才，袁又偶然憶到段，張即變色說「這人是同盟會的老會員。」

袁一聽到國民黨，正和西太后聽得新黨一樣，馬上派偵探跟在段的後面。偵探一會兒報告，段與狼的軍師——國會議員凌鉞——通信，一會兒報告，段是黃興派來的炸彈隊長，正是林清一流人物。三年三月，這位漂亮的河南人，剛做了座上客，馬上變成了階下囚。段被捕的那天，公府令一祕書馬小達突告失踪，於是乎鬧得滿城風雨，說總統府有了奸細了，又說考試縣知事的考員中也有了「亂黨」了；公府衛隊長趕忙地把腰牌（出入證）收回另換新牌，新牌上嵌着本人的照片，這便是後來所謂「市民證」的先例。

此案牽涉愈廣，豫籍議員林鍾英和魯籍議員徐心鏡都是段的好朋友，都被捕，而且都被槍斃了。此外，被捕的和失踪的傳說之詞不一，獨有這個禍首（段）不知走了那條腳路，判了死刑，宣布緩刑，交付前敵圖功贖罪。

三月十八日約法會議開幕，議長一席，袁的意思想派梁士詒，梁的寃家楊度從旁淡淡的說了兩句話：「他是公民黨首領。公民黨支部遍布全國。」袁馬上沉下臉色來說道，「他不配幹這件事！」當初熊內閣成立時，楊聲明「幫忙不幫閒」——意思是不敵有名無實的教育總長，想做交通總長或同成路督辦——梁在暗中放了一把野火（向袁說楊對鐵路是門外漢，）所以楊在這時作了一次有力的報復。

兩楊（楊度與楊士琦）是有着相當的友誼的。熊內閣的交通總長一席，梁之拒楊是留以自為，不料袁提起筆來寫上楊士琦的名字，使梁到抽了一口冷氣。畢竟他的神通大用盡方法擊退了楊士琦，把半邊同鄉周自齊（周是山東人生長在廣東視廣東為第二故鄉）扶上交通總長的椅子，到三年年初，府中皖粵兩派暗潮更烈，三月間士琦特發表談話如下：

別人罵我黃老主義，我實在無所謂。前清時有人罵我是袁黨，那時項城已下野，文敬（指其兄楊士驤）尚在北洋，所以我不能馬上就走。張文襄竟說：「兩柱雖移植其中一間仍留一線，」兩柱指項城和慶邸，我是傳達消息的一線。武昌起義後，派我當議和代表，我以為非共和不足以度難關，而共和必無良好結果，所以我辭職不幹。過去兩年間我住在上海，或者就是實行黃老主義的時期。項城再三電召，我為着老朋友的關係，既來則安，對於做官不做官的問題更無所謂，既無做官的必要，亦無不做官的必要。前次梁秘書長發誓不做部長，我才答應擔任交通總長。別人罵我是皖派領袖，我就是皖派領袖。

而另一晚派領袖段祺瑞，有「白匪不難治，內匪難除」的表示。他說這話的用意，是知道袁在經濟上有不能去梁的苦衷。（四年三月五日，調周自濟為農商總長，周學熙再任財政總長。六月此路大參案發生，楊士琦又有交長的呼聲，是粵派大失敗的時期。）

當府中兩派暗鬥的時候，也正是狼橫行豫、陝的時候，袁政府徵求平狼妙策，有人說能製黃衣，有人自稱善卜，袁雖然是個極端守舊的人，畢竟他有過不信任拳匪的一次經驗，所以一概批斥不准。四月間，狼的作風忽一變，出示保證正當商人和外國人，但仍有「順之則生，逆之則死」一類的話。狼部攻淅川（河南縣名）附近一城寨時，守軍抵抗，得利害，破城後所有民房三百七十多家，均付之一炬。

狼軍到了渭南，因地方貧瘠，欲改趨渭北。陝督張鳳翽當初衹當狼是小醜，剛派旅長陳樹藩出馬，便接着商綫失守的消息，才大吃一驚，忙着增兵藍關。狼軍避實就虛，回馬陷山陽，屠孝義，轉鋒直薄西安北二十里的大峪口，西安大為震動，把四方的兵都調來守城。狼知城堅不易下，乃越秦嶺，繞子午谷到鄠縣，通過盩厔、郿縣，渡渭水而登扶風，而岐山、武功、醴泉、咸陽財富之區，都被他「梳」了一遍。

剿狼比較認真的算是趙倜的部隊，狼竄到陝西，他也尾追到陝西，狼折入甘肅，他又追到甘肅，袁首揿開復了他的處分（那時一批批的革職留任的處分，後來紛紛開復，也是當年的一幕悲喜劇）。袁聽得狼西竄的消息，臉上才浮着一絲絲笑容說：「好了，狼入穴，化為鼠，捉鼠就容易得多了。」

狼部過武功時，地方紳士獻銀萬兩，狼派代表入城取銀，全隊駐城外里許，竟然秋毫無犯。後又趨乾州，把衙門燒盡，未燒民房。狼的作風越變越好，竟出示禁止燒、殺、姦、擄，將所得贓物付之一炬。

七月間，狼部化整為零，分為十六桿，回竄陝西，張鳳翽駐藍田迎擊，狼又繞出他的背後，直趨西安，嚇得張倉皇回省。因省軍外調，不敷守陴之用，不得已挨戶抽壯丁一名，人人持杵登城助守，這就是後來所謂自警團的先例。狼大掠而西又折而南行，到白水江，因為找不到船隻，臨流而退，又北據甘肅岷、洮一帶。那地方是漢、番雜居的一片山地，番人打硬仗，紮死寨，狼到此才遇着真正的勁敵。

狼又再度折回陝西來，那位率軍援陝的陸將軍已到西安，他的態度是好整以暇，每天抽着大烟，他的目的是「取帥印」，對付陝軍而非對付狼軍。後來的一切援軍都是這一例，他的軍火多，人馬也很足。他的兒子陸承武告奮勇在城外打匪，那一夜殺聲震天，嚇得西安人個個心態胆戰，第二天才知道陸部第一營和第二營彼此互認為匪，自己打了一夜，而狼又星馳電掣地折入河南境去了。陸派兵尾追到臨潼，打了一個空前大捷的報功電。

若干上將總司令竭獅子搏兔之力，不能拔到一根狼毛，而一個小小副官不費吹灰之力，竟然搶得「殲厥渠魁」的首功。據趙倜的報告：「據鎮嵩軍劉統領鎮華報稱，張治功電稱，前派靳副官敬民、王隊官景元混入匪桿內。八月五日午後，在魯山附近大營北二十里石莊將白匪擊斃。匪尸已解省辨認。」復由田文烈驗明屬實，但謂「狼身腐敗，已於八日將首級由汽車解到，裝以木籠，懸之迎薰門城牆上。」

狼之死是一個啞謎兒，一場滔天之禍，以啞謎兒了之。也許多年之後，有「石達開在峨眉山為僧」一類的神話，說那個頭不是狼的頭，而狼已隱身遠遁了。但是八月九日袁大總統的褒功令，特任趙為宏威將軍，劉晉級中將，並授以勛五位，張治功升授少將，看上去又不像是假的。

褒功令發表不久，八月十二日又有出人意外的冒功處分，原令如下：

續據河南護軍使趙倜電陳：白匪斃命，確係田作霖、張敬堯、牛桂林、劉寶善等各支隊先後在三山寨等處圍勦，白匪迭受重傷，旋即斃命。匪黨移尸掩匿石莊附近。張治功適在該處查獲等情。張功治跡近冒功，劉鎮華未經實查遽予轉報，殊屬疏忽。姑念搜勦甚力，免予議處。應將九日策令獎案撤消。

第六師和毅軍因爭功幾乎開起火來。事後據俘匪所供，狼死後推宋老年為總桿首，據母猪峽。匪中幹部七人秘不發喪，瘞尸張莊之東，想衝開一條血路。其中有一人向毅軍告密（就是這個俘匪），所以有割盲冒功的一回事。

九月二十日，宏威將軍趙倜改授德武將軍，坐了河南督理的現成交椅。十月十五日張敬堯升任第七師師長，是他後來做到湖南督軍的階梯。總之，前有狼禍，後有臨城大劫案，民國「宋江」前後輝映，而北洋大軍人的威風亦由是而掃地了。

神話頭腦

於二十五年之後討論洪憲禍首為誰，確是一件有興趣的問題。大家公認禍首是楊度，楊亦居之不疑，且篆「帝制餘孽」圖章以自貶，雖咎由自取，尚不失其吃辣椒的湖南人特性。其次是「袁太子」，人人都說他老子以風燭殘年而居終身總統之位，倘他不抱着「父死子繼，船隻無窮」的一種心理，民國是不會多此一幕醜劇的。再次武如段芝貴、文如梁士詒之流亦為千夫所指，萬惡所歸。然據馮國璋所述，則禍首另有其人——是袁身邊的一個書室。

他說，「袁每日必午睡，每睡必一二小時之久，醒後必喝茶。他有一只極心愛的玉杯，由老僕或書童按時獻茶進去。一天，書童進房來，眼睛忽然一花，好像看見一個絕大的癩蛤蟆躺在床上，不覺吃了一嚇，手一鬆，把玉杯摔碎了。幸袁熟睡未醒，書童躡足退出房，哀求老蒼頭替他想法子彌縫這場禍事。老蒼頭凝神一想，教了他幾句話，包他太平無事。」

袁醒來喝茶時看見不是那只玉杯，按鈴叫書童進來問，「玉杯哪裏去了？」書僮老老實實說，「摔破了。」袁睜着獰眼厲聲說，「什麼，摔破了嗎？你……你這小王八蛋！」書童不慌不忙的說，「不是小人之過有下情不敢上達」袁口中喃喃罵着，「快說，快說！看你編排什麼鬼話來！」

那書童指手畫腳的說道：「小人泡茶進來，一腳跨進門看見床上躺着的不是大總統。」

「是什麼？混帳東西！」袁又大聲斥責。

「小人不敢說。」

「你不說，打斷你的狗腿！」

「是……是一條五爪大金龍。」

「胡說！」袁吼了一聲，臉上卻浮着一種四怒非怒的怒容。他一面從抽屜裏拿了一百元鈔票賞給那小廝，一面吩咐他「不許在外面胡說，說了看撕破你的嘴！」

馮的結論是，「項城當初並無帝制自為的決心，因小童證明他是真龍轉世，才確信他有穿龍袍、登龍位的福分。他的先世歷代相承都沒有能活到五十九歲的，他那時歲數已相差無幾，所以才迫不及待地籌備起來。」

這些話確實是馮的話（見後），馮的話也確實是真人真事，祇畫蛇添足，添了「看見大蛤蟆」一句鬼話。這句話也許是府中傳出來的，並非出自馮的虛搆，不過當時人物無論大員以至廝役都有一副

「神話腦筋，」馮是舊社會產兒，當亦不能例外。袁並非昏聵之徒，何以聽了這番鬼話而深信不疑呢？這問題的答案是，袁慣於欺人自欺，西諺有謂「大人物往往在僕人之前露馬腳，」老蒼頭摸熟了他的脾氣，因而投其所好，袁於得意忘形之餘，遂應了「當局者迷」的一句老話。

如此一說，洪憲禍首不是先意承志的楊，也不是推波助瀾的太子，更不是附鳳攀龍的段、梁之徒及鬼話連篇的小書童。那麼究竟是誰呢？第一是野心漫無止境，陰謀層出不窮的袁世凱，第二世欺人自欺，利令智昏的袁項城，第三是想及身以見其成，傳之萬事而無窮的袁慰亭，第四是作繭自縛作法自斃的洹上釣徒。

關於癩蝦蟆的神話，當年遍傳都門，據說袁就臨時大總統時曾有南下溼蝦蟆結隊「朝王」的一件怪事。此外，清朝老早就有「西山十戾」之說，即多爾袞之熊、洪承疇之貛、吳三桂之鶚、和珅之狼、海蘭察之驢、年羹堯之猪、曾國藩之蟒（曾全身有蛇皮屑，是皮膚病之一種）、張之洞之猴（張睡眠絕少，且其形類猴）、西太后之狐等。到了辛亥換朝代的時候，十怪已見九怪，加上袁的癩蝦麻剛剛湊成整數。袁身軀甚大而頸肥腿短，站起來走着八字路，頗似癩蝦麻的形態，此其一；歷代帝王尚黃尚紅，袁獨喜綠色，其綠蟒袍前後共有六十四條龍，斑斑點點，則蝦麻之所以為癩也，此其二；諺有「癩蝦麻想吃天鵝肉」

一語，袁想坐在天鵝絨的龍位上，則又袁之所以為癩蝦蟆也，此其三；袁每出常常碰到下雨時，且常作張口噓氣之態，此其四。

有人因「袁」之一字，戲指洪憲一幕為「猴子登殿」，諷其「不似人君」，但北方則以為乃「蛙王登基」，而一般神話家講滑了嘴，後來無往而非神話：據說「癩蝦麻難過端午節」，所以到民國五年端午那天袁已昏厥不知人事，延至次日（六月六日即陰曆五月初六）身死。並且有人說，袁死時床下有一大蝦蟆怒目躍出，中國人腦筋之難改有如是者！丟開神話不說，袁晝寢時確有「召姬妾侍寢」的一種習慣，而夜間則孤衾獨眠，所以陳二庵在參謀部衙門時常向人說「主座白天一睡睡上一兩個鐘頭，我們只打盹一會兒。」

民國三年間，都中盛傳着「蝦蟆祭天」的謠言。這謠言由於「祀天大典」而起。先是民國三年一月十四日，政治會議討論祭天即祀孔案，這自然也是大總統的交議，想於陰曆元年到圜丘祭天，用古衣冠和叩首禮種種。孫毓筠主張以天壇為祭所，冬至為祭期，冕服為祭衣，跪拜為祭禮，牲牢為祭品。到了十二月二十日，袁正式發表一道古色古香的明令如下：

特牲之篇，着儀餘戴記，圜邱之制，辨位於周官。欽若昊天，亭毒萬物，粵稽古調，祀事孔昭。改革以來，群言聚訟，輒謂尊天為帝制所從出，郊祀非民國所宜存，告朔餼羊，並亡其禮，是泥天下為公之旨，而忌上帝臨汝之誠，因疑配祖為王者之私親，轉昧報本為人群之通義，使牲牢弗具，壇壝為虛，甚非所以着鴻儀，寶盛典也！且天視民視，天聽民聽，民之所欲，天必從之，古之蒞民者，稱天而治，正以監觀之有赫，示臨保之無私，尤與民國之精神隱相翕合。前經政治會議議決，嗣由禮制館擬定祀天之通禮，已公布施行。茲據內務部呈稱：「本年十二月二十三日為冬至令節，應舉行祀天典禮」；本大總統屆期敬率百官代表國民親自行禮，各地方行政長官代表地方人民，於其治所致祭，用擴古義而答洪庥，此令。

假如有人參觀過這天的煌煌大典，必然稱之為東方舞台上所僅有的一幕怪劇：大總統頭帶爵弁，身穿十二團大禮服，下着印有千水紋的紫緞裙，陪祭官特任官禮服九團，簡任官七團，薦任官五團，下而同樣是紫緞裙。陪祭官先一日演禮。內務部於先三日把齋戒牌晉呈總統，並發與各陪祭官佩帶。二十三日三時，正陽門和天橋兩旁的浮攤都給警察驅散了，橋下也派有守望崗，使人們看不到「蝦蟆祭天」的這齣好戲。

不獨此也，天壇站着幾千名獰貌怒目的大兵，不論街心或民房牆頭上都不許人偷看，有些屋頂上也有步哨佇立着。自新華門到天壇，以黃土鋪地，警廳挨戶傳諭，不許留宿親友，須取具十字連環切結。入壇的須出示門照。……鐘鳴三下，大總統乘裝甲汽車出府，在南壇門外換成典禮——雙套馬的朱金轎車，四角垂以纓絡——在昭亨門外換乘竹椅顯轎到壇前，每升階一步，左右有高級軍官——蔭昌和陸錦——扶掖着祀天所用祝版，前代自稱曰「子臣」現在卻改為：「代表中華民國國民袁世凱」八點五十分，禮成出壇。

趣劇之中更有趣劇：莊都頭（都肅政史莊蘊寬）原是特任官，後來改為簡任，隸於平政院長之下，氣得他一再要求肅政廳獨立，不惜以去就爭。袁允他仍支特任官薪，祭天時仍着九團扶制，這是另一個「儀同特任」，莊的氣也就平了。

兩個不識時務者

袁的一切動作，如引用前清遺老和恢復前清制度之類，無怪乎一般不達食物者都說民國三年為「復辟年。」湖南那個老氣橫秋的大名士就是呼袁為老世姪的王壬秋先生到了北京，口頭上贈袁匾額曰「旁觀者清，」又贈徐相國曰「清風徐來。」此外若干遺老還有許多贊美袁的論調：袁宮保畢竟是清朝大大的忠臣。其辛亥年應變之才，忍辱之苦，到今天總該大白於天下了。

有一個自命為識時務的俊傑，便是庚子年做吳橋縣令上書請取締拳匪的勞乃宣，以為又是他的機會到了。乃提筆寫「正續共和解，」又致書趙爾巽略謂：

總統之任必有滿期，退位後無異齊民。其時白龍魚服，無以自衛，怨毒所蓄，得而甘心，不測之災，必難獲免。項城識略過人，必早慮及此。以管見推之，以為必示人以非富天下之誠，而後足以平逐鹿之爭，必示人以不忘故主之忠，而後足以戢糾桓之驕氣。然此時遽議歸政，沖主不能親裁，別求居攝，殊難其選。實仍無以逾於項城。故愚議預定十年還政之期，（勞意以為此時袁當老死）昭示天下，而仍以歐美總統之名，行周召共和之事，福威玉食，一無所損，所謂閉門天子，不如開門節度也。還政之後，錫以王爵，則與總統退位復為齊民者不同，爵位之崇，僅下天子一等，自必堂高廉遠，護衛謹嚴，不致有意外之患……且總統無傳家之例，面王爵有罔替之榮，如是則項城安而王室亦安，天下因之以舉安，是以深冀我公之上陳，項城之見聽也……公謂成先朝之史，以報先朝之恩，竊謂此說得行，其所以報先朝之恩者，尤勝於修史萬萬。

原來那位孤忠耿耿的趙次帥，雖勉強受了袁的聘，出山任清史館館長，卻編了四具不倫不類的話：

「我是清朝官，我編清朝史。我做清朝事，我吃清朝飯。」這頗像小說上「降漢不降曹」的故事。他偶然在青島說了幾句「不久日月重光，天子將復出」的話，勞信之不疑，所以託他代向項城進言。勞又有致「玉山制軍」（即周馥）的一信如下：

趙次帥自京來島（青島），謂聞項城自言，今日所為，皆所以調護皇室，初無忍負先朝之意，曾商之世項（世續），欲卸仔肩，而世相言無接手之人，故不得不冒此不韙。誠如所言，則項城之心亦良苦矣。當以抽作正續兩解質之次帥，問其可否代呈項城，次帥曰可，因即請其攜之入都……伏思我公歷事累朝，恩深位重，孤忠耿耿，至今夢寐不忘，於項城有父執之誼，識拔之雅，近又締結絲蘿，親同肺腑，若出一言，重如九鼎，可否將狂瞽之言轉達聰聽？倘倘采擇，見諸實行，非特有造於先朝，所以為項城者亦不啻出諸九淵，升之九天也。

周是袁的兒女親家。茲不嫌詞費，把袁的姻婭關係略寫如次：

袁有子女各十三人，其命名有克定、克中、克原等，是取「克定中原」之意。長子克定字芸台，曾任前清農工商部丞參他的妻室是前清湘撫吳大澂的女兒，次子克文字豹琴，別署寒雲，是個文學家，娶安徽人劉某之女（劉女善書畫）其丈人為了親事的關係，臨時捐了個候補道。三子克中是前清學部尚書張百熙的東床。西子的丈人安徽人何仲璟已死，何是天津的大鹽商。五子是曾任兩江總督端方的嬌客。六子的丈人是曾任蘇撫的陳啟泰。七子是魯撫孫寶琦之壻，與慶親王的第五子載掄是連襟。八子就是周玉帥的令坦，周曾任兩江總督，是袁的父執，降級而為親家。周的長子學熙做袁的財政總長，玉帥電囑辭職，所以有「奉父命歸田」的話。九子訂黎元洪之女。十子定徐世昌之女。袁的長女嫁予張人駿（直隸豐潤人，曾任兩江總督）之子，夫妻極不相得，女婿罵丈人是「曹操」，因之兩親家必不往來。四子與何家訂婚時，禮制曾奉令研究女禮服，議決衣用青色，飾以八團，其花樣仿照前清的補服。大總統夫人用鳳皇，特任官夫人用仙鶴（一品補服），簡任官夫人用雉雞（二品），薦任官夫人用孔雀（三品），委任官夫人用雲燕（四品）。

勞又有第三封信是寫給徐世昌的：

我公既受先朝重任，又與項城至交，此策得行，兩無所負。……憶己庚之際，拳匪初萌，弟在吳橋（庚子之春勞任直隸吳橋縣令）任內考出義和拳為白蓮教支流，刊義和拳教門源流分布考各處，又通籌辦法屢舉上官而直省台司褒如充耳，以致釀成滔天之禍（總督裕錄及台司等置之不理）時項城出任東撫，道經連鎮，弟往迎送，以刊及原稿面呈，項城大為嘉納。到東後一切照行，聯軍到京，東省卒得保全，其取善之宏，從善之勇，令人感佩。今夏在青島蒙賜手書，尚有「昔庚子之變，執事不憚苦心，標正論以拯危亡之禍」之語，是項城用弟言而取效，至今猶未忘也。竊謂弟今日所言，所關尤大，若荷聽從，其收效之宏，較之庚子更勝萬萬也。

第三封信都先後到了袁的手裏。袁沒有表示，衹說：「很好，叫他來做參政吧。」

這一來復辟派更起勁了，劉廷琛的「復禮制館書」，宋育仁的「還政清室」演說（還有賀徐相國的壽聯，語更不經，）傳遍都門，連日本報紙都認為中國真有復辟這回事了，連前清曾任學部大臣的唐景崇，臨死都要請求清室賜謚了，連川東榮昌縣排山址的土匪十三哥，頭戴大紅頂，雙眼花翎，坐綠呢四轎也想做復辟派頑頑了。

打頭是肅政史夏壽康之一砲，請檢舉復辟謬說，並謂「推求其故，蓋由於今日議郊天，明日議祀孔有以致之。」袁只淡淡地批了一筆：「交內政部查明辦理。」這時勞已興致勃勃地由青島到濟南（曾赴曲阜探視其外孫孔祥柯，）打算晉京就參政，以成其不世之功，聽了這個消息，嚇得仍回青島。他的肚子裏始終不明白袁的肚子裏擺的是什麼天門陣。

最着慌的是小朝廷，第一步，除去宣統年號，改稱民國三年。第二步，除去服制，令宮中一律剪辮。並且諭令張勛剪辮，張的回答是寧死不從。第三步，瑾太妃派志錡到公府（由阮中樞接見）解釋清廷並未預聞，並將勞的密奏繳出來以明心跡。第四步，請袁派員駐守內廷，查驗出入門照。

第二砲是孫毓筠放的，在參政院提出「查辦復辟謬說案。」他說：「這由於幾個遺老為之倡，他們不懂國家學的原理，以為沒有皇帝即不成其為國家。不知皇帝是皇帝，國家是國家，不容併為一談。前年劉廷琛曾上書總統，不料今天又有此謬說。本席認為維持治安和保全清室，都有徹底查究的必要。」

實則袁的種種做工，害得遺老們隔靴搔癢，而此時已入袁轂中的孫參政，亦不免於隔靴搔癢。袁所欲的是帝制自為，而不是帝制人為。只有楊度肚子裏最明白，他卻躲在屋子裏暗暗發笑。

袁偶然與人談到這問題：「你們莫錯怪遺老，這是民黨搗亂的手段。前幾天不是政事堂接着匿名電話，說禁軍將有兵變嗎？」

那個主張還政清室的四川人宋育仁，是王湘綺的得意門生。湘綺做國史館館長，他做國史館協修。袁的命令中所謂查究本不過是一句空話，不料有一位四川人向宋借錢，宋不肯借，同鄉人懷恨，乃向步軍統領江朝宗告密，江不得不「公事公辦」一下。他所派去的不是面目猙獰的兵士，是派馬車迎接「宋翰林」來衙一談。

宋剛想赴廣和居的飯局出門看見馬車車夫問：「您是宋大人嗎？」宋點點頭車夫說：「統領大人有請。」

姓勞的沒撈着卻把姓宋的送到牢獄裏不過江把他當做一個飽學資深之士陪着笑臉問口供宋的靈機一動忽然搔着了癢處向江說：「我看見勞玉初的文章正想着論痛駁……」江就阻攔着說：「宋先生，沒有大不了的事請你寫一篇答辯文我好交代就得了。」

宋提筆寫着：「勞乃宣着共和正續解可採而有未洽欲作一論駁其未能盡合而求其所以可行者……欲援春秋託王稱公之義定名大總統獨稱公則其下卿大夫士有所統系援春秋共獎王室之義酌易「待以外國君主之禮」為「上國共主」之禮，朝會有時……」他的筆鋒越轉越妙竟由復辟論轉到勸進表，覺得如此一轉非徒無過而又有功無怪乎章太炎說：「宋育仁是什麼東西，豈敢妄談天下事！他的目的不過想做一篇勸進文而已。」

十一月二十三日，袁有：「嚴禁復辟謠言，既往不咎」的命令但因宋案牽涉到孔道會（宋是會員之一）捕去會員陳桂蓀、劉屏、萬朗亭父子、蕭隱公父子等。嚇得湘綺老人（王壬秋）不辭而行。嚇得一般皓首匹夫蒼髯老賊，人人自危，與二次革命時年輕人都有「亂黨」嫌疑正是一個反比例。

袁的作風忽有此一變，各省將軍、巡按使一個個都搔不着癢處，馬上浮起一片反對復辟的聲浪，大概不離乎。「國體既定，萬難變更。」一類的話。其中最激烈的也正是後來的復辟健將張勛，其電文中最扼要的兩句話：「國事非等於弈棋，政體豈同乎兒戲！」楊度聽了這些議論，又躲在屋子裏發一陣冷笑

「議論荒謬，精神瞀亂，應遣回原籍」是內務部查辦宋案的考語。袁覺得如此一來，豈不太傷了這老們的和氣嗎？所以他不提這個，祇派人致送路費三千元，「勸回原籍休養。」又令四川地方官每月送三百元，為宋的休養費。十一月三十日，江朝宗派秘書奚以莊（江蘇武進人）送宋登車，竟有老知交多人前往送行，王壬秋的代表周媽亦在內。臨行有多人請他寫屏聯，那裏是遞解回籍，分明像是榮歸祭祖。

十二月三日到漢口，又有警察歡迎，坐着四人轎，段都派專論迎接過江，分明是大官出差的格局。不過照手續不得不移送警察廳安置一下，宋竟以「未犯法」為言，不肯到警察廳，乃移之於全省清鄉總公所。這個時候，鶚督段芝貴接了徐相國的密電，叫他特別優待，段不便明目張膽地招待犯人，乃以考察清鄉為名，到所親自拜訪一次。宋在湖北作過候補道，所以那地方的老知交很多，聽得他衣錦榮歸，又有多人拜訪，多人請他寫屏聯。他在武昌住了八天，等候他的「官眷」到十二月十一日，才依同啟程回川。

因為清鄉督辦范守祐要他遷到武昌縣，他又破口大罵，范才把「遞解回籍」的事說了出來，他到了四川，馬上打電話給袁：「大總統禮遣還山道鄂後方知內務部有解管字樣，請即予取消。」袁果然有命令撤消他的「察看」處分，他又有電給張勛答謝張的贈儀。後來徐世昌爬到總統的椅子上，聘他做公府顧問，月支大洋六百元。

宋離京的時候，也正是他的老師湘綺老人寫信給「慰亭老姪總統」不別而去的時候，此老入京之初，別人問他「這麼大的年紀，幹嗎還想做官。」他答以「做官是世界上最容易的事，這麼大的年紀，只能幹這麼容易的事。」他到了北京，才知做官之難。第一是經濟之難，國史館每月經費八千元，卻有兩月未發，湘綺乃諮該部：「此項經費，有類索通，殊傷雅道，本館長亦不願累累索瀆，困難如此，不如取消。相應咨請貴部查照，既不能逐月照發，請即轉呈大總統，將國史館取消可也。」該部以王「善於詼諧」，未便與之計較，乃之照中行「先發一月，餘則稍緩辦理。」第二是環境之難：自復辟談發生以來，老頭子人人都有復辟派的嫌疑，何況他腦後垂着小辮，何況他的得意門生入了獄，他想來想去，還是回到湘潭老家吃老米飯是世界上最容易的事，他走後，肅政廳提出彈劾案，責他「擅離職守」，袁以其「年高德劭」，不予深究，就派他的另一弟子楊度以國史館副館長代理館長。

五月九日

民國三年七月二十八日歐戰發生。八月二十三日日本向德國宣戰，翌日攻青島，到十一月七日才把青島佔領了。九月二日日軍在龍口登陸，此後濰縣，入濟南，破壞了中國中立。袁的「神武」不曉得到那裏去了，除掉抗議之外，對於參政員梁啟超的質問，蔡鍔的演說，第五師長張樹元的忿而辭職，馮國璋領銜的請纓電（十九省將軍由馮段領銜）一點兒都沒有表示。

日本駐華公使山座，於三年五月二十七日以暴病卒，新任日置益公使未到任前，由小幡代理。歐戰發生後，日置益才到中國來，乘着袁進行帝制無力對外的機會，於四年一月十八日驟然提出有名的二十一條，五月七日以最後通牒限於四十八時答覆。

二十一條提出後，嚴囑中國不得將內容洩露。梁任公做了一篇文章：「論日本要求之不當」即有一位日本人訪熊秉三，口稱極崇拜任公，願以五千元為贄執弟子禮，託熊為之先容。熊說：「任公從來不收掛名的門弟子，何況是外國人，何況有重贄，何況在外交吃緊的時候？」數日後，日報痛斥梁是親德派，是忘恩負義之徒（指戊戌政變後受日本保護的一件事）北京亞細亞報載有日代辦小幡與梁的問答如下：

小幡：先生做這篇文章的動機何在？

梁：…………（未及回答）

小幡：我日本人是不可理喻的老實說，想乘歐戰的時機，向中國有所取得。原是無裏可說。

梁：既不講理，欲如何便如何，又何必提出交涉？

小幡：…………（沒有回答）

這一說被小幡登報否認。

日置益初到任的時候，曾向袁說：「中國應該有一個皇帝。」袁極口否認有做皇帝的意思。日置益以為：「做皇帝無甚重要，所最重要的事應該向日本民眾表示點中國的好意，如此才能取得日本政府的支持。」接下去就是讓中國表示好意的二十一條。袁正色說道：「你前段的口頭表示是講中日親善，親善是我所贊成的；後段是交涉，要交涉請找外交部。」日使說：「恐洩漏，奈何？」袁告以「不至如此」，所以條件馬上送到外交部，外交總長陸徵祥和「儀同特任」的次長曹汝霖馬上呈報袁。

袁說：「知道了。」即召集海、陸、參、外各總長密秘密會議來議去明知承認不好，又不敢否認，乃議決覆以「來文已悉」四個字，不多一個字，也不少一個字。曹於無意中透出早已知道日本將提出這些條件的口風，袁氣得推翻了幾案說：「如此大事，何以不早來告我！」說罷，氣衝衝地走進內室去了。

早告訴他有什麼辦法呢？他的意思想趁日本未提出條件的時候，先和英國駐華公使朱爾典商量，運用秘密外交，打消日本的提案，如此才不致損害日本的體面而能弭禍於無形。朱確是袁的好朋友，過去極肯幫忙光緒帝恨為袁所賣，臨死時遺詔命載灃諸袁，以張之洞碰頭乞恩，又怕因去袁而激成兵變乃止。袁的耳目多，不是不知道這個壞消息，因仗着朱為其護身符，一旦有緩急，即逃入英使館受其保護。後來南北議和時，又利用朱的調停，及漢口英領事之居間傳話。二次革命時，朱認為中國僅有袁具有維持秩序和保護外僑的力量，所以外交團一致袒袁，對反袁派採取干涉手段。朱也認為「中國應該有一個皇帝。」袁的皇帝夢至少有幾分之幾是外交關係所促成的。

袁究竟不是外交家，忽視了日本對華的獨佔慾，過分的重視了均勢政策和英日同盟的關係（利用英國牽制日本）尚以為日本不過是虛聲恫嚇，未必真能幹出不顧一切的事。先是三月間，日本以增兵滿州及山東為要挾，袁尚且安然。不久，日置益墜馬受傷，又是小幡代理，袁派大禮官黃開文慰問，又命曹汝霖到醫院視疾，中日交涉似有和緩的趨勢。

日本第一艦隊司令加藤友三郎說：「中國海軍有名為兵艦的七八艘，其中之最新式的是七八年前德國所造的三千噸巡洋艦。這些祇是揚子江的巡江艦。」日本第十七師團長本鄉說：「中國帶兵官大半是我的學生，中日問題，談笑之間可了。」

霹靂一聲五七的哀的美敦書送到，嚇得大員們紛紛送家眷出京，軍警在車站把他們驅回，令人回想到庚子年和辛亥年的忙亂景象。袁意慌了手腳，密遣梁士詒問計於朱爾典，朱說：「我在華四十年，和袁總統有三十年的老交情，照理我是不應當說的，但我不忍不說。為今之計，袁總統宜忍辱負重，埋頭十年再與日本相見。」

袁祇好忍辱屈膝。照例外交覆文應於先一日向對方約定送文時刻，但不必提到覆文的內容。曹把內容預先告知了日使，日使認為不滿意，要求照着他自己的語氣修改過，送閱無訛後才肯接受。袁離一一照辦，卻又大罵曹一次，把許下他的勛三位都給打消了。

陸徵祥雖坐在總長的位子上，不過坐坐位子，簽簽字而已。後來他到巴黎和會做中國總代表，華僑和留學生送輓聯，打電報罵他，他都帶回來張之於四壁，請友人參觀，不啻變相的成績展覽會。

事後政府通電謂：「無損主權，妥慎解決。」居然有若干「恬不知恥」之徒不惜倒行逆施，歌「主座」之功，頌「極峯」之德，謂「非我大總統當機立斷，焉能轉危為安，」並且有主張開提燈會以慶祝外交勝利的（龍建章就是一個）但袁卻親寫「密諭」如下：

仲虺之語曰：「兼弱攻味，取亂侮亡。」今歐人亦謂野蠻或半開化之國，宜由文明人取而代治以為天職，每一念及，毛骨悚然。吾果無弱、味、亂、亡之象，誰得而兼之、攻之、取之、侮之？然試閉目以思，軍隊之龐雜，吏治之廢弛，水旱之災荒，人思權利，罕有公心，厝火積薪，自謂已安、已治，其能知自己之實力，明世界之大勢者幾何人？其地方盜賊絕跡，官吏發憤為雄者幾何處？不謂之弱與味得乎？不謂之可亂可亡得乎？或謂廣土眾民，殆無亡理，不知朝鮮方里比三島何如？近閱日本報紙，謂「支那雖成空前隻大革命，而其內容之腐敗墮落，實與前清無異，賄賂之公行，賭博之熾盛，真為可驚，新國氣象毫不存在」云，局外旁觀，意在言外，試思甲午、庚子兩役，何嘗不言臥薪嘗膽，而作偽日攜，以迄於亡。但清之亡也，乃亡朝而非亡國，今之滅國新法，乃其語言文字，並非亡其人種，波蘭越南之史不可不知。近自中日交涉，全國恐慌，若事過境遷，仍復泄沓，亡不旋踵，實可預言。彼東西列強百事修明，何等氣象，返觀吾國，則蕪穢不治，偷懶苟安，南滿實權，所存無幾，外力所至，臥榻鼾聲，而猶上下恬嬉，不知亡之將至！予老矣，受諸前清而亡諸我躬，其甘心乎？救亡之道，惟在自責，苟有味、弱、亂、亡之一點，必痛除之，勿謂可以禦暴民者（指國民黨）即可以對外國。勿以復前清末造之狀況為已足，勿以保各國均勢之局勢即安。孟子說：「生於憂患，死於安樂。」兵法云：「置諸死地而後生」孤舟大海，非從容雅步之時也！昔楚莊王日討國人而調之，告以民生之不易，禍至之無日。心所謂危，涕泣而道，其毋忘五月七日之事，去矜去惰，勇猛精進，以保我子孫黎民。傳曰：「能知亡斯不亡」，願共勉之。

同時又有密電誥誡各省文武官吏，摘錄於次：

日本前在閉關時代，其學術政治與中國無殊，自明治維新，步武西法，四十年所慘澹經營者，無非求達其「東亞大帝國」之政略。當合併朝鮮之時，現在首相大隈重信已自命為將來中國之統監。……就其近年軍事言之，徵發陸軍又達百萬，海軍戰艦已逾六十萬噸。……國事初定，歐戰發生，日本利歐洲列強之相持，乘中國新邦之初建，不顧公法，破壞我山東之中立，軍隊所至，四境騷然。……我國受茲痛苦，方以退兵為抗議，彼不之省，又提出酷烈要求之條款，其中最為難堪者：曰切實保全中國領土，曰各項要政聘用日人為有力顧問，曰必要地方合辦警察，曰軍械定數向日本採買，並合辦械廠，用其工料。此四者直以亡韓視我，如允其一，國既不國。……予誓以一息尚存，決不承諾，即不幸交涉決裂，予但有一鎗一彈，亦斷無聽從之理。……乃日本分遣陸軍直驅奉天之瀋陽、山東之濟南，海軍亦時在渤海出沒游弋。……卒以最後通牒迫我承認，然將最烈四端或全行消滅，或脫離此案，其他較重之損失亦因再三討論得以滅免，而統計已經損失權利頗多。……日本既有即大政略，此後但有進行，斷無中止。……予老矣，捨身救國，天哀其志，或者稍緩須臾，不致親見滅亡，顧此林林之眾，齒少於予者，決不能免，而子孫更無論矣。……

凡百有司，其密誌之！

他既知外患之足以亡國滅種，那麼為什麼要利用楊度等做變皇帝的戲法呢？難道做皇帝是「捨身救國」嗎？老實說，他只知有個人而不知有國家，上面這些做作都是他的欺騙行為，想勗勉國人一致對外而轉移其對內之眼光，徒時想乘歐戰發生列強自顧不暇的機會以避免列強之干涉帝政。他睜開龍目一看，國民黨煙消雲散，黎元洪已入囊中，蔡鍔內調後亦無用武之地，兩廣有龍、鹿（陸）江蘇有二馬（馮），湖南有中將湯，天下勢已「定於一」，斷斷乎不會再有所謂「亂黨」來搗他的亂了，所以他決心一幹，非至「斷送老頭皮」不止。

有人目袁為「英美派」，且謂其自服務朝鮮以來即具有排日思想，這是中了袁的煙幕彈，他既非所謂「英美派」，更非「排日派」，乃百分之百的「袁世凱派。」他誥誡百僚毋忘國恥，後來他自己派周自齊為「赴日特使」以大勛章贈日皇為獻媚之計，欲以喪權條件換取日本對中國變更國體的承認，不料日本給他一個「閉門羹」，說什麼「中國共和行將廢棄，大勛位祇能在古物院陳列，天皇未便接受，」此中另有密幕，不贅述。

南北兩將軍

開卷第一章早已說過：袁之成成於湖南人的關係，敗亦敗於湖南人的關係。尚再分析一下，他和湖南人的關係有先意承志的楊皙子，就有拔劍張弩的黃克強；有桃源人宋教仁供其犧牲，尚有另一桃源人胡經武供其玩弄；湘潭人楊度是鼓吹帝制的禍首，就有寶慶人蔡鍔是再造共和的元勛。而從湖南人之一面分析起來，榮也是湖南人，辱也是湖南人，奇恥大辱數見不鮮，光榮紀錄亦層出不窮。

從袁之一面分析起來，這些論調不啻隔靴搔癢，其敗也不再蕭墻之外，而在其親手所卵翼的大將即其數十年所養成的北洋系團體，也就是辛亥、癸丑各役替他爭天下的一班忠實信徒。

北洋派相傳一段故事如下：

當袁稱帝前，小站舊人早已恢復了跪拜禮，段祺瑞獨不顧，他對於其他問題倒無所謂，祇反對這個長人變矮子的一套禮節。馮國璋跑來勸他說：「芝泉你別任性了，皇帝與終身總統有何區別？跪拜禮與脫帽鞠躬禮反正不是一樣？」他拉段同往公府拜年，自己先跪下去，段見他如此，只得依樣葫蘆。袁慌忙起身來呵着腰連說，「不敢當，不敢當。」坐了一會，他們再到克定處，也行着跪拜大禮，克定卻端坐不動。

段忍着一肚子怒氣跑出來埋怨馮說，「你看，老頭子倒謙遜不遑，大爺卻架子十足，那裏拿我們當人！我們做了上輩子的狗，還要在做下一輩的狗！」馮亦連連搖頭說，「芝泉莫說你發怒，我亦忍耐不住了。今後我跟着你來，我們不能當一輩子的狗！」此後馮反對帝制有甚於段，是洪憲倒台的一大關鍵。事後有人言於克定，怪他不該搭架子激怒了北洋兩大柱石，克定淡然說，「這兩個是老頭子養大了的，現在卻把他們太看重了。我若不折其驕氣，將來更難駕馭，難免不想爬到我的頭上！」

此項傳說絕非無故實之談，不過說得過火而已：當馮段下拜時，袁一面呵的腰說，「不敢當，快快請起。」一面喚着他的兒子們的名字說，「你們快來還禮呀！」可是克定以未來「儲君」自命，昂然不可一世。直到袁死後政府派河南巡按使田文烈主持彰德葬禮，田是克定的老前輩，欲與之一談，命人持片通報，很久才有一個大模大樣的聽差出來喚，「大爺傳！」田的古銅色老臉不禁氣成了鐵青色，「洩了氣的皇太子尚有如此威風，做了嗣皇又當怎樣？」

實際上，這些禮節尚係次要問題，北洋舊將之所以離心離德，乃由於袁不肯向他們說實話，又想解除他們的兵權，正所謂「鳥未盡而弓先藏，兔未死而狗將烹。」所以他們暗中互相咕噥着：「老頭子已不把我們當自己人了！我們還盡忠幹嗎？」（另有一說，北洋派巨頭都有做總統的奢望，袁忽然要總統傳子，又要做皇帝，人人因失望而離心，這一說也有相當的理由。）

這種動機亦由於克定。大家都知道，編練「模範團」是袁段分家的一大導線，而這導線又是克定所裝置的。袁的武力本建築於小站練兵時代，自當選總統以至籌備帝制以來，事必躬親，已不能和往日一樣以全神貫注於籠絡軍人了，北洋軍人多係段的學生或部屬，因之段的勢力漸抬頭，克定頗決放心不下。加以馮調往南京後，中樞事由段負責，段在軍人中的聲勢見見壓倒馮，馮亦覺忍耐不住。克定主張把兵權拿在自己手裏，又以舊將暮氣已深，欲創造新勢力以代之，馮又從旁推動，乃有三年十月間編練模範團之一舉。

模範團是克定步武乃父小站練兵的辦法。三年之春，克定與德國丁客滿少校，法國白禮蘇中校等研究兵學，辦軍需借重袁乃寬，軍火由滬廠供給，想在統率辦事處之下設立模範師籌備處，先練兩制中級軍官盡用留學生，下級用軍官生及速成生。後來變更辦法，成立類似「軍官教導團」的模範團，團長由袁自兼，以前任赤峯鎮守使陳光遠為團副，籌備員有王士珍、袁克定、張敬堯、陳光遠，團址在西城旃檀寺，團本部設在北海。兵士由各師下級軍官中抽派，（上海第四師就調去四百九十人）又由蔭上將於保定軍官畢業生中抽調直、豫、吉、奉各省籍貫者共二百八十人為中下士（保定軍官第一期生於三年十月二十七日畢業，袁派侍從武官長蔭昌到校頒給證書，傳令免其覲見，各贈軍刀一把，各回本省見習。）以各師中上級軍官為該團下級軍官，以訓練十師軍官為目的，分五期訓練，每半年一期，每期可產生四旅的新軍軍官。第一期訓練成熟後，袁特赦「新建路軍督練處」成立拱衛軍步兵四旅、砲兵一團、騎兵一團、機關鎗營一營、輜重營一營，軍火都是從德國預先購來的，這是袁家武力「大圈圈兒內的小圈圈兒。」

第二期以克定為團長，陸錦為團副。克定自作聰明，特挑選一批中學以上學生與各師下級軍官配合訓練，畢業後因程度不夠，僅能成立兩旅。第一期成立者後來編為第十一、十二兩師，以李奎元、陳光遠為師長（袁死後拱衛軍名義取消，編入正式陸軍內）第二期成立者後來僅編為第九期一師，以陸錦為師長（僅練至第二期止。）

袁每星期必乘馬觀操一次，必召集軍官訓話一次，是想多製造些「天子門生」，好叫他們日後忠心於「皇上」的意思。該團有八條誓願，其文云：「服從命令。盡忠報國。誠意衛民。尊敬長上。不惜性命。言行信實。習勤耐勞。不入黨會。誓願八條，甘心遵守。違反其一，天誅法譴。」（四年一月十三日，全體團員赴關岳廟宣誓，仍派蔭午樓監誓。團副陳光遠宣讀誓詞，每讀一句，團員們朗聲和之。）

過去上級軍官在袁的手裏，下級軍官在段的手裏，而這次所謂練的模範團則無論頭目升排長或排長生速長，必入府向袁叩頭謝恩，袁訓勉有加，這是袁拆段的台直接拿下級軍官的辦法。從前宋太祖「杯酒釋兵權」是在帝業已成之後，袁迫不及待以行之，不獨段為之不安，即各師高級軍官亦有行將投諸閒散的同感。

要明白袁、馮的關係，馮的出身有補寫之必要：馮是河間人，曾入庠。在天津北洋武備學校步兵班畢業後，供職武衛軍。後又入北洋武備，從蔭昌研究戰術。甲午後袁在小站練兵，向蔭要人才，蔭保薦馮與段祺瑞、王士珍、梁華殿四人，袁任馮為督練營務處總辦兼長步兵學堂，段為砲隊統領兼長砲兵學堂，王為工兵統領兼長工程學堂，梁則於某次夜操時溺斃。光緒二十五年袁任東撫，馮隨之到東，主管全省督操事務。二十六年德國膠州總督到濟南閱操，許馮等為三傑，乃有北洋三傑之稱。二十七年袁升任北洋大臣，三傑相從。二十九年十一月設練兵處，由奕劻管理，實操握於總提調徐世昌之手，以段為軍令司正使，馮、王先後任軍學司正使。清廷忌袁，命鳳山為京畿練兵處督辦，奪去袁的兵權，而馮改任副督統等職。清末軍諮府成立，蔭昌為陸軍大臣，馮任軍諮使，辛亥任第一軍總統，隨蔭南下，旋調回任禁衛軍統以奪良弼之兵。民元督直，民二督蘇，是袁的一隻鐵臂。

袁有一個家庭女教師——宜興人周道如女士（名砥，是天津女師附設女子高小的教師，年約四旬，守貞不嫁。二次革命後，袁忽然想到「美人計」也是籠絡英雄所不可少的動作，乃極力為馮做伐（續弦），周以「親迎」為條件。三年一月，袁派如夫人（三姨太）送親南下，他到南京時馮代以大總統之禮，升砲二十一響以迎之。十九日結婚時為着實踐「親迎」條件，馮又怕黨人狙擊，祇得把「女府」從交涉署遷到督府西花園來，與都督上房毗連，卻由舊箭道出入，門首標着「周公館」字樣。是日馮着上將制服行親迎禮：花車由碑亭巷繞花牌樓入府，沿途軍警禁止行人。香輿入府時，在大堂停下，鳴砲奏樂，由女賓四人着大紅吉服，女童二人各執鮮花藍扶心人下輿，進府，前導為馬隊，繼以音樂。新人着元色繡花外套，大紅裙，丰韻尚稱不俗。江蘇省長韓紫老代表大總統為證人。（大總統作媒證婚，丈夫後來亦為大總統，這位家庭教師堪稱福相。）

馮隊袁本有「我受袁宮保厚恩，宮保保欲如何便如何」的表示，但袁對馮、段不願養成其「功高震主」的特殊地位，每有一種「敬而遠之」的態度，與無意中流露出來。辛亥年迫清帝退位時，段領銜通電，雖張勛、倪嗣冲等亦皆列名，馮獨不預，且將馮內調而以段主持對南軍事，這由於攻佔漢口後清廷授馮以一等男爵，馮遂有乘勝長驅步「中興各臣」後塵之意，不懂得袁的悶葫蘆所賣何藥，袁不肯向之說明，意不令之列名勸退，這是袁用人而又疑人的一個明證。當帝制運動將作時，梁啟超由廣東到南京來，馮邀他同往北京察看時局動靜。四年六月二十二日馮抵京後入府謁袁（此時各督分恩入京），談及南方謠言之盛，袁笑了一笑說：「華甫，你我多年在一起，難道不懂得我的心事？我想謠言之來不外兩種原因：第一，許多人都說我國驟行共和制，國人程度不夠，要我多負點責任；第二，新約法規定大總統有頒賞爵位之權，遂有人認為改革國體之先聲，但滿、蒙、回族都可受爵，漢人中有功民國者豈可喪失此種權利？這些都是無風生浪的議論。」

停了一會，袁又往下說：「華甫，你我是自家人，我的心事不妨向你明說。我現有地位與皇帝有何分別？所貴乎為皇帝者，無非為子孫計耳！我的大而身有殘疾，二兒想做名士，三兒不達時務，其餘則都年幼，豈能付以天下之重？何況帝王家從無善果，我即為子孫計，亦不能貽害他們。」

馮說：「是啊，南方人言嘖嘖，都是不明瞭大總統的心跡的，不過將來中國轉弱為強，盜天與人歸的時候，大總統雖謙讓為懷，恐怕推也推不掉的啊。」

「什麼話！」袁勃然變色說。「我有一個孩子在倫敦求學，我已叫他在那兒購置薄產，倘有人再逼我，我就把那裏做我的菟裘，從此不問國事！」

馮出府後往訪機要局長張一麐，轉述袁的話。張說，「事是有這麼一回事，有人想做開國元勛，但老頭子不會那麼傻。」

馮又把袁、張兩人的話告訴梁。梁說，「是啊，我也相信他不會那麼傻。」

梁把袁、馮談話在報端發表後，帝制之謠頓息。但七月九日馮回任後，籌安會忽然大吹大擂起來，馮再打電報問張，張回電不再否認。馮氣得跳了起來說：「他那裏把我當自家人？他的做工真不壞！」

尤其使馮、段灰心的就是袁不把自家人當自家人，卻把外來人如楊度等做他的新「班底」。現在再談袁、段間的一段內幕：

袁做軍機大臣時，在府學胡同購有巨第一所，價值三十萬，後來退隱時舉以贈段，時人驚為異數。（段由宅闢一門與軍需司廊下相通，即由此門到部。自茶役炸彈案發生後，始絕跡不到。）模範團成立後與段感情漸疏，都中一度有刺段之謠，真相雖不可知，從此段不常到部，卻是事實，部務悉以委之於次長徐樹錚。一天袁召段入府商詢一事，段答以「容回部查覆，」袁不覺瞪眼說，「你有呈文在此，何以尚待查覆？」事實上，段對這公文並未寓目，是徐代他畫行呈上來的，袁因此不喜段，偶然向人發牢騷，「咱們團體裏越弄越不像樣兒了，華甫十二點後才起床，芝泉老不到部。」

中日問題發生時，陸軍部有一件呈請加薪的公文，袁親手作批：「稍有人心當不出此。」同時克定向人說「受侮而不能抵抗是陸軍部強的緣故陸軍不強是長官不負責任的緣故。」

於是乎「剛愎自用」的段不得不辭。袁又記起自己親歷的一件事：當清末兩宮「升遐」時，隆裕、戴灃等有「誅袁以謝大行皇帝」之意，另一軍機大臣張之洞連連碰頭：「國有大故，不宜誅舊臣以失眾望，且恐激成事變。」戴灃意為之動，才有「回籍養痾」之詔。他現在已用「釜底抽薪」的方法使段退處於無權無勇的地位，不必一口氣打入冷宮，所以一轉念間又明令賜人參四兩醫藥費五千元，給假兩月，遇有要政仍當入府商議，並派王士珍署理陸軍總長（五月三十一日明令發表。）

假滿後段屢次辭職，袁屢次慰留，一再允其續假，一再明令褒揚。然而長官對部下越客氣越是不把他當自家人，這已成為中國官場宣布成文之憲法了。四年八月段有江電闢謠略謂：「二十年前大總統在小站練兵時，祺瑞以一武備學生充下級武秩，與大總統素無關係。乃承採及虛聲，立委為炮隊統帶，升任統制，不數年由千總微秩擢道員、總兵、副都統各職，及大總統還山再起，祺瑞復見任湖廣總督、陸軍總長各職。以大總統知祺瑞之深，信祺瑞之堅，遇祺瑞之厚，殆無可加；是以感恩知己，數十年如一日，分雖部下，情逾骨肉。近數年來，祺瑞因吐血失眠，籲懇息肩，乃包藏禍心之某國報紙以挑撥離肩之詭計，直欲誣段祺瑞為忘恩負義之徒甚至偽造被人行刺之謠更屬毫無影響不得不略表心跡以息謠言」

他一面辨誣一面力請開缺可是中國官場中又有一條不成文的憲法「謠言不關則已越關則越真」正應了「此處無銀卅兩」的一句笑話袁於六月廿六日將段所恃為腹心倚若手足的徐一腳踢出陸軍部（且嗾使其黨提出查辦案）以田中玉繼任則袁段之水火可知。（四年八月二十九日准段辭職正式繼任的當然是王士珍）

總之袁的一套戲法總不離乎一個「騙」字前清時騙戊戌六君子騙慶親王辛亥革命時對北騙隆裕后及攝政王對南騙革命黨其成也成於「騙」其敗也亦敗於「騙」因騙術成為他的拿手好戲之後即無所而不用其騙馴至騙敵人騙朋友騙部下騙人復以自騙是學魏武學壞了他馮段之反對帝制自有其救國救民之純潔動機但北洋軍人私恩重於公誼馮之離心由於袁對之不能推誠相見段之離德由於另立軍事系統亦為不可諱言的事實所以馮段反對帝制有功正與袁對辛亥革命有功如出一例。

袁的第二個字是「疑」字他的「特務工作」有所謂「三套頭」即派乙（心腹）監視甲（政敵）另以丙（另一心腹）尾隨於乙之後（或明或暗）藉以監視其行動民元命唐紹儀與民軍議和另以

兩楊隨之南行即其先例。他手下要角為趙秉鈞，以預聞機密太多而見殺，所以袁將稱帝時，那個殺人不眨眼的軍政執法處長陸建章暗中告其所親說，「老頭子做皇帝，我等均有身首異處之危！」可見袁帝制自為之前，除一部攀龍附鳳者外，其左右已無一忠貞可恃之人了。

第三個字是「欺」字。他的內衣有着極多的口袋，每個口袋裏都有紀事部專載達官貴人的劣跡，這些劣跡是從他的偵探報告中摘錄下來的。他常常掏出來獨自玩味着，用得着某人的時候，就派某人做某種差使。熊希齡在熱河有失寶案的嫌疑，所以命他副署解散國會的命令。據說梁士詒當初亦反對帝制，袁卻把五路參案抓在手裏。梁和葉添綽商量了好幾天，最後葉向他說：「用不着再商量了，要臉要頭，祇能要一樣。」所以後來梁也是帝制派的一個重要分子。

西蜀將軍

帝制運動將起時，袁掐指一算，北方數省早已是袁家的「王道樂土」了，南方呢，兩江高枕無憂，兩湖放心得下，兩廣應熊亦入吾彀，祇剩下西南一隅（川、滇、黔）似尚有蠢蠢不臣之心。他想簡派大員坐鎮其間，則南人不復「反」「聖天子」西顧無憂矣，選來選去選中了一位蘊櫝而藏的英物，就是名義上為參謀次長實係參謀總長的陳宧。

廿餘年以前，湖北安陸縣有兄弟二人，一耕一讀，父親早亡，留下衣食不給的老母日以眼淚洗面。哥哥看見兄弟祇長着一張寡嘴，除開會讀書之外只會吃飯，別樣行行不行，因此罵他是個沒出息的書獃子，恨不得不給他飯吃。一次會用重物打在他的頭上，他昏厥了過去，但此後仍然以笑臉對着哥哥，仍然會吃飯，仍然讀書不輟，鄉里都說他是個前程遠大的孩子。

後來他在武昌住過自強學堂，在北京住過南學，中過拔貢，任過武備學堂，卻仍然是個流盪無依的窮士人。庚子之亂作，有兵士解餉往保定，時值烽烟滿目，交通梗阻，正在惶惶然莫知所適時，納為窮士人自告奮勇，伴送他們冒着萬險把餉銀解到目的地（保定），掉頭不顧而去。這就是後來做到四川將軍巡按使的陳宧。

他有一位叔祖（名學芬）曾任學部尚書，以此關係，河南林學政請他代閱試卷，閱給膏火十六兩，這差事已夠清苦的了，假使能長做下去，他未始不甘之如飴。無如考試完畢，祇能捲鋪蓋走路，始他茫茫然又感無處棲身之苦。不久回到故鄉來偷見母親一面，因為過去他曾向哥哥誇過口，不再吃哥哥的飯了，所以不敢在家中過宿，權在附近廟宇內安身。

人每當走頭無路的時候，往往有幸運無端飛來。一天，（光緒三十年）四川總督錫良匯來八百兩紋銀，請他馬上啟程入川，原來錫正在物色新人才，林學政就把他薦了過去。事前並未告知。他立刻拿七百兩給哥哥，自帶一百兩，搭臭乾魚船溯流而上，一路很困苦的走到成都，下了棧房，即到總督衙門掛號。

第二晚有不速之客一人來，談了一會，才知道那人就是聲勢煊赫的錫制軍。錫把陳當作知兵人物，只接談一次，即委為四川講武堂提調，所以四川軍人如劉湘、劉成勛、劉存厚等多出其門。錫調任雲貴總督時，把他帶了過去，仍位以講武堂長。後來錫調東三省總督，（宣統三年徐世昌調郵傳部尚書，錫繼總督，李經羲繼雲貴總督。）自然又把他帶往關外，叫他辦武學堂、辦軍務，視為不可少的軍務人才。

一天，陳照例上總督衙門，忽然打開中門迎接，陳戰戰兢兢地舉步而入，見了制台，叩請其故。錫握手大笑說，「你現在是四品京堂了，我不能不另眼相看。」後來才知道：錫早想保舉他做統制，因資格不夠，特替他捐了個京官，事前亦不告知。不久果然保他為廿鎮統制，一時有「湖北三傑」之譽（一為吳祿貞，一為藍天蔚，一即陳均服官關外。）官場上常有「感激涕零」一類的話，大抵為拍馬者的門面語，而陳之於錫清弼，雖欲不感激零涕，蓋亦不可得也矣！（錫良曾資送陳游歐，回國後任為清鄉督辦。宣統三年錫病辭，趙爾巽繼。）

清鼎既革，陳又受知於袁為其軍事智囊之一。袁頗以西南邊省「內附」為急務，關於川、滇、黔、粵、桂五省軍務命陳專責辦理，所以陳上面雖頂着一個「不管部」總長，實為統率辦事處中間份子之一。民國三年蔡松坡內用後，袁亦任之為統率辦事處處員，陳與之相處甚歡，一來蔡是湖南人，兩湖京官素有大同鄉之誼（京師有湖廣會館）二來蔡出身寒微與陳同，其受知於雲貴總督李經羲與陳之受知於錫亦略同，蔡的門生故吏滿西南與陳如出一轍，所以他兩人往來很密，彼此互相敬重。

四年二月二十日袁命陳以會辦四川軍務名義率李炳之、伍禎祥、馮玉祥三旅入川，是為袁侵略四川之初步。過去陳在川滇辦過陸軍學堂，滿門桃李栽遍滇池蜀道間，到今日佳木蔥籠，亭亭直上，以斯人而履斯土，可收經車熟路之功，在袁的眼光中看起來確是人地相宜的一個角色。當陳出經之前，介紹三旅長入府謁袁都向袁磕頭謝恩，後來吳佩孚罵馮「叩膝得請乃行」，謂其勸袁稱帝也。那時四川將軍是胡景伊，巡按使陳廷傑丁艱由財政部廳長劉瀅澤代理。

陳向袁請訓出京，袁想了一想說，「四川天府之國，明藩遺址猶存，你此去加以修葺，也許將來我叫雲台（袁長子克定）到四川，你去和雲台一談，你們當自己兄弟看待。將來也許請你再負較大的責任。」陳退下，入卍字廊訪克定，克定的眼睛生在額角上，怎把這個走馬上任的將軍放在眼下！忽見老聽差跑來說，「總挺有命，大爺和陳將軍拜把子，」克定才改容叫「二哥，」與之促膝密談。陳照例問克定的昆季行，克定皺着眉頭說，「別提起他們吧，那些都不是好東西！」

帝制進行時人人均知湖北將軍段芝貴是新朝寵臣（有乾殿下之稱，）卻不知陳的威風尚遠在段之上。出京時袁命軍警夾道歡送，三步一崗，五步一哨，城頭上站的是軍警，鐵路旁擠得水洩不通，文武大員送行者車如流水馬如龍，堪稱未有之盛。袁的意思很明白，把一切富貴尊榮籠絡他，使他替「新朝」多負責任。

一路吹吹打打，到了漢口大智門車站時，湖北文武官吏歡迎如儀（三月十二日）。彰武上將軍段芝貴、幫辦王占元特備大紅請帖，把陳和他的隨員都請過江來，這天是四年三月十八日，珠烹玉饌，賓主盡歡，亦極一時之盛。陳於二十四日抵沙市，二十六日到宜昌，沿途禮炮振耳欲聾，想到二十年前搭臭乾漁船入川的一段情景，不禁惘然若迷，舟中賦詩一首如下：「二十年前事，追思亦愴神，有門常閉雪，無甑可生塵。世難驚奇險，家貧累老親。回首望鄉國，嗟予又西征！」

北京重重疊疊吹來好消息，五月一日任為四川巡按使，六月二十二日明令督理四川軍務（以淮胡景伊入覲為由）。陳就職時發表軍署要員，以胡鄂公為第一等秘書（其時軍署無秘書長之名目），王某（忘其名）為軍務科長，馬晥生為軍需科長，派雷飈為劉存厚部旅長，後三位都是湖南人，並且都是蔡松坡薦來的，陳蔡之相得於此又得一證明。

胡是陳自己物色到的。民國元年十一月陳到湖北來見黎總長（元年四月十三日袁任黎元洪遙領參謀總長事，陳以次長常往湖北商承一切）座中有荊州八旗善後督辦向黎娓娓報告，陳頗有不耐之色。後來聽得那人條舉善後辦法，陳聽了津津有味，不覺跑過來和他握手說，「你的辦法很好，將來有機會，一定請你共事。」

後來胡入京為議員，議會被解散後，即隨陳入川。

陳接事後打頭兩件事，一為清鄉剿匪，一為督修皇城。皇城仿北京宮殿式，朱甍畫棟，奪目壯觀。有人問他因何方於此不念之務，他說，「這是替老大（克定）當差。將來他會封「蜀王，」我不能不替他先造好王府。」

「他不是新朝太子嗎？太子國之儲貳，又何必出就藩封呢？」陳說，「儲位不一定輪到他。我想老五（克權）最有希望。老頭子有立愛不立長子的意思。」

「老大到四川，那麼將軍將往何處去？」

「我知道，我會走着我的老路線，」陳笑了一笑說。「我從前由四川到雲南，將來仍然是這條路線。他（指袁）早已安排好，我的任務總不外乎做開路先鋒。」

四年八月初旬，美顧問古德諾（Goodnow）發表「共和與君主論，」過了幾天，陳接到梁士詒來電，徵詢國體意見，陳答以「軍人無意見，以服從為天職。」同時段芝貴亦有電來，陳答之如前。十四日籌安會通電發表宣言，陳持電向左右說，「他們玩起猴把戲來了！」

左右們接在手裏一看，其宣言如下：

我國辛亥革命時，國中人民激於情感，但除種族之障礙，未計政治之進行，倉促之中，創立共和國體，於國情之適否，不及三思，一議既倡，莫敢非難。深識之士，雖明知隱患方長，而不得不委曲附從，以免一時危亡之禍。故清室遜位，民國創始，絕續之際，以至臨時政府正式政府遞嬗之交，國家所歷之危險，人民所感之痛苦，舉國上下皆能言之。是此不圖，禍將無已。近者南美、中美二洲共和各國如巴西、阿根廷、祕魯、智利等莫不始於黨爭，終成戰禍，葡萄牙近改共和亦釀大亂。其最擾者莫如墨西哥，自爹亞士遜位之後干戈迄無甯歲，各黨黨魁擁兵互競，勝則據土，敗則焚城，劫掠屠亂，無所不至，卒至五總統並立，陷國家於無政府之慘象。我國亦東方新造之共和國，以彼例我，豈非前車之鑑乎？美國者世界共和之先達也！美之大政治學者古德諾博士即言，「世界國體，君主實較民主為優，而中國則尤不能不用君主政體。」此義非獨古博士言之也。各國民達之士論者已多，而博士以共和國民而論共和政治之得失，自為深切明着，乃亦謂中美情殊，不可強為移植。彼外人軫念吾國者且不惜大聲疾呼以為吾民忠告，而吾國人士乃反委心任運，不思為根本解決之謀，甚或明知國勢之危，而以一身毀譽厲害所關，瞻顧徘徊，憚於發議，將愛國之謂何？國民義務之謂何？我等身為中國人，中國之存亡即為身家之生死，豈忍苟安默視，坐待其亡！用特糾集同志組成此會，以籌一國之治安，將於國勢之前途及共和之厲害各攄所見，以盡切磋之議，並以貢獻於國民。國中遠識之士鑑其愚誠，惠然肯來，共相商榷，中國幸甚！

泱泱乎君子之風

袁一面進行帝制，一面卻裝出「深閉固拒」的神氣來，藉以掩蔽國人耳目。日本人的耳報神真快：四年春夏之交，日報載中國將恢復帝制，袁乃闢其說稱：「辛亥年清廷有禪位之意，我誓死不從。自古以來，每逢換朝代時，帝王子孫均無噍類。天下惟至愚之人才想做皇帝，我已犧牲自己，豈願再犧牲子孫！」

不久即有袁、馮談話發表，國人受了袁的騙，以為帝制確已成為歷史上之陳跡了，斷不料浮詞盡息之時，正帝制運動急轉直下之日。袁處處用武人做工具，此次獨不然；蓋慮武人恃推戴之功，將養成其尾大不掉之勢，所以在參政院搜羅了一批名流、遺老，以之為新朝開路先鋒。首先卻搬出兩件外國古董，其一為美顧問古德諾，美為共和先進之國，彼邦人士尚不以中國採行共和制為然，則共和與中國國情之鑿枘可知；其一為後來自稱「外臣」的日籍顧問有賀長雄，意在以「日本立憲而強」之說迷惑國人，與清廷之「假立憲」手段如出一轍。

關於帝制運動，袁想命楊度隱身帷幕中人，初不必登台露面，一如辛亥年南下議和時一樣。但楊受了同鄉人宋教仁的影響，學會了「公開運動」的那一套，欲達其「開國元勛」之目的，不國宋所運動者是責任內閣制，楊所運動者是帝制。

楊的靠背山是大阿哥克定，又有一條內線是內史夏午詒。克定頗不喜徐相國，背仁呼之為「活曹操」，楊則惡徐以前朝遺老搶去了新朝「相」位，忍着一肚皮悶氣時時待機而動。他做「漢口商場督辦」越做越覺得沒有意思，賴有「參政」之名久居北京，（二年十二月二十五日任楊督辦漢口商務，三年四月，楊辭，以江漢關監督丁士源兼代。）與內層政治保持關係，用特種X光透視了袁家父子的五腑六臟，好了，他找着打擊舊官僚的一件法寶了，乃屈身為「太子」智囊，從而投其所好。夏是楊的同鄉和窗友（湘綺門人）年少友才名，其入袁幕是楊的介紹，用以做內線的。那時內史長（秘書長）阮忠樞是一隻老槍，內史張一麐（紅員）則反對帝制甚力，獨夏按時辦公，奉命唯謹，變成了袁身邊形影相隨的一名要角，府中機密無所不知，又隨時以所知者告楊，所以袁的一腔心事，雖親如張一麐有所不知，尊如徐相國更茫然，而楊以局外人獨能盡窺底蘊。

徐以「在其位而不謀其政」乃深恨楊、夏，且遷怒及帝制，別人有叩以時事的，他常常淡然答道：「何不問夏內史去！」徐為人喜怒不形於色，後來雲南起義時不禁露了馬腳，喜孜孜向楊士琦說，「杏丞，楊、夏失敗了！」士琦又以其言告楊，謂「數月以來，僅見此老破頭一笑」云。

楊是個「包打包唱」的角色，怕有人分去他的功因而搶去「新朝首輔」的地位，但是克定頗想多網羅幾個海內名流捧場，尤所注目的是搖筆萬言的梁任公，楊只好隨聲附和。四年一月，克定在湯山請任公吃春酒，祇楊一人作陪，任公深以為奇。克定說：「今天吃便飯，隨意談天並無外人在座。」飲了幾杯酒，天上一句地下一句，漸漸引入本題，克定先開口說，「近來頗有人謂共和不適國情，先生有何高見？」

任公是個筆鋒犀利而口才迂訥的人，倉促間不知如何對答，半晌才說，「我生平所研究者乃政體而非國體。」吃完了飯，說聲「少陪，」匆匆回家，匆匆把家小送到天津安頓後，他自己匆匆南下省親，六月間又被馮國璋拉到北京來。

楊向克定說，「這個書獃子是不會反對帝制的，五大臣的憲法草案，就是我和他的結晶品。他過去為君憲派，現在仍然只問政體而不問國體。」

過了三月，楊撰「君憲救國論」交夏內史轉呈，袁看了又看，不禁擊節稱賞道，「真曠代逸才也！」命寄段芝貴秘密附印，這是段後來勸進最力的一種因素。

「曠代逸才」是有所本的。三年五月，袁親題這四個字，製匾送給楊。楊有謝恩摺如下：

> 為恭達謝忱事：五月三十一日奉大總統策令，楊度給予匾額一方，此令等因，奉此，旋由政事堂頒到匾額，賜題

曠代逸才四字，當即敬謹領受。伏念度猥以微材，謬參眾議，方慚溺職，忽荷品題，維祓飾之逾恆，實悚惶之無地。幸值大總統獨膺艱鉅，奮掃危疑，度德以憂患之餘生，際開明之佳會，聲華謬竊，返躬之疚彌多，皮骨僅存，報國之心未已，所有度感謝下忱，理合恭呈大總統鈞鑒。（三月十八日楊受勛四位，孫毓筠得一等嘉禾章。）

八月古德諾「民主不適於中國論」在亞細亞報（袁的機關報）發表後，籌安會繼之而起，於八月二十三日成立，楊與孫毓筠為正副理事長，嚴復、劉師培、李燮和、胡瑛為理事，電請各省將軍、巡按使派代表晉京討論國體問題，並託其徵求會員，於是肅政廳又放第二砲，九月九日呈請取締該會，有「楊度身為參政，孫毓筠曾任約法會議議長，唱此異說，無怪人民驚疑，應請迅予取消，以靖人心」之語。袁的答覆與上次取締復辟案又自不同，僅飭內政部對該會言論行動酌定範圍。十六日內政部呈覆，「該會發起人皆學識閎通聲望卓着之士，於此次討論界說、範圍亦已鄭重聲明，倘認為有擾亂秩序之虞，自當加以限制，以保公安。」此後續有幾個不達時務不避斧鉞之誅如賀振雄、李誨之流上書抨擊籌安會，均如石沉大海。袁向人表示：「歐戰發生後，國際情勢已變，墨西哥之亂，可為寒心。……我以大總統之地位，實難研究及此；但學者開會討論，根據言論自由之原則，政府無從干涉。……我個人既不想做皇帝，又不欲久居總統之位，洹上秋水，無時去懷，無論他們主張如何，均與我渺不相涉。……此舉可視為學人研究，倘不致擾害社會，自無干涉之必要。」

六君子中湖南人占了三個，而春霆乍震，首先反對帝制的賀、李之流也都是湖南人，另有歐陽振聲等發表「維持國體之宣言」，也是一個湖南人，湖南人真不愧好動民族，南方吃糧當兵的以湖南人為最多，文士中又多有出賣風雲雷雨的極端派，斯亦可謂「極一時之盛」也矣！

籌安會初意欲以各省軍民兩長所派代表組織所謂「請願團」，以變更國體問題請願於參政院，後以迫不及待，改由各省旅京人士組織之，但是袁以為這篇文章不宜做得太馬虎，為屠飾耳目計，於九月六日命政事堂左丞楊士琦向參政院代讀宣言如下：

本大總統受國民之付託，居中華民國大總統之地位，四年於茲矣，憂患紛乘，戰兢日深，自維衰朽，時適隕越。深望接替有人，遂我初服。但既在現居之地位，即有救國救民之責，始終貫澈，無可委卸，而維持共和國體，尤為本大總統當盡之義務。近見各省國民紛紛向代行立法院請願改革國體，於本大總統現居之地位似難相容。然本大總統現居之地位本為國民所公舉，自應仍聽之國民。且代行立法院為獨立機關，向不受外界之牽掣，本大總統固不當向國民有所主張，亦不當向立法機關有所表示。惟改革國體，於行政上有絕大之關係，本大總統為行政首領，亦何敢畏避嫌疑，緘默不言！以本大總統所見，改革國體，經緯萬端，極應審慎，如急遽輕舉，多為窒礙，本大總統有保持大局之責，認為不合時宜。至國民請願，不外乎鞏固國基，振興國勢，如徵求多數國民之公意，自必有妥善之上法，且民國憲法正在起草，如衡量國情，詳晰討論，亦當有適用之良規，請貴代行立法院諸君子深注意焉！

這篇「半推半就」的妙文章是授意參政院另獻「製造民意」之策，該院仰承其意，乃於九月二十日建議「召集國民會議解決國體問題，」復議決「國民代表大會組織法，」於十月二日咨請政府公布，雙十節袁據以發表申令如下：

……本大總統以為改革國體事端重大，倘輕率更張，殊非所宜。但約法所載，中華民國主權本之國民全體，解決國是，自應聽之國民。昨准代行立法院咨請公布國民代表組織法，業經頒令公布，本大總統受國民之付託，以救國救民為己任，民所好惡，良用兢兢，惟有遵照約法，以國民為主體，務得全國多數正確之民意，以定從違，京外文武官吏，更應督飭所屬，維持秩序，靜候國民之最後解決，其膺選舉監督之任者，尤宜遵照法案，慎重將事，用副本大總統遵守約法，尊重民情之至意，此令。

當籌安會炙手可熱之時，有一位廣東人看得眼紅，因為一個大題目被湖南人搶在手裏，他不得不另想題材，以造成其「後來居上」之地位，這人就是癸卯年與楊同考經濟特科的梁士詒。那次他考取第一，楊是第二名，乃事隔二十餘年，楊做了「帝制特科」的榜首，而他正害着「五路大參案」的心病，怎不暗暗吃驚！他畢竟不愧「老謀深算」看清了籌安會祇是建議機關，尚缺少一個行動機關，乃於九月十九日組織「全國請願聯合會」以沈雲霈為正會長，那彥圖、張鎮芳為副會長，向參政院舉行所謂「變更國體」之總請願。自該會產生後，籌安會黯然無光，乃於十月十五日改組為「憲政協進會。」其中羅致了許多參考書，就是前清憲政編查館的草案及五大臣考察各國憲政的報告書。

楊真是不幸，碰來碰去都碰着這個詭計多端的廣東人。熊內閣時代大好交通總長一席被他輕輕一言打消了，現在「新朝首輔」一席看看又將被他輕輕一舉動搖了。除開這個姓梁的廣東人之外，另一個姓梁的廣東人也是不好惹的，就是那個搖筆萬言的梁任公。

「國民代表大會組織法」公布後二十五年開始選舉二十八日以後，各省即陸續舉行所謂「國體投票」到十一月二十日之前，全國一千九百九十三票一致主張君憲。第一幕揭曉後，接演第二幕，就是由國民代表大會推戴「今大總統」為中華帝國大皇帝，並委託參政院為「國民代表大會總代表」恭請大皇帝正位。十二月十一日參政院呈遞第一次推戴書，袁尚欲做一篇「三揖三讓」的妙文，謙稱「功德不足」，將推戴書發還，其文如下：

民國之主權本於國民之全體。既經國民代表大會全體表決改用君主立憲，本大總統自無討論之餘地。惟推戴一舉，毋任惶駭！天生民而立之君，天命不易，惟有豐功聖德者始足以居之。本大總統從政垂三十年，迭經事變，初無建樹。改造民國以歷四稔，憂患紛乘，愆尤叢集，救過不勝，圖治未遑，豈有功業足以稱述！前此隱居洹上，本已無志問世，遭逢時變，謬為眾論所推，不得不勉出維持，捨身救國。然辛亥之冬，曾居政要，上無稗於國計，下無濟於民生，追懷故君，已多慚疚。今若驟躋大位，余心何安，此於道德不能無慚者也！政治保邦，首重大信，民國初建，本大總統曾向參議院宣誓，願竭能力發揚共和，今若帝制自為，則是背棄誓詞，此於信義無可自辭者也。本大總統於正式被選就職時，固嘗掬誠宣言，此心但知救國救民，成敗利鈍不敢知，勞逸毀譽不敢計，是本大總統既以救國救民為重，固不惜犧牲一切以赴之。但自問功業既為足言，而關於道德信義諸大端，又何可付之不顧？在愛國之國民代表，當亦不忍強我以所難也。尚望國民代表大會等熟籌審慮，另行推戴，以固國基。本大總統處此時機，仍以原有之名義及現行之各職權，維持全國之現狀。

夫以袁之「聖德巍巍，冠絕今古，而謙光下被，撝沖逾恆，」參政院既受「兆民委託之重，」豈容默爾而息？不過咀嚼袁的語氣，是授意參政院再做一篇「歌功頌德」的大文章，替他洗刷「欺騙清室」及「背叛民國」的兩重汙點，然後恭承天命，才顯得名正言順。參政院仰體「聖懷，」當晚即草就地二次推戴書，當晚遞上，列舉「經武、」「匡國、」「開化、」「靖難、」「定亂、」「交鄰」六大功烈，及「盡瘁先朝」「毋負民國」等等詞藻，袁始覺「義不容辭，」於十二日下令接受帝位：

據全國國民代表大會總代表代行立法院奏稱……等情，據此。天下興亡，匹夫有責，予之愛國，詎在人後？……但億兆推戴，責任重大，應如何厚利民生，應如何振興國勢，應如何刷新政治，躋進文明？種種措置，豈予薄德鮮能所克負荷！前次掬誠陳述，本非故為謙讓，實因惴惕交縈，有不能自已者也。乃國民責備愈嚴，期望愈切，竟使予無以自解，並無可委避。……第創造宏基，事體繁重，洵不可急遽舉行，致涉疏率，應飭各部院就本管事務，會同詳細籌備，一俟籌備完竣，再行呈請施行。……除將國民代表大會總代表推戴書及各省區國民代表推戴書，發交政事堂，並咨覆全國國民代表大會總代表代行立法院外，合行宣示，俾眾周知。此令：

袁的做工自以為「聲容並茂，」而不知漏洞實多：全國沒有一張反對票，即無異於一篇刻板文章，其尤甚者，莫如各省推戴書一律用「謹以國民公意，恭戴今大總統袁世凱為中華帝國皇帝，並以國家最上完全主權奉之於皇帝，承天建極，傳之萬世」四十五字。記得希特勒訪問意大利時，慕沙里尼因國人不顧呼「希特勒萬歲，」特製片由廣播電台播送，於是「萬歲」之聲洋洋盈耳，道夜闌人靜時，廣播電台忘將播音停止，仍然湧起一片「萬歲萬歲」聲，當時各國傳為笑談，不料二十餘年之前袁家皇帝早已發明了這套戲法，從這裏露出馬腳，後來連偽造民意的密電都被滇黔各省攝影發表，成為民國歷史上一大污點和一大笑話。

還有一點：十二月十一日下午五時參政院討論「大總統覆文，」孫毓筠提議二次勸進，眾無異議，乃屬秘書起草至五時十五分稿成。這僅有的十五分鐘，其間尚須除去發言及表決的十分鐘。二次勸進文是三千字的鴻文鉅製，縱有七步吟詩藻思神速的才子，鈔寫尚來不及，何能咄嗟立辦？有人解釋為「預先搆思，提筆即寫，」可是那篇文章是針對着「大總統覆文」而立論的，則非事前看過覆文不可。袁的大文章總是做得不乾不淨，宋案如此，要帝制戲法時仍然是如此。

袁既允「應天心而順民意，」各地的公文馬上改「鈞鑒」為「聖鑒。」十三日袁在居仁堂受賀時發表名令如下：

大位在身，永無息肩之日。故皇帝實為憂勤惕厲之地位，決不可以安富尊榮視之。且歷代皇帝子孫鮮有善果，平時一切學問職業皆不得自由，故皇室難期發達。予為救國救民計，犧牲一身，犧牲子孫，又不敢避。

十二月十六日，溥倫代表清室勸進，得着新朝「賞食親王全俸」的恩典。此公是前清的資政院總裁，此時代黎元洪為參政院長。

袁又賞有賀長雄的唐人墨跡，有賀具奏謝恩，自稱「外臣，」其文如下：

「外臣酷愛唐人墨跡，拜領之餘，恐惶萬狀。伏維中日親善為二國存亡之所關，亦為世界和平之基礎，外臣叩蒙恩知，備員顧問，進止標的，恆在於是。對於母國，固應確守臣子之分，賣國利外，非外臣所敢為，然事關法律，苟利中國，無害日本，又或見共利於中日二國者，必進而明其治理，使其易於實行。因此之故，犯難亡身，亦且不惜，區區人言，更無待論。燕京風土本與外臣病軀相適，年齒亦正當致力之期，擬即貢其所得，為新朝創業之助，誓致畢生之力，從事於陛下所命之法律事業，以報恩遇於萬一。」

日本報紙大罵有賀，勸他歸化中國。天津日僑於十二月二十三日在大和俱樂部開會，以有賀於日本未承認洪憲帝制之前公然執外臣之禮，實屬有玷日本人的體面，議決予以除名。

最使袁感覺不快的莫如十月二十八日日、英、法、俄四公使提出聯合警告，十一月十一日意公使亦加入，質問帝制能否展期舉行，十二月十三日日使要求袁政府於十五日以前為誠意之答覆，十五日五國公使又提二次警告，其中有若干驚心奪目的外交秘密，皆由袁所自召。袁答覆四國的警告：「帝政出諸輿論，總統認為不合時宜，迭令中止，然主張者日眾，均正要人亦均附和。國體一日不決，人心一日不安，如行中止，必拂民意，反有滋亂。改革國體本屬內政，維持治安由政府負責，請勿過慮。」他又想用鬼話去騙外國人。但到五國二次警告提出時，他才慌了手腳，答以「本年內絕不實行帝制。」

帝制思想源流考

自帝制問題揭曉，西報戲呼六君子為「君媒。」這六個君媒分析起來有三個湖南人，四條烟槍，一個縱橫之士，一個失意軍人，兩個民黨，兩個學者。楊度欲以一手包辦開基大業，這批人都是由他物色來的，其中除李燮和因貧找老朋友要飯吃，偶然碰上了這個機會外，又加入兩個民黨和兩個名士。楊以為這篇文章做得很像樣，但是事實上只有楊、孫二人包打包唱，其餘都不過是「邊務大臣。」

籌安會成立時，楊發表談話稱：「我素為主張君憲之一人。辛亥年組織國事共濟會時，曾建議由國民公決政體，其時因國會未產生，只得從總統之後，成立共和政體。現與同志數人研究共和、君主孰宜於中國，與共濟會之宗旨正同。我以為立憲非君主不可，君主又非立憲不可，這四字不能增減一個。」

孫、胡二人自二次革命失敗後，同黨中人或死或逃，認為民黨殆無死灰復燃之望，而又不甘雌伏，所以化為帝制運動的寄生蟲。胡是個慣走極端的人，革命革到極端，坐牢尚要革命，反動也反動到極端，甘與鳥獸同群而不辭。後來他最怕別人向他做着「六」的手式，橫一個「六」指他是六君子之一，豎一個「六」把大拇指放在嘴唇邊是笑他的大烟癮。

孫解職北上後，袁以壽州孫相國（家鼐）關係，頗推屋烏之愛。民元陸徵祥組閣時曾提出為教育總長，未得國會通過，後乃授以約法會議議長及參政院參政各職。民國二年，他組織「國事維持會」美其名曰「調和宋案」，實有黨袁的嫌疑。後來又設憲政研究會，則陷溺已深而色彩更濃了。這裏得插入一段廢話，假使胡、孫於當年被捕時即「卡察」一聲，人頭落地，則此時早已高高供俸在烈士祠，馨香俎豆，萬世無窮，不料清吏成全他們，卻是毀了他們，把他們從烈士祠一腳踢出，踢到北京腐惡社會之中。凡人留芳遺臭，都只爭此須臾，胡、孫都是好男兒，錯過了留芳機會，身入帝王之都，意志不堅，氣節變壞，正應了「不堪回首」的話。

李燮和是個無所謂的軍人，宋案發生後，才由故鄉到上海（四月二十一日），再轉到北京，以調和南北自命，想借此活動一下，即被楊收羅，變成籌安會的一個配角。

劉師培難以學者見稱，原非氣節之士。四年袁畀以公府諮議，他上了一篇謝恩摺，原詞如下：

呈為恭臣謝悃事。竊師培業耽七略，才謝三長，孝標薦歷艱屯，子駿冀興古學，自維檮昧，幸值休明，粽鄒魯之七經，昔慚呫嗶，誦唐虞之二典，今睹都俞。恭維大總統乾德誕敷，謙光下濟，風宣衢室，化溢靈台，訪辛尹之遺箴，聘申公以束帛，偕偕士子，仲風議而遂棲遲，駃駃征夫，詠諮諏而懷靡及。顧復不遺葑采，忝備蕘詢，班周士之外傳，進漢臣於前席，俾聞國政，責以春秋致用之方，遂候禁宮，置之朝夕論思之地，寵光曲被，隕越滋虞，惟有仰竭涓埃，冀圖報稱。中遠猷於辰告，勵亮節於寅恭，爾有嘉謀，庶備南宮之專對，朝無闕事，願虧東觀之遺書。

楊的「君憲論」發表後，劉亦作「國情論」，步其後塵，且發表「告同盟會諸同志」一文，滿紙不離乎「一民主義，」無非說，「民族革命已成，你們再鬧些什麼？」他的論調是不值一辯的。

六人中只有嚴復較冤。他素染烟霞癖，每月到校（北大）僅數次。海軍總長劉冠雄是他的門生，曾保之為總長而自願降格做次長，袁親批「斷不准行」四個字。他和袁克定接近是事實，克定要網羅名流，因走脫了梁任公，就把他抓來湊數。當他列名為籌安會發起人時，馬良（字湘伯，亦參政之一）調侃他說，「晳子、少侯年紀都很輕，前程無量；又陵（嚴字）偌大歲數，又何必多此一舉！像我七十老翁，早已無心干祿了。」

以上是六君子沆瀣一氣的經過。他們的政治主張亦有所本，茲復探討其路線如下：

要說漢人排滿的民族革命思想，須從明末說起。清軍入關後，明末遺民苦心毅力保存民族文化種子，大概可分為三派：㈠慷慨死難，長留正氣於人間，以昭後世；㈡退隱山林，為僧為道，或潛伏社會底層，以各種秘密方式散播種革命思想於江湖間；㈢借講學宣導正氣，這一派後來由鴉片戰爭起經甲午國恥以至辛亥革命，又滲合西洋文化，勃然而放民族革命及民主政治之花。

換言之，種族革命乃漢人固有思想，政治革命乃受外來文化洗禮，中山先生集其大成，演進而成保存固有文化，接受近代思潮的三民主義。當初滿清借流寇倡亂的機會入關，明室因以覆亡，但是民族文化所灌溉的血花是永不枯萎的：孔子作春秋，昭示大義，不外「內諸夏而外夷狄」，「諸亂臣賊子」，「撥亂世而反於正」，這些早已養成了漢人的民族精神，屹然垂諸久遠。明末鉅儒顧亭林、黃梨州、王船山、李二曲、顏習齋等，其師友門人徧南北，街學兼漢宋之士，戚然有「中夏淪於夷狄」之憂。那時滿人岌岌軍事，無暇布置文網，所以他們着書立說，未有任何阻力。

明福王、唐王、桂王相繼流竄於蘇、浙、閩、粵間，從亡、殉難之士，以這幾省人士為最多，所以這幾省對於遺民故事與血淚史，口述筆傳，壁藏井窖，其所留存的亦最廣。道雍正、乾隆之交，滿人已知欲征服一民族，單恃武力是不成功的，必須取締其文字，改變其思想，乃密布文網，而有慘絕人寰的剃髮案與文字獄發生，駢首就戮者每達數十人或數百人，罹難者又莫非明末諸儒的門人信徒，尤以顧、黃、王之門人為最多。

此後江南文化之區，慴於淫威，不得不改變先民講學衛道的作風，專攻章句訓詁之學，標漢學與宋學為敵，斥宋學背忘孔子的微言大義。後來事實所表現的，清代宋學諸儒均不談種族革命，而保持革命思想之一線源流，不能不歸功於漢學諸儒。換言之傳播明末遺民之文化種子的，都是當時的漢學家。

樹宋學之幟的，有方苞起於皖北之桐城，樹漢學之幟的，有江永興於皖南之婺源。後來傳方氏衣缽的，奔逐名韁利鎖中只知發揚所謂「忠君大義」而忘夷夏之防，而江氏教澤所及，則其峯疊起，一方自休寧人戴東原以後，清代注經之儒風起雲湧，超唐軼漢，一方抱殘守闕之風遍乎大江南北。後來曾國荃刻船山遺著，意在表揚鄉先達，不料無意中替民族革命思想闢一路線，因之吳、越、兩廣諸儒爭先徵集明末遺著，以發潛闡幽為其畢生事業，是為明末遺民學派之復興時代。

戴氏一脈相傳，除蘇、常外，以揚州為最盛，高郵王氏父子及江都阮氏為其代表。儀徵劉氏是戴氏的再傳者，劉孟瞻受學於凌曙（凌治董子春秋繁露，繁露乃公羊學）治左氏春秋，撰春秋左傳舊注疏證一書，草創凡四十年，已寫成長篇，但疏證僅寫成一卷就死了。孟瞻是師培的曾祖。同時有寶應人劉寶楠治論語，纂論語義疏，時人稱之為「淮東二劉」。

孟瞻傳業於其子伯山，未竟父志而死。伯山有兩子，長恭甫，早通許、鄭之學，繼先人之志，編至魯襄公四年又死；次良甫亦早死，恭甫之子師蒼（字張侯）五歲能詩，有「山外夕陽多」之句，不幸於二十九歲溺死，良甫之子師培（字申叔）擬先成讀左劄記，疏通故說，並比核公、穀兩家異同，然後續成先人之志，他博覽諸書，窮究古今學術來源，並搜集明末遺民故事為之立傳，寫成百數十篇。

戴氏漢學風靡一時，又有常州莊存與、莊祖述及劉逢祿等異軍突起，倡公羊之學，由魏默深、龔定庵傳至王壬秋、朱九江，朱的弟子康有為以公羊倡素王改制，發揚三統三世之義，欲執一經以廢諸經。王的弟子楊度傳其縱橫之術，褎然而居六君子之首。

根據以上分析，楊、劉的思想源流雖微有不同，都是受了春秋大義一線相傳的影響，不過劉僅知「排滿」，楊則進一步主張「立憲」，然而他們畢竟都是食古不化的書獃子，所以都變了時代落伍者。

劉申叔與黃季剛

說過了思想路線，再將劉的身世特表如下：他是江蘇儀徵人，生於光緒十年，以舉人保薦知府，曾充學部諮議官。自乙巳至辛亥六年間，與鄧實、黃節、陳去病、章絳等倡「國學保存會」於上海，辦有國粹學報，那時劉的名字叫光漢，寓有光復漢族之意。章絳就是後來號稱國學大師的章太炎。

劉博覽群書，經史百家無所不通，旁及釋道諸經典，心得甚多，不剽竊前人餘緒，時人因以「好為大言」譏之。國粹學報表面為研究學術的刊物，暗中係鼓吹革命的一種報紙，所載滿、胡兩字都加上一個框框兒。陳去病搜集明末殉難材料，且將清廷列為「禁書」者，逐期刊載。劉則着有「攘論」、「中國民族誌」，均係傳誦一時之作。張炳麟（太炎）等創「光復會」時，劉是該會的一枝健筆，有橫掃萬軍之概。後來亡命日本，仍不失為氣度觥觥的革命志士，他不幸娶了一個風流跌宕的老婆，志士做不成，有人說他變成了出賣志士的清廷鷹犬。

他的夫人何震女士，即當時在東京出頭露面的交際花，黨人疑之為偵探，漸漸劉亦被人疑為偵探了，大家目逆而耳語：「劉光漢已做了石榴裙下的工具了。」

大凡一個人在少年求學時代是受父母師長的影響，而成家立業之後，往往又受夫人的影響。你自己覺得你是堂堂大丈夫，不為婦人女子所支配嗎？那是你錯了，須知女人向丈夫進攻的機會最多，而其進攻的勇氣亦最大；你今日不聽，繼之以明日，你白天不聽，繼之以夜晚，非使你唯唯聽命不可。假使你圖省麻煩的話，那就是屈膝之初步，而此膝一屈，不可復伸，乾綱墮地，不可復振。古今來若干英雄豪傑之士多有誤於夫婦間圖省麻煩之一念的。

劉是根本不懂政治的人物，除讀書不糊塗之外，做人處事無一是不糊塗。像這樣一個糊塗人，怎會做端方的偵探，不用說是受了太太的影響，而太太怎會影響他走着這條路線，不用說又是受了富貴名利的影響。

端方卸任兩江總督時，劉惘惘無依，後入川任國學院講師。辛亥事起，漢人的錦繡河山光復了，劉的志願獲伸，然而他得罪了民黨，川中民黨意欲置之於死，賴有章太炎之一電，「若殺葉德輝與劉光漢，則中國讀書種子絕矣！」才把他由鬼門關推回陽界來。

生命是保全了，但生趣毫無，到處都罵他是民族革命中的一個叛徒。幸虧太炎做好人要做徹，薦往北京大學文科主講，才恢復了他的文士本來面目。

面目是恢復了，終覺鬱鬱不得志，幸而又有搜集古董的袁總統，先後委充公府諮議、教育部編審、參事上行走、參政院參政、上大夫（四年十月明令王闓運現在請假，任劉署理參政，同年十一月授為上大夫）他焉得不感激涕零而欲竭涓埃之報。

他的第一座靠背山是冰山，不料第二座靠背山仍然是冰山：袁的皇帝做不成，命亦活不成，劉像風箏斷了線，又像做了一場黃粱大夢。幸而又有愛惜人才的李經羲，祇輕輕一言把他從禍首名單中剔除。剔出是剔出了，僅隔三年，他仍然走到鬼門關，此番卻無人推之再回陽界了（死於民國八年十一月二十日，年僅三十六歲）。彌留時叫人把他的同事黃侃（季剛）找來，當黃靠近榻邊的時候，他勉強撐着震顫的手，在枕頭底下拿出一部鈔本來遞給黃，是他畢生研究得來的音韻學。他吐着悽咽的聲調說，「我一生當論學而不問政，因一念之差，誤了先人清德。此學非公莫傳，聊作臨終之自贖吧！」他說了幾句話，不禁氣促聲嘶，顯着很難過的樣子。

黃連忙爬在地下磕頭，拜他為師，他臉上掛着一絲笑容而逝。

黃是湖北蘄春人，章太炎呼之為大弟子，章瘋子名聞全國，黃瘋子亦大大有名。黃拜劉為師是心悅誠服，而章之為師則由於章特別稱賞他，非請他當「弟子」不可。章的意思好像「當今文人得為太炎弟子，則其名不朽。」這是一種善意的動機，所以黃笑而受之。

黃瘋到那一等程度呢？他從湖北到北京，又從北京回湖北，都帶着一件特別行李——棺木一具——是他生母的壽材。母親一日不死，這件行李就得帶來帶去不停。你猜他因何輿櫬而行，難道怕北京沒有好棺材店？原來這個「木匣子」是他父親親筆寫銘，他不能離開母親，母親不能離開「木匣子」，所以無論天南地北，這件行李已成為隨身必帶的行李了。

他的父親雲鵠為有名循吏和經學家，宦游四川最久，課子極嚴，漢書、史記非從頭背到尾不可，他之有今日，是在父親疾言厲色下養成了的。他藏有「夢謁母墳圖」一幅（雲鵠元配）自己作記，蘇曼殊為之作畫，章太炎為之題跋，是近代名作之一。

五四運動將發生之前，北京大學顯然劃分為兩大壁壘，胡適、陳獨秀、錢玄同為新派中堅，劉、黃與林紓為舊派健者。劉不久歸道山，遺着有國學發微、清末學術史、左庵文集五件、讀左劄記、論文雜記、中古文學史數種。（黃死於民二十四年十月八日。）

若說章、黃是瘋子，劉亦未嘗不瘋，他月餘不剃頭洗面，望之活像一個瘋子。民國四年間，教育部高等司長易克臬到白廟胡同大同公寓訪問他，他一面看書，一手拾饅頭蘸墨而食，几上置有醬油碟，他把饅頭錯蘸在墨盒裏，與清初朱文正（珪）蘸銀硃吃角黍如出一轍。中國文人往往都帶有半瘋半癲的一種習慣，所以有「狂士」「書獃子」一類字眼。嚴格分析起來，不獨文士為然，尋常人那個不帶有幾分瘋氣？世界原為瘋人廣場，所謂赫赫武功，所謂侵略主義，都不啻瘋性發作耳！

劉死後，其妻何震竟以瘋病辭世。

劉有「書楊雄傳後」詩一首，自謂係游川時舊作，但揣其語氣，似為帝制失敗後解嘲之作，特附錄於後。

荀孟不復作，六經秦火餘，篤生揚子雲，卜居近成都。文學窮典墳，頭白勤著書，循循善誘人，門停問字車。法言象論語，太玄開潛虛，反騷弔屈平，作賦比相如。訓纂辨蝌蚪，方言釋蟲魚。雖非明聖道，亦復推通儒。紫陽作綱目，筆削更口誅，惟據美新文，遂加莽大夫。吾讀華陽志，雄卒居攝初，身未事王莽，茲文得無誣。雄本志淡泊，何至工獻諛，班固傳信史，微詞雄則無。大純而小疵，韓子語豈疏，宋儒作苛論，此意無乃拘。吾讀揚子書，思訪揚子居，斯人今則亡，弔古空躊躇。

嚴幾道與林琴南

六君子中另一學者為嚴復。嚴號幾道，字幼陵，又字又陵，福建侯官人生於咸豐三年，卒於民國十年，享年六十有九。同治年間沈葆楨創船政學堂，嚴以第一名考取入學年僅十四歲。光緒二年派赴英國學習海軍。每試輒冠其曹。外傳與日本伊藤博文、大隈伯及德國俾士麥同學，三人皆望塵莫及，然其後皆為名相，嚴讀以弱國學者列名於六君子，為士林所齒冷，這是穿鑿附會之談，大隈未出洋，（大隈未出國門一步，不識西文字母，而先後任外相及首相，平日頗以此自豪。）伊藤僅赴德國考察憲政，與嚴若風馬牛之不相及。

嚴精於數理之學，兼涉社會、法律、經濟諸科。歸國後受李鴻章之聘為北洋水師學堂教授，鬱鬱未見大用。庚子之亂，避居上海時有志士唐才常等在張園召集「國會」籌救亡之策，嚴與章太炎等皆到會，眾推容閎為會長，嚴為副會長，章當眾剪辮以示排滿決心，遐邇為之震動。清廷下令通緝到會諸人，嚴匿居租界，以譯着自遣，先後成天演論、名學、群學肆言、群己權界論、原富、法意、社會通詮、名學淺說、中國教育議諸書，文名大噪，而海軍、砲台諸學反為所掩。以古文介紹西方學說的，嚴為國中第一人，常謂譯事之難，當求其「信、達、雅」三善兼備。他和同鄉人辜鴻銘、林紓均為一時文壇之雄。

光緒與西太后同殂，清廷再倡新政，嚴又脫穎而出，授海軍協統及文科進士出身，以新才碩學名滿都下。辜、林雖與之齊名，但三人各走着一條路線；他是專辦入口貨的，把西洋學說介紹到中國來，辜湯生是專辦出口貨的，把中國思想運輸到西洋去，林畏廬卻是推廣國貨的，以古文通俗為其終身之職志。

辜在德、法兩國留學，歸國後曾入張香濤幕，此後即寢饋於中國典籍，有英文作品「春秋大義」問世，是一位學貫中西的文壇怪傑。其思想為復古派，反對共和，不求仕達，但對於同鄉人陳寶琛、鄭孝胥等之眷懷故主，則又投以卑視的眼光。他的記憶力特強，精通數國文字。生平有一奇癖，喜看裹足女人，他說女人足小則臀部必肥大，舉步必婀娜多姿，其怪誕不經若此。又盛倡多妻制，反對女權，怪論百出，使人聞之絕倒。

我說文人都有一種怪脾氣，換言之，即無不帶有幾分瘋氣，嚴又陵亦然。他的怪脾氣是喜唱反調，人人說東好，他偏要往西，等到人人都向西時，他又拼命地走向東了。袁任北洋總督時，慕其名，卑詞相招，他說，「袁是什麼東西，夠得上延攬我？」等到袁被貶失勢時，他又盛誇「此人乃朝廷柱石，奈何自壞棟樑？」民國成立後，出任京師大學堂監督。袁氏父子特別看重他，先後聘為公府顧問、參政、約法會議議員各職。

國人均贊夷共和，他的反調又脫口而出了，說「人民程度不及，徒有共和之名而無其實。」這議論頗能配合袁的胃口，所以暗中提醒楊度說，「此人若為我用，則帝制增色不淺。」

楊是個「包攬帝政」的角色，不願多容納大名鼎鼎的政治家，卻想抓着幾個無政治野心的書獃子做招牌，乃三踵其門而乞教焉：第一次問候數語而退，第二次從遠處落墨，用亦莊亦諧的語調向他說，「我近來運氣很好，賭錢贏錢，做生意得利。現在想組織一所規模較大的公司，邀幾個老朋友合股，大家分幾文用用。」第三次卻單刀直入，以言挑之道：「嚴先生，你素來反對共和，德皇威廉二世亦謂共和之制行於中國，必亂，中國不治則世界亦必亂。你看改行君主制何如？」

楊善於摸袁的脾氣，卻摸錯了嚴的脾氣。假使他說：「嚴先生，共和確為救時之良藥，」則嚴也許中了他的激將法，但楊做了正面文章，所以嚴的答覆是：「國事非同兒戲，豈容一變再變！」

楊說，「中國非統一不可，欲統一則非得一大有為之君不可。我們想發起一種研究國體的團體，你加入為發起人何如？」

楊的文章越做越不靈，嚴的態度愈趨愈冷。他說，「你們何必研究，稱帝稱王，自為之可耳！」

但楊仍不氣餒，湊近一步說：「嚴先生，你錯了，政治主張不本學理而行則不順，學者不以其所學貢之於國家則不忠。你是才望俱隆之士，何可高臥不出，而坐視國事之敗壞！」

這一拍才拍動了嚴的心，說：「好吧，你們去提倡，我來附驥。」

隔一天，嚴在報紙上發見籌安會發起人有他的大名在內。他正在茫茫然，忽有急足遞到楊的一封信說：「此乃極峯之意。極峯素重公，已代為署名，拒之恐有未便。」剛剛看完了信，門房舉着慌亂的腳步進來說：「不好了，我們門口有大兵把守了！」

籌安會公開活動時，袁怕有「暴徒」侵害他的功狗，一家家派有武裝兵士二人前往守衛，西城舊刑部街嚴宅自亦在內。但嚴更茫茫然了，於「拒之未便」之後，繼之以「大兵守門，」非軟禁而何？

籌安會開會通知單一次次送上門，他既不移步到會，亦不否認列名，像甘地的「不抵抗主義，」又像近代的「靜坐罷工法。」不久，梁啟超異哉國體問題一文發表，袁想借重他做一篇煌煌大文抵制一下，派夏午詒登門以巨金為壽。這次又摸錯了他的脾氣，他淡然答道：「我老了，已不怕什麼了，文章做不來，你們另請高明去吧！」

他的老朋友林紓氣喘面白地跑來說：「又陵，你怎麼幹出這樣的事！無論袁家成敗，都是你的盛名之累呀！」

嚴祇淡然說：「不相干，讓他們去鬧吧！」

林說：「你要否認呀！」

「不否認也罷，」嚴又出之以漫不經心的態度。

後來帝制取消了，守門兵士撤退了，袁死了，楊度也走了，通緝禍首令將下了，林又氣喘面白地跑來說：「又陵，你要離京呀！」

嚴仍淡然說道，「不離京也罷。」

林急得搓手跌足說：「不離京，也許要坐牢，老朋友要救救不來。」

嚴說：「老朋友，你莫急，是禍事不能逃，能逃不是禍事。我老了，已不怕什麼了，文章我未做，都是他們做的。是非終可大白，不妨聽之任之。」

兩個白髮婆娑的老友，一個局外人緊張到極點，一個當事人卻安閒到極點。幸而尚好，平日此老屢次應考，都中了第一名，而這次禍首名單竟名落孫山之外。嚴之不肯自白與王湘綺被人捏名勸進後之不肯自白同，文人都有一種怪脾氣，薑愈老而愈辣，文人愈老而愈倔強，賢於患得患失，畏首畏尾的後生小子遠矣。

林、嚴雖同里實非總角之交。林生於咸豐二年（卒於民國十三年，享年七十三）長於嚴一歲。家貧，貌寢，鼻生巨瘤時有綠涕流出。父沒時窮得不能舉火。他的父親在台灣謀生，每月祇匯回家用三十元，母子二人省吃儉用留下餘錢買破書。他的學問大部分是從破書中得來的。父死後，在王薇庵家教書（戊寅年，）王本身也是一位教書匠。他看見王的兄嫂虐待他們兩夫婦，而他們事之益恭，不覺肅然起敬。王看見他下筆萬言，不費推敲之力，亦不覺大為傾服。王喜讀他的文章，相處七年後王得病將死，喚林至榻前說，「請把你的新作品讀給我聽，我們從此別矣。」

王嚥氣之前，他的妻子淌着眼淚說：「林先生是忠厚人，你無一語托孤，將來元龍（王的兒子）怎樣？」

王說：「你放心，不托孤與拖孤一樣。」

王死後，林料理其喪，把他的一子一女帶回家中，後來女嫁了，元龍讀書十年，入了學，才與林分居。王死後不及二年，林的另一友人林述庵亦死，林亦料理其喪，亦把其子阿狀帶回家中，亦讀書十年，亦入學，兩子均以詩文名世。

林於光緒八年中舉人，得閱李畬曾太守家藏書，學業為之大進。任京師大學堂教習時，夫人劉氏謝世，其友高而謙介紹曉齋主人（名王壽昌，精法文）與之合譯茶花女遺事以解愁，是林譯小說之第一部。（書成於民國成立前署名冷紅生，在北京曉書肆出版，民十二年始在商務重版。）林覺得用古文筆調寫小說，寫得入情入理，使人人能讀，亦文士不朽之業，故所譯小說愈多，友人（或門人）口述甫竟，他的文字早已寫完，不加竄改，敏捷一如宿搆。那時嚴向商務當局盛贊茶花女一書之淒婉有致，介紹他的譯品在商務出版，從此兩人遂為知友。

林到北京會試禮部後，太夫人染病逝世，從此不肯再入場。他說，「我視功名如糞土，所以隨俗浮沉者，欲以娛老親耳！今老親撒手而去，我要功名做什麼！」他的小說越譯越多（其作品凡一百五十餘種，共一千二百餘萬言）益以售畫所入，每月不下萬金。陳石遺戲呼其書齋為「造幣廠。」他同樣有着文人獨特的怪癖，曾久謁崇陵（德宗陵），自稱「清室遺民，」他卻是贊成共和制度之一人。民國出成立時，毅然剪去辮髮，以為諸老倡。民六復辟之亂，他屢次函勸同鄉人陳寶琛、鄭孝胥等，謂此舉不僅足以危害國家，且足以危害清室。這類矛盾的動作和不可捉摸的心理，使其親友茫茫然。他自己的解釋是「我中過舉人，已受前清功名，所以自覺已是一個遺民了。我承認我的思想太落伍，但是做人的方法不可不如此。」

林以文人而精劍術，與譚組庵精射擊之術同。雷其七旬大壽時，設宴款待門人，談到幼年習劍時的一段故事：他常常提劍入山，一次遇見三個強盜打劫一個老翁，他舞劍把強盜打退，把贓物奪回，伴送老翁回家。他說到這裏，不覺技癢，在劍匣中揀了一口，颼颼地舞動起來，旁觀者薇之舌撟。

他宴客時，每每一會兒離席，一會兒就座，客人問他「何事忙，」他說「這些菜大部分都是我親手所調理的，你們嘗嘗看，味道好不好?」客人說：「好是好極了，不過先生會詩、會文、會畫、會劍術，又會自製佳肴，何夫子之多才多藝也!」林不覺慘然說：「當年我很想做幾樣可口的菜給先母吃，常常跑到附近一個鄉宦家，在廚房裏幫助廚子料理雜務，由此偷偷學得點做菜經驗。」

林自與嚴相識以來，即知道他是個立異鳴高，個性倔強，行止不甚檢束的老怪物。帝政失敗後，遠近一片勸退聲，他又發表「非袁不能維持殘局」的怪論；別人謂「袁一無是足取，惟練兵乃其特長，」他說：「袁練兵數十年，而軍實不充，紀律不嚴，徒然養成了驕兵悍將，不獨不能以之對外，即對內亦外強中乾，所以練兵是袁的最大短處。」

別人恭維康梁不愧先知先覺，他說：「誤清室者乃此二人，誤蒼生者亦此二人。西后殘年待盡，倘康、梁不採取急進態度，則德宗終可暢行其志。乃康熱衷過甚，卒演成賣君、賣友慘劇，而彼隻身遠竄，施施然以忠臣志士自命，堪云無恥之尤。梁則出風頭之念有餘，就國之心不足，不惜以昨我與今我宣戰。」

別人說，「袁死黎繼，天下從此該可以太平了！」他說，「不行不行，黃陂德有餘而才不足。」別人恭維段祺瑞再造共和之功，他說：「當初電請維持君憲的是他不久電促清帝退位的也是他。他反對項城又處處步武項城。」

民六復辟時，別人向他說：「真命天子在上，先生可以出而仕矣！」他搖頭太息說：「張勛何人？康有為何人？徒以愛清室者害清室。」

蘇聯革命成功後，共產主義風靡一時，他又搖頭太息說：「不料闖、獻之亂復見於今日！」

總之，他與別人走着極端相反的路線，人之所好者惡之，人之所惡者好之。他死後十一年正月林有「告嚴幾道文」，有數語如下：

嗚呼，當塗篡竊神器之時，乃籠檻及君。君翛然卻其金，不署勸進之表，顧乃以「中國不宜共和」一語，竟竄名入黨籍中，使君抑抑無可自伸，一腔之冤，不能敵萬眾之口。而吾獨知君者，以君假吾柳州之文，手加鉛，知君知屬意於柳州，蓋自方也……

嚴死之第三年，林亦病沒於京師。林子女甚多，其友高夢旦、李拔可等迎其幼者來滬就讀。林過去教養故人的子弟，其子弟亦為故人所教養，可謂「種瓜得瓜，種豆得豆」了。

帝子蒼茫醜劇多

袁當政時代的流行名詞有「一德龍興」北洋三傑、嵩山四友、四凶、六君子、七小人、西山十戾、十三太保等。

北洋三傑乃王龍、段虎、馮狗之總稱。龍是說王聘卿「神龍見首而不見尾。」虎是說段芝泉善怒而有威，馮華甫好說話故有「狗」之稱。（四友之外，尚有將三傑和蔭昌封為四大將軍之議。）

四凶乃趙秉鈞、陳宧、朱啟鈐、梁士詒四人。趙、陳、梁等的身世前已寫得很多，這裏無再述之必要。朱是貴州紫江人，交通系三巨頭之一（另二人為梁與周自齊）舉人出身，與前清軍機大臣瞿鴻禨有戚誼，曾拜徐世昌為義父，徐任東三省總督時曾任之為蒙古開墾督辦，派往日本北海道考察墾務。錫良到東後，調之為津浦路總辦。後以徐力，於民元七月任陸閣的交通總長，歷趙、熊、孫、段、徐諸閣，屹然維持其閣員地位，任交通或內務總長兼為袁的大典籌備處長。袁死，為八大禍首之一，七年二月奉令特赦，八月當選為安福系國會參議院副議長，旋任南北和議北方總代表，八年八月辭職，以王揖唐繼其任。

要寫洪憲醜劇，不能不把這批人物點綴一下。袁收了八十三件請願書，僅僅做了八十三天的皇帝夢，若把當時的醜劇一一筆之於書，恐非出專冊不可，現祇粗枝大葉地談談。

第一是六君子的怪劇。

楊度自唱開臺戲以來，以為內閣總理一席，不能取之於民國者，將見之於洪憲新朝。後來事實與其理想距離太遠，各武人不肯替他捧場，又有梁士詒特其長袖善舞的地位，以實際行動（聯合請願）戰勝了空談學理的籌安會，所以「皇帝」尚未登基，楊的聲光已有江河日下之勢。他的毛病就壞在「獨占慾」，一切事包打包唱，不願別人搶去他的功，以此同一階級都很厭惡他，政治上陷於孤立地位。再則，時人各引武力為外援，至少必有一二省武人為其背景，楊則專向一人之喜怒，不屑與赳赳武夫為伍，所以從「軍」「政」「黨」三方面分析起來，他唱的是獨腳戲，論財力一無憑依，論武力手無寸柄，焉能一躍而居「一人之下，萬人之上？」當時盛傳「皇帝」登基後新閣名單，有以教長位置楊之說，而籌安會副領袖孫毓筠反有內長之望，楊早已薄此席而不為，現於建立其勛後，仍叫他回到昔日「幫忙不幫閒」的地位，其懊惱可想而知。

他還鬧了一次笑話：滇黔起義時，袁徵集大批西南地圖以備行軍之用，有日本人向楊說，藏有中國最詳地圖一種，是從日本參謀部盜來的，楊據以入告，袁叫他重金收買，說來說去，最後以九萬元成交。但其時四川已停戰，地圖遂擱在楊的手裏。後有友人借觀，不覺大笑說，「你做了冤捅了，我有一元一本的地圖，比你的詳細得多。」回想丁未年頤和園開講憲政時，鄭孝胥密陳富強之策，楊聽了嗤之以鼻，從此把名流看得一錢不值，不料他現在以「曠代逸才」上了日本人的騙，把不值一元錢的地圖視為征南秘笈，寧非「一丘之貉！」

袁欲得名流遺老的推戴書以資點綴，湘綺老人是楊的老師，自不能無所借重。四年十二月十五日此老果由衡州來電云：

大總統鈞鑒：共和病國，烈於虎狼，綱紀蕩然，國亡無日。近聞伏闕上書勸進者不啻萬餘人，竊謂漢語演有云：「代漢者當途高」，漢謂漢族，當途高即今之元首也！又明讖云：「終有異人自楚歸」，項城即楚故邑也，其應在公！歷數如此，人事如彼，當決不決，危於積薪。伏願速定大計，默運淵衷，勿委過於邦交，勿撓情於偏論，勿蹈匹夫硜手之節，勿失兆民歸命之誠，使衰年餘生，重睹天日，闓運幸甚！天下幸甚！闓運叩刪。

袁即日電覆如下：

衡州王館長鑒：刪電悉。比者國民厭棄共和，主張君憲，並以國事之重付諸藐躬，夙夜徬徨，罔知所屆。外顧國勢之棘，內凜責任之嚴，勉徇眾請，力肩大局，春冰虎尾，益用兢兢。尚冀老成碩望，密抒良謨，框予不逮。世凱。

各省勸進電皆不得覆，時人對此莫不驚為異數。然而這個電報是偽造的，是年湘綺老人行年八十有五，行將就木，復何所求，要「重睹天日」幹嗎？他讓得意門生「偷奸」一次，事後一笑置之。實實在在他祇做過一副嬉笑怒罵的對聯：「民猶是也，國猶是也，無分南北。總而言之，統而言之，不是東西。」

當皙子垂頭喪氣之日，正少侯揚眉吐氣之時。他自謂「大病不死，大難不死」，從此皈依佛法，但他參過歡喜禪，墮過脂粉地獄，跳不出名圈利網，忍不住意馬心猿。四年十月，他延請諦閑、顯珠二大法師在江西會館講經，劉師培為之作啟，並擬開辦佛教大學一所，有人建議向全國僧尼籌集基金，發行僧尼證，每人出證金一元，全國僧尼以一百五十萬計，可得一百五十萬元。後以此舉太荒唐而罷。

孫又介紹諦閑至團城與克定見面。克定說：「年來多病，病中看經典頗有心得。」諦閑告以「公子地位將來必為國家負大責，請愛惜此身，留為世用。入世法與出世法本自圓融。」克定聽得醰醰有味，許以「將來若有那一天，必為佛門盡力」，留居三日乃別。

孫的另一籌款方法是徵收烟土印花稅，每兩納二元，每年可得鉅萬，這是以參政名義向參政院提出的。當時有任孫為甘陝禁烟督辦之說，後亦未成事實。

當國體投票之前，梁士詒有「民國立君說」，又有人發表「反對歸政清室說」、「主張世襲總統不變更民國說，」「對內用尊號，對外仍用總統名義說。」孫着「反對世襲總統議，」是六君子的第三篇煌煌大文。

六君子之中以李燮和為最消沉籌安會宣言發表後，忽有龔先曜其人謂係光復軍宿將，控李冒領軍餉盡入私囊又有「李百端恐嚇，謂吾為籌安會理事，何求不得，若再嘵嘵不已，即交軍政執法處、步軍統領置之死地」等語。李正在「頭痛醫頭」之際，又要「腳痛醫腳，」報載四等嘉禾章、前湖南省議會議員、湖南公報經理李誨乃燮和之弟，忽有大義滅親之舉，請誅六君子以謝天下。那時李誨與不避斧鉞之誅的賀振雄齊名，輿論均謂首先發起帝制的是湖南人，首先反對帝制的也是湖南人，且將湯化龍、湯薌銘兄弟與李誨、李燮和兄弟並列，以其同為兄弟而路線不同之故。

第二是女界的趣劇。

請願團體有所謂「車夫請願團、」「乞丐請願團，」據說都是花幾個銅子零零星星雇來的，而當中之最別緻者莫如「婦女請願團，」發起人安靜生女士，人呼之為「安大浪。」其請願書有云：

「既云全國國民，自合南女而言。使請願僅男子而無女子，則此跛足不完之請願，不幾奪吾婦女之主權乎？靜生等以纖弱之身，學識謭陋，痛時局之俶擾，嫠婦徒憂，用是不揣微末，敢率我二萬萬女同胞，以相隨請願於愛國諸君子後。」

大名鼎鼎的「英雌」沈佩貞剛出獄（因與報館打官司）未列名該團體，不失為潔身自好之女士。自該團宣言在報端披露後，有女生楊淑儀、陳秀文、梁秀英等遍發通啟：「政界中之請願者，希望封爵位也，女界中之請願者，希望為妃嬪也。安靜生本一賤婦，望我諸姑姊妹勿與賤婦為伍！」

第三是報館的苦劇。袁的御用紙亞細亞報，薛子奇主之。後來薛為八大禍首之一，而六名六君子的嚴、胡、劉、李反不在內，若干頭角崢嶸之士亦不在內，頗有人為薛呼冤。但有好事者戲謂：「薛子兩字連起來是一個孽字，奇字分開來是大可二字。且薛以大可為字，蓋謂此公大可為帝制餘孽也。」

上海為反對帝制的輿論中心。四年九月，該社在上海開設「分店」，謂已延攬名記者黃遠庸、劉少少等主持筆政，不得，黃登報否認，連那個自稱「小主」的少少亦望望然不屑與之為伍。滬分社發報之翌日，黨人餉以炸彈，此後連續被炸數次，嚇得館中員司不敢到社服務。梁發表「異哉所謂國體問題」一文後，該報懸賞三千元征文駁之，並以每千字二十元為筆酬，徵求雜着小說，竟無一人應徵。同時袁禁止各報登載有關國體的各項文字。（袁的機關報國權報，字五千元旦起，改稱中華帝國。上海各報則用極小字刊着「洪憲元年」四個字。）

屈膝將軍何多

第四是各路諸侯的活劇。

各路諸侯對帝制運動活動最力的是奉天將軍段芝貴，態度最冷淡的是江蘇將軍馮國璋，最起勁的是湖南將軍湯薌銘和安徽將軍倪嗣冲，事袁最忠的是湖北將軍王占元，最奇特可笑的是辮帥張勛與鬍帥張作霖。

段由湖北調任奉天後，九月連合十四省將軍密呈速正帝位，列名者有振武上將軍龍濟光（粵），署彰武上將軍王占元（鄂），咸武將軍陸建章（陝），德武將軍趙倜（豫），同武將軍閻錫山（晉），開武將軍唐繼堯（滇），興武將軍朱瑞（浙），靖武將軍湯薌銘（湘），昌武將軍李純（贛），安武將軍倪嗣冲（皖），泰武將軍靳雲鵬（魯），成武將軍陳宧（川），鎮安左將軍孟恩遠（吉），鎮安右將軍朱慶瀾（黑）。附帶列名者有將軍銜甘肅巡按使張廣建，察哈爾都統何宗蓮，綏遠都統潘榘楹，貴州護軍使劉顯世，福建護軍使李厚基。惟宣武上將軍馮國璋與定武上將軍張勛均無名。

四年春夏之交，各路諸侯紛請入覲，袁一一召見，且慰勉有加，是帝制運動的第一幕。當中有一位不夠將軍資格而附於將軍之後的一位將軍——第二十七師師長張作霖，亦於四年七月二十五日奉召入京。璋與馮麟閣（二十八師長）同時受撫，先後隸於東三省總督趙爾巽及綽號「快馬張」的張錫鑾麾下，由南澳鎮總兵段有恆作保，有恆是段芝貴之父，人呼之為「段老太爺。」

錫鑾是袁的老把兄，時為奉天將軍，年已七十餘歲矣。四年春天，袁召之入京詢以對改革國體的意見，錫鑾是上了歲數的人，耳不聰，目不明，以外交棘手為言，期期不以為可，袁就有把他打入冷宮之意。張（作霖）是奉天的實力派，故有破格召見之舉。張怕袁把他誘到北京來把他殺了，又不敢抗命不來，乃調兵一營為衛，懷着鬼胎入關，請雷震春帶領入覲。

凡是沒見過張的，都以為必是一個長着紅鬍子、綠眼睛的彪形大漢，實則身中、面白、美秀面文，與一般人所想者不同。他初次到北京來，初次逛花花世界，初次上殿見「君，」心中不免帶着恇怯，假使袁真想收拾他，那一營衛隊算得什麼？後來他是個富於機謀的人，而那時則是個經驗不足的人。

袁在居仁堂召見時，他左顧右盼，對於一個古瓷、一幅名畫，無不嘖嘖贊美，像劉姥姥初入大觀園一樣。他向袁行着跪拜大禮，袁掏出錶來一看，他的眼睛烏溜溜釘在金錶上，袁就順手給了他，他極口稱謝，袁不覺大笑。

袁問他過去和雷的關係，他率爾而答：「稟大總統，雷處長是作霖的老總統。」雷急忙自作解釋說道，「那時東三省左翼總統是張勛，右翼由震春擔任。」且回轉頭來向張帶着訓斥的口氣，「現在的總統不比往日的總統了，不可信口亂叫，你懂得嗎？」袁又大笑不已。

張覺得這位總統長着一團和氣的面孔，不覺由畏懼的心理一變而為欣悅的心理。當他回到逆旅時，他所稱賞的古瓷、名畫一件件都送來了，來人說，「這些都是總統贈給張師長的。」袁慣於收買軍人，這點東西算得什麼？他一再大笑並非一團和氣，是把張當作山林之雄，其動機殊欠莊重，而張有所不知。

是年八月二十二日奉、鄂兩省將軍對調，不久錫鑾辭職，由湖北軍務幫辦王占元遞補其缺。段到奉後首先稱「臣，」是武人中稱臣最早之一人，袁批，「不當稱臣，」因那時登基大典尚在籌備之中。

張由京回防後，九月間即有勸進長電，署奉天第二十七師師長、陸軍中將勛四位、張作霖密呈，內容分三段，有「……一也。……二也。……三也。……此所為痛哭流涕者也。……東三省人民渴望甚殷，關以外有異議者，惟作霖一身當之。內省若有反對者，作霖願率所部以平內亂，雖刀斧加身，亦不稍怯。作霖日前在京覲見時，曾痛言國家安危繫於我總統一身，仰荷鴻慈，不加以冒昧之罪，感激刻骨。復蒙一再賞賜物件，自顧何人，叨茲異數？雖肝膽塗地，亦不足以圖報萬一。作霖行年已四十有二矣，位至中將，子女數人田產亦足以仰專俯蓄，今日之言實為國家計，非為希榮計，若有二心，天實殛之！……我大總統若不俯順輿情及將士之心，誠恐天下解體，國家之禍更不堪設想矣！」袁閱後又大笑。

除這一張之外，另一張亦是「可兒。」日本新聞屢傳張勛贊成帝制，但「帝其所帝，非袁之所謂帝也，」袁亦慮此公以一莽夫鬧出「張冠李戴」的復辟把戲來，屢派阮忠樞赴徐疏通，張（此後指勛）乃於七月間通電表明心跡，略謂：「僕隨侍我大總統廿餘年，迭受恩培，久同甘苦，分離僕屬，久同家人。自古謂人生得一知己，可以無憾，僕歷溯生平，惟我大總統知我最深，遇我最厚，信我亦最篤，僕亦一心歸仰，委命輸誠。」袁得電大樂。

是年十月，張漸漸露出狐狸尾巴來，電請維持清室優待條件，勿廢宣統帝號，摘錄要點於次。

「大總統將為應天順人之舉，勛受數十年知遇之恩，自當效命馳驅。……惟處置清室，應預為籌議。昔丹朱謂之虞賓，商均仍奉舜社，皆服其服，如其禮樂，客見天子，以示不臣。……我大總統舜禹同符，先後一揆，此後宣統帝及諸太妃如何保衛，宗廟如何遷讓，陵寢如何守護，皇室財產及經費如何規定，我大總統霄慮所及，無待勛之曉曉。特優待條件，載在約法，……懇將勛所陳提交參政院議決，宣布海內外，使天下萬是曉然於大總統之對清室，無異於舜禹之對唐虞，想參政諸老多先朝舊臣，當能仰體大總統聖德之高深，別無異議，則有清列后在天之靈爽，與隆裕遜位之初心，實憑鑒之。

袁閱畢，把眉頭一皺，向阮說，「他的老脾氣又發作了！你給他回電敷衍敷衍。」回電是用政事堂名義發出的，略謂：「奉大總統諭優待條件不可更改。將來決定國體，倘果為君主，其先朝舊臣均免稱臣。該使所見遠大，極為可嘉。」自然，他擁有辮子兵數萬，盤據津浦要衝，他的話無論對不對，焉有不可嘉之禮？

袁正在玩弄群雄的時候，忽霹靂一聲，他所視為股肱的上海鎮守使鄭汝成於十一月十日被刺身死。鄭係烟臺逃將（參看統一與混亂一節）別來不久居然變成了袁的一名愛將，兼任上海製造局督辦。二次革命時，黨人再攻製造廠失敗，所以鄭雖係區區一鎮守使，袁視之為「東南柱石，」與視陳宧之為「西南柱石」者同。黨人以其甘為袁的鷹犬，曾於八月十八日刺之未中，這次卻把他打得滿身都是窟窿而死。（是日鄭赴禮查飯店日領事茶話會賀日皇加冕，在白渡橋被刺。）

死之日，袁震悼異常，於次日追封為「一等世襲彰威侯，照上將陣亡例議卹，給治喪費二萬，撥予（袁自稱自明令接受帝位後，袁即以此自稱，不再稱「本大總統」了。）天津所屬小站營田三千畝給其家屬，並在上海及原籍建立專祠。」其祭文中有「功臣化碧，圖弓矢而痛心。……爾鄭汝成，才識曠卓，品學優良」之語。（上海鎮守使改名淞滬護軍使，以楊善德繼任。鄭死後不久又有肇和艦起義的事。）

楊度哭之以聯曰：「男兒報國爭先死，聖主開基第一功！」後來帝制失敗，有人套用此語贈楊曰：「男兒誤國爭先竄，聖主坍台第一功！」

鄭為洪憲封爵之第一人。袁的第一功臣是死人，第一次封爵就封到死人的頭上，若照神話腦筋說，當係不祥之兆。後來「聖主」亦以暴疾而死，足為迷信家張目。鄭之死是袁極所痛心的一件事，誓欲為之復仇，五年五月十八日派人刺殺陳其美於薩坡賽路十四號，其手段之毒辣可知。

說到陳，就有一件與陳有關的事。鄭汝成被刺後，日本報紙又傳馮國璋以十萬元交陳為革命經費，其時武人有「辯誣」的一種風氣，段祺瑞辯之於先，璋勛繼之於後，馮至此亦不得不辯一辯，其詞如下：

國璋自光緒丙午年以一候選知縣投効新建陸軍，我大總統一見謬加賞識，即奉派為全軍督操營務處，由是追隨歷廿載。推心置腹，肝胆共見。……前清之季洊擢至副都統。嗣是總師干，建節鉞，膺爵賞，無一非出自我大總統之提攜，訓誨生成，有加無已，迄於今。……分雖僚屬，誼猶家人，飲水知源，戴山知重。此以私情言之，國璋之對於我大總統，受恩深重，而實為當世所共見者也。至於中國近歲以來，內亂外憂紛乘環逼，當此存亡絕續之交，欲有扶危定傾之才，舍我大總統其誰與歸！國璋非但默識於心，即平日與友人私談，為部下誥誡，亦莫不謂……當今之世，惟我大總統為中國人。此以公誼言之，國璋之對於我大總統，為心悅臣服而堪為舉世共信者也。夫以心悅誠服受恩深重之人，而謂其忽萌異志，甚至謂其甘心附亂，抑何太悖於情理而大拂乎人心乎！以後遇有此等謬說，不屑一置辯，聞者視為夢囈可也。……

不過辯誣有時越辯越壞，有時且弄假成真，有時淨化小為大，馮的辯誣辯是這一類。袁本來就不放心他，又有這次真假參半的謠言，乃於十二月十七日調馮為參謀總長，擬以倪嗣冲或張勛繼任蘇督，馮豈不知這是調虎離山之計？他的老朋友——段祺瑞——在京受了變相的軟禁就是他的前車之鑒。他老早與段有「亦步亦趨」之約，那時段稱病請假，馮亦稱病請假，段一再續假，馮亦一再續假。此病人人有（帝制派當然除外），梁啟超也病了，蔡鍔也病了，徐世昌也病了，黎元洪也病了（參政院院長一席由汪大燮代理）此病無以名之，名之曰「傳染性的政治病。」

此後袁不斷想擺布馮，擬任為「征滇總司令，」因贛督李純等一電才不敢下手，且用對段的手段對待他，賜他的珍藥，令其「不妨臥治，」所以他有「奉令臥治」之語。

袁死一心腹大將，去一心腹大將，十二月雲南事起，未登基之前即有焦勞過度的表象了，賴有強作解人的王占元拍來一電，「龍」顏始為之一喜。五年一月十五日袁有申令如下：

王占元、段書雲電陳：「宜昌神龕山洞有歐人深入探索，見洞內有石質龍形起伏蟠迴，長約五十餘丈。當此一德龍興之日，肇造萬年磐石之基，神龍石化之遺形，適蜿蜒效靈於江滋，天眷民悅，感應昭然，請予以表彰，並付史館紀錄，垂示來茲，以答天庥而副民望」等語。……所請着無庸議，惟岩巒深邃，蘊此瑰奇，應由該將軍巡按使等妥為保護。……

神龍化石的發明家是沔陽人劉道仁（字伯剛），方任宜昌關監督。此而曰「禎祥，」則母雞生蛋，瘋狗跳牆無一不可謂之為「禎祥」矣！袁雖云「着無庸議，」但「貌拒而心許之，」與從前書童向他說「看見床上有五爪大金龍」時他一面罵「不許胡說」一面賞銀同樣是欺人自欺的動作。

一次獻瑞碰了又軟又香的釘子，於是乎再來二次三次，「黃陂柳發青桃開花，」「湖北得雪四十餘縣，乃聖主當陽之徵，爰請政事堂代奏，以慰宸衷。」事情湊巧都出在王占元的轄境內，倘一一宣付史館，則春雲夏雨無一而非瑞，馴至夫人產子，公子遊園，都有垂諸史冊之必要，而史官將不勝其煩矣。

一方祥瑞迭現，一方妖由人興：袁在北京及各省通都大邑布了偵探網，以殘害異己及民黨為能事，北京城疑神疑鬼，茶館有「莫談國事」的座右銘，是為帝制的大恐怖時代。

第五是「聖天子」的喜劇。

四年十二月十二日袁接受所謂「帝位」後，即於十五日冊封黎元洪為「武義親王，」其中令如下：

光復華夏，肇始武昌，追溯締造之基，實賴山林之啟。所有辛亥首義立功人員，勛業偉大，及今彌彰，凡夙昔酬庸之典，允宜加隆。上將黎元洪建節上游，號召東南，拱護中央，堅苦卓絕，力保大局，百折不回，癸丑贛甯之役，督師防勦，厥功尤偉。照約法第二十七條，特沛榮施，以昭勛烈。黎元洪着冊封武義親王，帶礪山河，與同休戚，槃名茂典，王其竟承。

上文說過，黎早已恢復了辛亥年的「息夫人」態度，但是辛亥年除「唔……唔」之外還有「好……好」一個字偶然流露出來，現在連這一個字也都咽住了，連「唔……唔」的聲音也成了絕唱了。他欲歸則不得，欲辭則不許，祇能以不出席為消極之抵制，（派人在武昌購買房屋，託稱夫人有病，想回籍療養，袁不許。黎又表示不離京，要求解除各種職務，袁又不許。自參政院討論國民代表組織法後，黎即不出席。所以他總算大節無虧的一個人物。）其在瀛台的生活無異於當年被幽於此的光緒。封「王」令發表後，袁命顧問舒清阿、內史長阮忠樞前往道賀，居然叫他做「王爺」，且有再加他「輔國上將軍」及「副元帥」崇號的意思。黎起初不肯說話，後來忍不住吐出六個字來：「你們不要罵我！」十九日袁又有一令勸黎受封，有「王其祇承毌許固辭」之語。黎的智囊饒漢祥勸他明哲保身，暫受王位，氣得黎從此不和他說話。袁的意思想把王號加之於三個大人物，除武昌首義的黎外，尚有黃興和溥儀，擬封溥儀為「懿德親王」，因張勛等電請保持清室帝號乃止。封黃興什麼王則不知，他或者以為黃是老實人，或者想借以欺騙國人，其用意亦不知。

十七日，清室內務府咨參政院云：

本日欽奉上諭，前於辛亥革命十二月欽承孝定景皇后懿旨，委託今大總統以全權組織共和政府，由國民推舉今大總統臨御統治，民國遂以成立。乃試行四年，不適國情，長此不改，後患愈烈，因此代行立法院拒國民請願改革國體，議決國民代表大會法案公布。現由全國國民代表決定君主立憲國體，並推戴今大總統為中華帝國大皇帝，為除舊更新之計，作長治久安之謀，凡我皇室，極表贊成……

袁即於是日下令：「清室優待條件永不變更。」並特任溥倫為參政院長，以酬其勸進之功。先是袁命袁乃寬向清室索還玉璽，並商及去帝號、遷出大內兩問題，瑾太妃曾召世續等入宮相對而哭。那天開了一次所謂「御前會議，」決定對民國變更國體一事，遵隆裕遺旨不過問，禁城如不可居，即當移居頤和園。乃溥倫為袁奔走甚力，堅請明白表示，遂將贊成改革國體的咨文送達參政院。當時袁亦頗內愧，對於去帝號問題無積極表示。有人謂，「宜稱宣統為外帝，與優待條件內待以外國君主之禮一語之意相符」云云。

外間又早有袁以第七女嫁與宣統的謠傳（傳由蔭昌作媒）。後來徐世昌也想做宣統的「國丈」，真是一脈相承。十月十五日芝加哥日報訪員謁袁時，叩以此事，袁拊掌大笑。其時帝制運動尚在進行中，訪員請對此表示意見，袁說，「這問題早有人提倡，今則有實力有學問之人均有參加的，我未便加以壓制，惟有導之正軌，以免激成事變。此後聽之民意，我無成見之可言。」訪員問，「倘帝制實現，大官兒仍帶紅頂花翎否？」袁又拊掌大笑。

十八日有兩道滑稽命令發表：一為「舊侶、耆碩、故人均勿稱臣。」原令如下：

以予薄德，奚足君人。遭時多難，無從息肩，而臨淵履薄，無時去懷。近見各處文電紛紛稱臣，在人以為盡禮，在予實有難安。現今之文武要職，多予舊日之同僚，眷念故侶，情尤難堪。雖四岳五人，曾無異代之成見，而聖帝賢王，萬非予所可企及凡我舊侶及耆碩故人均勿稱臣，時艱方殷，要在協力謀國，無取儀文末節也。

另一為「滿、蒙、回、藏待遇條件應列入憲法繼續有效。」另有一令，「特任馮國璋為參謀總長。」馮想學黎的遙領參謀總長的辦法，仍然坐在蘇督的位子上，袁亦無如之何。

袁做總統時，人呼之為「元首、」「極峯」不過癮，早有捧臂舐痔之徒呼之為「主公、」「主子、」「主座、」「主峯」了；單單一個「主」字仍不過癮，非再定「君臣之分」不可。稱臣最早的是段芝貴，繼之者有直隸巡按使朱家寶，袁亦予以批斥，亦是「貌怒而心許之」的一種做作。接着便是浙督朱瑞，以為袁的做作是「假惺惺，」依然自稱曰「臣，」而呼袁曰「皇帝陛下，」同樣得着「申斥」的處分。可是申斥是另一問題，各方紛紛用「奏」稱「臣，」都以為受申斥是做官的保障。尤妙者大典籌備處因各省用呈用奏不一，打算頒布一種暫行公文程式，在過渡時期內含混其詞，不稱帝，不稱總統，遇有「奉大總統令或諭」的地方，簡稱「奉令奉諭，」又如「謹乞大總統鈞鑒，」簡稱「謹乞鈞鑒，」並一律改單抬為雙抬。但自十二月一日起，公報中已發現「奏」字，各省大吏文電中改「鈞鑒」為「睿鑒」西報戲呼之為「總統皇帝」（因皇帝尚未登基也。）十八日發表「故人勿稱臣」一令，同時政事堂「列表繕奏伏乞聖裁，」計有舊侶黎元洪、奕劻、世續、載灃、那桐、錫良、周馥七人，故人徐世昌等四人，耆碩王闓運、馬湘伯二人另有「三太」之建議，即王太師、張太傅、徐太保是。

十九日，令政事堂會同各部設立大典籌備處。

該處早已設立，以朱啟鈐為處長，梁士詒、周自濟、張鎮芳、楊度、孫毓筠、唐在禮、葉恭綽、曹汝霖、江朝宗、吳炳湘、施愚、顧鼇為處員。總務科主任沈銘昌，撰述科主任王式通，法典科主任顧鼇，內儀科主任阮忠樞，禮制科主任郭則澐，會計科主任袁乃寬，文牘科主任陳燕昌，警衛科主任張士鈺。

該處改大和殿為承運殿，即袁就任大總統之處。殿內各柱均漆以朱色，當中八大柱加髹赤金，飾以盤龍雲彩，所設御座價值四十萬，（寶座扶背各處雕龍，上披黃緞繡龍，座衣座褥亦同。座前設雕龍御案，案前左右分別古鼎三、古爐三。座後有九折雕龍嵌寶屏，屏之左右列有日月寶扇一對。）龍袍八十萬，玉璽十二萬，傳國璽四寸見方，文曰：「誕膺天命，歷祚無疆。」金印五顆六十萬，連同登極及祀天所用儀仗、鹵簿等，報銷達二千餘萬之多。予西太后挪用海軍經費每年以三百萬兩修造頤和園之虛糜國帑如出一轍。（該園建築費約三千餘萬兩，並由戶部撥款三十餘萬，每年土藥稅一百四十餘萬為修理費。西后駐園時每日用費達一萬。）

二十日，申令以徐世昌等為「嵩山四友」，原文如次：

自古創業之主，類皆眷懷故舊，略分言情，布衣坤季之歡，太史客星之奏，流傳簡冊，異代同符。徐世昌、趙爾巽、李經羲、張謇皆以德行勛猷，久負眾望，在當代為人倫之表，在藐躬為道義之交，雖高躅大年，不復勞以朝請，而國有大故，當就諮詢，既望敷陳，尤資責難，匡予不逮，即所以保我黎民，元老壯猷，關係至大。茲特頒嵩山照影各一，名曰「嵩山四友」，用堅白首之盟，同寶墨華之壽，以尊國耆，其喻予懷，應如何優禮之處，并着政事堂具議以聞，此令。

不久政事堂議復，有㈠免稱臣跪拜，㈡賞乘朝輿，至內宮換乘肩輿，㈢皇帝臨朝時，四友在勤政等殿得設矮几以坐，㈣每人給年金二萬，㈤賞穿特種朝服等。但是四友之中徐世昌早已稱病辭職（十月徐由府遷居蝴蝶胡同私邸，袁命楊士琦代理國務卿，呼之為「左相」。十月二十六日改命陸徵祥代理。十二月二十一日正式任陸為國務卿。）趙爾巽亦力辭國史館長（趙見籌安會宣言，擲之於地，痛哭不已，友不肯為二臣之意）張謇、李經羲等亦都採取貌合神離的態度，袁的身邊已無一「諮詢、責難」之友了。

政界中之不同情於帝制運動的，有兩個極端相反的派別——共和派及復辟派。辭職和請假的先後有總檢察長羅文幹、教長湯化龍、（袁命不同情帝制的張一麐繼任教長，以王式通繼任政事堂機要局長）熊希齡、（請假二月省親，即電請辭職。）王闓運（王不告而去，以劉師培抵補王的參政）陸長段祺瑞、（段辭後深居簡出）水利局總裁張謇、審計院長孫寶琦、財長周學熙等，連那位「作癡作聾」的徐相國，也有辭職而不出京的表示了。

二十一日特封龍濟光、張勛、馮國璋、姜桂題、段芝貴、倪嗣冲為一等公，湯薌銘、李純、朱瑞、陸榮廷、趙倜、陳宧、唐繼堯、閻錫山、王占元為一等侯，張錫鑾、朱家寶、張鳴歧、田文烈、靳雲鵬、楊增新、陸建章、孟恩遠、屈映光、齊耀琳、曹錕、楊善德為一等伯，朱慶瀾、張廣建、李厚基、劉顯世為一等子，許世英、戚揚、呂調元、金永、蔡儒楷、段書雲、任可澄、龍建章、王揖唐、陳金鑑、何宗蓮、張懷之、潘榘楹、龍覲光、陳炳焜、盧永祥為一等男。二十二日追封趙秉鈞為一等忠襄公，追封徐寶山為一等昭勇伯，（又追贈趙秉鈞為上卿，宋教仁為中卿。）計封爵者一百二十八人，一二等輕車都尉七十餘人。

當封爵之前，內史繕就一張大名單包括各省將軍、巡按使、護軍使、鎮守使、師旅長的擺在「御案」上，袁親手用硃筆按名加圈，五圈者為公爵，一圈者為男爵。自民國成立以來，督撫之制已廢，各省將軍地位平等，將軍與巡按使地位亦平等，袁的腦中尚留有督撫制的影子，所以封公封侯，各有等差，又把巡按使比之於藩、臬，因之各省民政長官更不能與武人爭一日之短長了。

二十二日申令：「永禁太監，內廷改用女官。」

二十五日申令：「改明年為洪憲元年。」

五年一月一日策令：「孔令昭仍襲衍聖公並加郡王銜。」

同日總統府改稱「新華宮」，公府收文處改稱「奏事處」，公府總指揮處改稱「大內總指揮處。」

五日派虎威將軍曹錕督師入川。另有申令云：

天生民而立之君使司牧之以藐藐之躬舉數萬萬人之生命財產賴一人以保護之舉數萬萬人之知識能力賴一人以發育之，責任何等重大？古稱神農憔悴，大禹胼胝，矧在今曰，為君之難，百倍於古！……予昔養痾洹上，無心問世。……支持四載，辛苦備嘗，真不知尊位之有何榮！無如國民仰望甚切，責備甚嚴，同為國民，敢自遐逸？……乃有蔡鍔之流權利薰心，造謠煽惑。……予以薄德，既受國民之推戴，何敢再事游移，貽禍全國！……

二十八日，龍濟光因平惠州「亂」有功，加郡王銜，時人呼之為「龍王。」

湖南人罵人喜用一個「朽」字，被罵者不痛不癢，亦痛亦癢，啼笑不得，頗難刻劃入微。胡瑛在烟台字比周瑜，別人罵他「朽，」但是新華宮的袁殆有甚焉且自籌備帝制以來，「朽」是當時的一種怪風氣，袁克權（端方之壻，四年十月二十七日結婚。）在琉璃廠松華齋煙紙店定購信箋，旁刻「五皇子言」四個字，是「皇子」之朽；倪嗣冲督造萬壽宮，是疆吏之朽；內史王式通（繼張一麐之後兼任機要局長。）因其大名有一個「通」字，便以制朝儀的叔孫通自命，是幕僚之朽；北京城發現「春王正月，天子萬年」舊式對聯，是老百姓之朽；乞丐龐興文、姚順等上表勸進，是乞丐之朽；某政客的包車夫也要領銜勸進，以銅元四枚到處亂拉「同志」，頃刻間拉到四五千人，是車夫之朽；天師張元旭也勸進（同時江西南康人邱寶龍自稱興漢主豐裕皇帝，）是宗教家之朽；全國稱「陛下」最早的是河南商會長，有「中國者中國人之中國，自清入主垂三百年，天誘其衷，歸政陛下」之語，是公法團人物之朽；統率辦事處擬編「神武記」，仿效前清的「聖武記」，奉硃批：「用意深遠，殊堪嘉尚」，則真朽不可言矣。朽氣籠罩了北京城，正氣乃起於西南之一角，袁的帝制變成了「朽木不雕」的一幕慘劇。

袁對各方從龍之士「爾公爾侯，」何以對「開國元勛」楊度獨無所封贈呢？事實上，楊已受封為公爵，且冠以「文憲」二字，楊不願明令發表，那張「文憲公」的冊書擱在楊的箱篋裏，直到死後晒箱時才被家人發現。

袁打算於五年元旦登極，因雲南起義而展緩。但自元旦起，改元洪憲，公文上用帝國字樣，對外仍用民國五年，這就是「對內用尊號，對外仍稱總統」的權宜之計。但日本不肯接待袁的專使周自齊（五年派周赴東京賀日皇嘉勉，）初則委稱「應酬太忙，請貴國專使展緩行期，」繼而又謂「天皇將幸他處避寒，」最後則宣稱「黨人太多，恐對專使保護難周，」這在國際禮貌上是一件「極不愉快」的創舉（對他國完全沒有這一套。）有人向日政府探問：「為什麼不給袁的體面呢，反正是一件不關重要的事。」他們的回答是：「國書上有洪憲字樣？所以不便接待。」這恐怕也是託詞吧，他們沒有看見國國書，並且國書上也確實沒有這幾個字。

因日本不接待專使，卻使濟南發生一件掃興的事，先是山東警察廳挨戶通知，叫商民懸燈結彩祝賀新皇四年十二月二十八日忽奉密令，以「山東密邇強鄰，此舉宜作罷」乃趕夜將燈彩拆去，山東官場中的慶賀宴亦臨時取消。這叫做偷做皇帝，是世界皇帝中之最胆小者。

德、奧兩國欲承認帝制以博中國之友誼，袁正在需要外國承認的時候，卻又怕因此而引起強鄰的反感，反求他們切莫承認。這也是胆小之一例。

松坡將軍逢場作戲

濁流湯湯中有眾醉獨醒之一人，即湖南寶慶人蔡鍔將軍。他所唱的是「反串」險劇：以一個極端嚴肅的人扮演走馬看花的風流才子，一個光明磊落的奇男子飾為樂不思蜀的腐朽官僚，而越裝越像竟能逃過老奸巨猾的銳利眼光，他的做工真不壞。可見人沒有不可能的事，難之一字，惟庸人字典中有之。

梁啟超在湖南時務學堂講學時，年僅二十四歲，門徒中多有嘴上長着濃髭，年紀比老師大多了的，最小的是年僅十六歲的蔡。他早年喪父，十三入縣學，十五補廩，十六歲由寶慶步行到長沙，其家境之清苦可知。往日學堂中大抵有一公式，越窮的學生越肯發奮讀書，高據榜首的往往都是寒士，而錦衣玉食者則望塵莫及。梁在門人中最賞識蔡，蔡亦以得此名師為榮。

戊戌政變後，梁逃往日本，蔡竭九牛二虎之力，由長沙趁船到上海，抵埠時身無半文，找到一位同鄉商人，借川資再往日本，僅能到長崎，梁托人把他接到東京來同住，此後以譯書着作自活。那時梁已接受了排滿革命思潮，蔡毅然向梁說，「拿筆桿子談革命是不成功的，必須舉起槍桿子來！我去投考士官學校，願做軍事人才。」

他在士官中被稱為「四傑」之一，與蔣百里先生等齊名。歸國後在廣西辦陸軍小學，培養革命人才。李經羲任雲貴總督時，調為新軍標、協統，（其時經羲之子李國筠綽號小總督。雲南有新軍一鎮，第十九鎮統制鍾麟同，蔡為該鎮第三十七協協統，羅佩金為該協第七十四標標統，劉存厚、唐繼堯、雷飈為該標管帶。同一時期，曲同豐任三十八協協統，駐大理。龔心湛任蒙自道道尹。李根源任講武堂總辦。李烈鈞任陸軍小學總辦。靳雲鵬任十九鎮總參議。辛亥之役，鍾統制戰死，靳化裝為轎夫逃出滇境。）辛亥年響應武漢獨立，被舉為第一任雲南都督（每月僅支一百六十元。）李生平看中了兩個軍事人才，一為再造共和的蔡，一為倡導復辟的張勛，這兩個一動一蕕，不解李的跟力何以顛倒乃爾。

袁的眼力倒不差，老早看中了這位治軍嚴肅，不苟言笑，不好貨財的軍事專家，怕變成他的後患，乃調之入京，位以昭威將軍、參政、經界局督辦、統率辦事處處員等要職。（二年九月二十五日袁令：「蔡鍔准給病假三月，着來京調養，調唐繼堯署理滇督，劉顯世為貴州護軍使。是年雙十節，蔡以印信交軍長謝汝翼，不別而行。民政長羅佩金亦隨之卸任。四年一月十六日，任蔡維京界局督辦。」袁的意思很明白，對於這一個矯矯不凡的人才，或重用，或軟禁，兩者必居其一。）

蔡在北京會見了兩個老熟人，一為師恩高厚的梁，一為友誼敦摯的楊度。楊在東京留學時代，其飯田町寓所不啻「湖南會館，」每逢星期日必有許多同鄉人吃飯談天，祇談鄉誼，不論政治信仰，蔡與黃興均在其內。楊把黃推入中山先生的懷抱，孫、黃結合是廣東人與湖南人之結合；後來楊進行帝制，遇見了廣東二梁，梁啟超是不贊成帝制的，梁士詒是贊成帝制而與楊爭功的，是湖南人與廣東人之鬥法。

楊想找湖南人做「班底，」黃興之志不同道不合，兩人分道揚鑣，這次又看中了蔡，他明知梁、蔡師生關係很厚，但以己之心度人之腹，以為學生與老師分家不成問題，只要袁假以詞色，則英雄不難入彀。他把這意思告訴袁，袁說，「你又替湖南人說話了，松坡靠得住嗎？」

楊自然說了許多「感之以恩必為我用」的話，袁漸漸被他說動，有網羅良才，寄以腹心之意。楊的內線夏午詒又常常替蔡敲着邊鼓，說蔡是新將才，善於訓練新軍。袁摸着鬍子嘆氣說，「北洋將才都變成了老廢物了！假使南方人不反對我，我未嘗不可重用他，畀以練兵之責。假使松坡願為我用，午詒，你就當他的次長吧！」（有任蔡為陸軍總長之意。）

籌安會成立之前，楊每天必到棉花胡同訪蔡，想邀他列名為發起人之一。蔡支吾其詞說，「時機未到吧，容後再談吧！」該會成立之翌日，蔡愕然一驚，「他們認真幹起來了！」即日驅車赴津，叩詢老師的意見。梁反問他，「你的意見呢?」蔡侃然答道，「我只有爭人格之一念!」梁極口讚嘆說，「是啊，我不願與袁為敵他逼着我反他你的意見政是我的意見。松坡，我記得你說過革命要拿槍桿子，我是拿筆桿子的，正寫着一篇文章實際責任還在你們拿槍桿子的肩頭上。我們一支筆，一支槍，就和他拚一下吧!」

那時袁的爪牙不滿全國，蔡是個沒槍桿子的光桿將軍，不過滇黔一代尚有他的舊部、門徒，他決心和袁拚事前非有布置不可，何況眷屬都寄居北京虎口中，袁對於每個非嫡系的人都派有便衣偵探嚴密加以監視，所以梁勸蔡忍耐一時，表面不妨同流合污，再想脫身之計。

蔡由津返京後，袁已知梁將有反對帝制言論發表，派人持十萬元支票兩紙，一紙為梁父壽，（四月十一日即陰曆三月十六日，為梁父達淵七秩晉一壽辰。）一紙為梁的出洋費，想叫他少動筆，莫管閒事。梁正在畏首畏尾，因此文發表後，共和黨將被仇視，不得不顧慮同黨之安全，忽有送款出洋的一支插曲，他才下了最後決心說，「松坡的話對，不反袁就是出賣人格，我不能顧慮許多了!」

那篇文章就是傳誦一時的「異哉所謂國體問題。」茲錄其鱗爪如下：

> 下筆之先，有二義當為讀者告，其一當知鄙人原非如新進耳食家支醉心共和，其二當知鄙人又非如老輩墨首家之斷斷爭朝代。……自辛亥八月迄今未盈四年，忽而滿人立憲，忽而五族共和，忽而臨時總統，忽而正是總統，

忽而制定約法，忽而修改約法，忽而召集國會，忽而解散國會，忽而內閣制，忽而總統制，忽而任其總統，忽而終身總統，忽而以約法暫代憲法，忽而催促制訂憲法。大抵一制度之頒行，平均不盈半年，旋即有反對之新制度起而推翻之，使全國國民徬徨迷惑，莫知適從。……年來浮議漸興，而大總統偶有所聞，輒義形於色，謂無論如何被迫，終不肯以奪志，此凡百僚從所習聞，即鄙人固亦歷歷在耳，而馮華甫上將且曾為余述其所受誥語，謂「已備數椽之室於英倫，若國民終不見舍，將以彼土為汶上」。……設念及此，則侮辱大總統之罪，又豈擢髮可數？……吾昔有詩云：「十年以後當思我，舉國猶狂欲與誰。」吾生平之言亦多矣，大抵言之經十年之後，未有不繫人懷思者，然非至十年以後，則終無道以獲國人之傾聽。嗚乎，吾願自今十年之後，國人毋復思吾今日之言，則國家無疆之休焉耳！

他寫信給楊，有「公誼不妨私交」之語。又有信給袁說：「願我大總統以一身開中國將來新英雄之新紀元，不願我大總統以一身作過去舊奸雄之結局，固我大總統之榮譽與中國以俱長，不願中國之歷數隨我大總統而同斬。」

老師在天津投一巨彈，學生在北京的地位愈苦，袁以此愈疑蔡，蔡不得不演「詐降計」以自全：八月二十五日雲南會館將校聯歡會發起軍人請願，他簽了頭名。接着又演「假爭風」，每晚與楊度等在八大胡同鬼混，（楊怨他不阻止任公做文章，他答以人各有志，不能相強。）與雲吉班妓女小鳳仙打得像火熱，事為夫人所知，於大鬧一場之後絕袂而走。他的做工妙到化境，袁坐在新華宮裏暗暗納悶。

其時蔡已布置入滇計畫，有密電與西南往來，穿針引線人是貴州人戴戡（戴亦為參政之一）。袁亦微有所聞。十月十四日早，蔡剛剛起床，門外人喧馬嘶，跑進一個操天津口音的劉排長大呼「檢查違禁品」。當差的告以「這是蔡將軍的住宅，怎會有違禁品」，他使勁一推，把那個當差推倒在一仗外。

「什麼菜將軍飯將軍，我們奉着上頭的命令！兄弟們，快搜！」那個氣燄萬丈的劉排長大聲呼喝着。蔡不動聲色，任其翻箱倒篋，除破書若干卷之外，一點搜不着什麼。劉戴着健卒三四十名都是屬於軍政執法處的，該處乃袁屠殺志士的總機關，請想想，這一幕比「搜孤救孤」更緊張萬分吧！

鷹犬們失望而去後，蔡才打電話問執法處處長雷震春，那邊的回答是「處長未起床。」等到處長起了床，不知西方之既黑，才在電話中請蔡說話，連呼「誤會，誤會。豈有此理，豈有此理。」後來據雷說，劉排長前在天津鹽商何頤臣處為家丁，何是總統的叔伯親家（袁的第四媳是何的姪女。慈禧死時，袁避禍赴津居何家，聞有旨回籍養痾，才由津回京謝恩。）宣統三年，何欠了洋商一筆鉅款，幾乎被抄家，命劉將細軟帶到北京分藏於馮、福兩姓友人之家。後來劉投軍為排長，想奪取這筆財產，所以帶兵到西域棉花胡同福宅大事搜查，不料福姓已遷居，蔡將軍做了後來的居者，因之鬧了這齣陰錯陽差的惡劇。

話雖入情入理，但雷一會兒說那個排長姓劉，一會兒說姓吳，於十七日綁赴西郊土地廟槍決了（罪狀上寫着吳寶鋆。）

外間紛紛猜測，雷早已視蔡為眼中釘，當初袁表示「北洋舊人都成為老廢物，松坡卻頗有朝氣」，頗類曹孟德煮酒論英雄的一段故事，蔡暗暗吃驚，雷是北洋舊人之一，卻懷着滿肚皮的醋勁，所以搜查蔡宅一舉發動者乃雷而非袁。但是個中人透出消息，發動者不是那個死得糊塗的劉排長，也不是殺人不眨眼的雷公，袁想搜查蔡與西南的通電密碼，那知蔡是個心細如髮的人，早已堤防到這一着了。

密電本搜不着，袁對蔡較為放心，監視者漸有懈意，蔡乃與小鳳仙駕車出游，乘機悠然而逝。袁聽了這個報告，急得把楊度找來說，「松坡走了！」

楊也帶着頹喪的表情說，「是啊，松坡走了！」

「你說松坡靠得住？」袁的臉上薄薄有點怒氣。

楊說，「縱令靠不住，充其量他的勢力限於西南之一角。雲南唐將軍不見得肯聽他的話，四川陳將軍是我們一隻有力的膀臂。」

袁默然無語，楊乃默然而退。

蔡於十一月抵津後，仍採「虛與委蛇」的步驟，以就醫為由請假，袁亦抱「虛與委蛇」的態度，勸他提早返京，派龔心湛代理京界局督辦，張元奇代理參政。蔡與梁相約，擬赴日本與民黨接洽後，繞道入滇，同時梁亦由津南下。後來蔡於十二月二日赴日，十九日抵雲南，梁亦於十八日抵上海，即轉道入桂。梁之反袁確是「不得已而為之」，然自戊戌政變以來，為新派與袁有着一筆舊血債，這次反袁一幕，無意中替戊戌六君子報了仇，是一件不可思議的事。再則激烈派和溫和派，第一次由分而合而清室推翻，第二次由合而分而討袁軍失敗，第三次由分而合而洪憲倒，也是歷史上莫知其然而然的怪事。

蔡忽而在天津，忽而在日本，忽而又在雲南，出現不啻夭矯莫測的神龍，這或者又是洪憲新朝的禎祥。

所爭者人格耳

十二月十九日蔡松坡將軍抵雲南，因過阿迷州時有人刺之未中（十八日抵蒙自，阿迷州知事張一鷗欲暗害將軍。）所以到省後先與各師旅長一度接洽，次日始到將軍署與唐繼堯相見（此時民黨要人李烈鈞等均到滇。）唐是蔡的舊部，辛亥年蔡為雲南都督，派唐率兵假道貴州北伐，唐遂代楊藎誠為貴州都督。民三蔡北上後，唐調任雲南都督，袁授為開武將軍。蔡到後唐召集軍事會議，蔡即席演說稱：「我們以一隅抗全局，明知不能取勝，但我們所爭者乃四萬萬同胞的人格，與其屈膝而生，毋寧斷頭而死！」蔡言時聲淚俱下，諸將深受感動，一致吐着慷慨激昂的聲調：「我們願斷頭而死，不願屈膝而生！」

次討論討袁軍的組織問題，有人主張舉蔡為大元帥，又有欲唐出征而以蔡為都督的，蔡則願居唐之下，自任出發討袁，乃舉唐為都督，蔡為護國軍第一軍總司令，李烈鈞為第二軍總司令。閱者想還記得都督之下設總司令是民國革命時期的一貫作風：第一次辛亥獨立時黎元洪任湖北都督，黃興任總司令，第二次討袁軍獨立時。歐陽武任江西都督，李烈鈞為江西軍總司令，程德全任江蘇都督，黃興為江蘇軍總司令，與這次雲南倡議時的組織是一樣的。二十三日根據唐的建議，向袁採取「先禮後兵」的步騶，勸其取消帝制，電文要點於後：

自國體問題發生後，群情惶駭，重以列強干涉，民氣亦復騷然，僉謂大總統兩次即位宣誓，皆言恪遵約法，擁護共和，億兆銘心，萬邦傾耳。……今食言背誓，何以御民？……變更國體之原動力實發自京師，其首難之人皆大總統之股肱心膂，蓋楊度等六人所倡之籌安會煽動於前，而段芝貴等所發個省之通電促成於繼，大總統知而不罪，民惑實滋。……楊度等之公然集會，朱啟鈐等之秘密協商，皆為內亂重要罪犯，應請立將楊度、孫毓筠、嚴復、劉師培、李燮和、胡瑛六人及朱啟鈐、段芝貴、周自齊、梁士詒、張鎮芳、雷震春、袁乃寬七人明正典刑，以謝天下。……堯等夙蒙愛待，忝列司存，既懷同舟共濟之誠，復念愛人以德之義，用敢披瀝肝膽，敬效忠告，伏望我大總統改過不吝，轉危為安。否則此間軍民痛憤久積，非得有中央擁護共和之實據，萬難以鎮撫。上所請，乞以二十四小時答覆。……

袁的假戲法真太可笑了，他接了第一次的警告電，以政事堂名義代覆一電：「此電想係他人揑造，未便轉呈。」他的意思還想唐蔡等及時悔悟，否認這個電報，以圖轉圜之策，以免滅門之禍。但是二十五日唐繼堯、任可澄、蔡鍔、戴戡會銜通電宣布獨立。二十九日袁祇得下令褫唐等各職，卻又演了一幕滑稽戲，命雲南第一師長張子貞代理將軍，第二師長劉祖武代理民政長，令其交出蔡唐等來京問罪。這套戲法後來又成為北洋派不斷表演着的拿手好戲。兩計都不成，五年一月五日乃派第三師長曹錕、第七師長張敬堯、第八師長李長泰入川，第六師長馬繼增、第二十師長范國璋、第七混成旅長唐天喜入湘西，並調粵軍第一師師長龍覲光由貴入黔。袁的意思很明白，「用三面包為之策，醜何足道哉？」

蔡的初意原欲一鼓下川，後聞袁將以某種條件許日本，仍不得不提早宣布獨立，這是因外交影響軍事的一段過程。據松坡將軍遺墨所載，蔡出發時所率僅有三千一百三十人，所領餉糈不敷兩月之用，以這點點兵力當北洋軍虎狼之眾，確如袁意中之「小醜不足平」。

然而一個工兵振臂一呼，毀滅了清朝二百餘年的天下，何況靜如處女，脫如狡兔的蔡將軍呢！他採取萍醴之役的「湖南戰略」把爆竹藏在洋油箱裏，夜間放起來是以假砲聲嚇退真武器；把章人放在半山腰裏，誘北軍向之射擊，是以假人對付真刀真槍。總之，他所採取的那套戰略即近代所謂山岳戰、游擊戰、消耗戰，北軍雖不比近代的機械化部隊，至少在當時為國內最強大的武力，卻被蔡的新戰略誘入泥淖之中。

袁咬牙切齒地痛恨這個「寶古老」，命湖南巡按使沈金鑑查抄他的財產。據報，蔡並無任何不動產，母妻雖在鄉下，已與家人逃避一空，其弟經營木廠，早已與兄析居，祇有華昌公司（楊度等所辦）有着他的股份，就把這股份沒收了。同時蔡的友人被搜捕，保案亦被株連。袁想起蔡是李經羲提拔起來的，特賜李貂裘一襲，欲使之赴滇「宣慰，」又學了清末對付民軍的那一套，「凡有解甲來歸者，概免治罪，」這些都是「水中撈月」的動作。

李的謝恩摺有「上賜貂皮外套，光采非常，裁量恰合，舉家驚寵，望闕感惶」等語。袁又把曾保蔡為湘督的熊希齡找到北京來（五年一月十六日到京）留他吃午飯，請他南下疏通。（假使說一句俏皮話，「有鳳來儀」或者又是洪憲朝的禎祥。）熊這次麻木得真可以，某記者問他「對國體問題的意見，」他說：「我離京之前，未有所聞，半路上看見籌安會的宣言，才知道有這回事。我對此毫無成見。」記者又問：「先生對新憲法的態度如何?」他說：「我不是律師，又未嘗學習法律，對此亦無意見。」不過他忘了前清五大臣出洋考察憲政的那一回事了，他不是奔走憲政的一位幹員嗎?（是年二月八日，他假口南下疏通，跳出了火坑。）

袁在豐澤園組織「征滇臨時軍務處，」請段出來替他撐場面，段託稱「宿疾未癒，」正和辛亥年清廷命袁督師而袁對以「足疾未痊」如出一轍，（徐樹錚因遭袁忌，專心辦正志中學，袁忽任之為將軍府事務廳長，是間皆媚段的表示。）又想請馮做征滇總司令，馮的辦法也是這一套，一再「臥治」（請病假）一再續假，暗中卻正在和北方軍人及南方護法派進行議和工作，正和辛丑年袁欲與民軍議和一樣。袁又欲重做二次獨立時的老文章，再想利用黎一下，請他以副元帥名義出馬，黎的病更深了，有寧可殺頭的決心，這是他最後也是最大的覺悟，所以袁家軍三路攻滇，一路由湖南（第一路司令馬繼增），一路由四川（第二路司令張敬堯），一路由粵桂，卻不能產生一個總司令，非自己拚老命來主持不可。袁把全副精神都用在對南的軍事上，一方命政界減薪，一方以金錢和爵位鼓勵着前方將士，有功者男爵加封子爵，少將升為中將，旅長升任師長，或者賞食雙俸，取舍一任其便。

那個不助美的莊蘊寬，忽然板起「鐵面無私」的面孔來，提出（一）取消洪憲年號，因帝制未成立，不應先有年號，（二）請撤消大典籌備處，（三）請取消參政院，他公然不用「奏請」，而以公函交國務卿轉呈，袁大為震怒，嚇得莊辭督肅政史，袁即派張元奇繼任。袁又下令嚴禁官吏請假，請假的需具三人以上連環保結，派軍警保護簡任職以上的大員，正和清末監視親貴們出京一樣。

一月二十日護國軍攻克敘府，復遣第一軍右翼司令戴戡於二十四日到達貴陽，貴州護軍使劉顯世乃於二十七日宣布獨立，（劉號如周，是貴州興義人，民國五年年四十六歲，少年以廩生隨其父辦團練，後為管帶，辛亥年任中西兩路統領兼新軍第四標統，元年任軍務司長兼貴州民軍總司令，三年唐繼堯調任滇督，劉以護軍使名義督理貴州軍務）袁漸漸感到事態之擴大，二月六日，護國軍占瀘州，湘西晃縣、麻陽亦下，袁不禁慌了手腳，於二月二十三日下令緩辦帝政，裁撤大典籌備處，所有籲懇早正大位文電均不許呈遞。且有起用段祺瑞為國務卿之議，與辛亥年清廷之起用袁相同，段討價亦步了袁的後轍，以取消帝制及寬容滇黔起事諸人為出山條件，因之懲辦「六君子」之說大盛，南北議和之說亦大盛。那個時候，肅政廳全體肅政史又提出莊的三項辦法，加以五國公使又提口頭警告，袁不敢再「赫然震怒」了，以電詢各省意見為由，採取延宕手段。

二月初旬，川軍第一師長劉存厚攻瀘州，守瀘州的就是他的旅長熊祥生，熊並非劉的心腹，是由將軍署的副官長調任過來的，他的團長尚有後來大有名的劉湘（劉湘後響應護國軍。）袁派以應袁瀘州的部隊，有第三師第六旅長吳佩孚，第七師長張敬堯等。這次護國軍小挫，袁又大為高興，二月二十一日特封熊二等男爵，吳與李炳之（陳宧直轄的獨立旅長）得三等男，王承斌得一等輕車督尉。這裏得說明一下，袁的爵賞是以職位定高下的，師長鎮守使無封爵資格，僅能得男爵以下的輕車都尉。而這次旅長得男爵，是破格之賞。

二月二十六日，入湘的第六師師長馬繼增以暴疾卒（馬部第十一旅長周文炳暫代師長，後來周患有精神病，該師第十二旅長齊燮元升任師長。）袁去了一隻鐵臂，同時接着伍廷芳、唐紹儀（這兩位正是辛亥議和時的南北總代表，現在卻走到一條邊去了）勸和的電報及桂督陸榮廷婉詞拒絕假道的電報，（袁命臨武將軍龍覲光率兵假道廣西入滇，以搗護國軍的後路，陸假口廣西貧瘠，請免假道。）袁又慌了手腳，於三月三日下令：「凡愛國之人，當捐除一己之意見，融化一黨之畛域，屏絕私人之情感，協力維持，以保國保種為唯一之天職……倘成同室操戈之禍，彌殷榱崩棟折之憂。」此令措詞頗軟弱，並無「討逆伐叛」的字樣。

隔不到幾天，袁的精神忽然大旺，帝制派聲勢又為之一振。先是戰事初起時，馮玉祥駐防內江，（也是陳宧直轄的獨立旅長。陳曾任十一鎮統制，那時馮為該鎮管帶，後隨陸建章入陝，又隨陳宧入川。）頗有運動回陝之意，因北軍瀘州之捷，他忽然開到前敵攻克了納溪、敘府，三月七日袁封馮為三等男，命令中有「該旅長忠勇奮發，極堪嘉獎」之語，令人想起辛亥年馮國璋得漢口封男爵的故事（恰好前後都是姓馮的）同時授張敬堯勛三位加上將銜，熊祥生、吳佩孚、吳新田等均升中將，團長劉湘也得勛五位和少將。（三月二十日馮玉祥亦升中將。）

袁現在頗有點把握了，高官厚祿是開國時期中所不可缺少的條件，祇需論功行賞，不愁士氣不為之奮發。他忙着辦鹹牛鹹猪和大批罐頭、紹酒送往前線犒軍，同時帶去了金錢、綵緞、貢綢、金銀用具、時計、衣帽、刀劍、古玩、字畫、碑帖、相片、磁器等等慰勞品，又發明了特種獎勵的辦法，頒發一等至五等榮光保星章，得之者給以年俸，分為三千、二千、一千、五百、二百五十元數級。

因果報應之說雖無稽，但歷史是圓的，繞來繞去仍繞到原來位置。假使把納溪一役與辛亥年漢口一役作比，那麼漢口失而南京得，納溪陷而廣西獨立，亦正是歷史上先後對照處。三月十五日廣西獨立是袁的致命傷，而在敘、瀘一帶艱苦作戰晝夜目部交睫的蔡將軍才知道人格爭回已不成問題，勝利亦有充分之把握了。

假使說廣西獨立是袁自己所促成的，這話驟聆之似覺不經，確是一針見血之談。袁的一生大毛病是一個「騙」字，又誤於一個「疑」字。他的「密探政治」有所謂「三套頭」，所以他無一可信之人，亦無一可用之人。廣西獨立自有其「爭人格」之動機，而發動如是之速，不發動於雲南起義之日而發動於納溪陷落之後，則袁之有以自召，實為此中一大關鍵。他派王祖同為廣西巡按使，會辦該省軍務，乃置於陸身邊的一名偵探，已非陸所能容忍了（又有令奮威將軍丁槐督桂之意），又命龍觀光引兵由桂入黔，更有火上添油之勢。袁以龍、陸乃兒女姻親，自家人不會打自家人，然親戚雖親，怎比自己的地盤親！況龍陸同為一省疆吏，同擁「上將軍」之尊號（陸此時已得耀武上將軍），陸的實力且居其上，而一則封公封王，一則為滔滔皆是的「關內侯，」由非陸之所喜。

然而這些都是次要問題，其最重要者莫如三月七日派陸為貴州宣撫使，以陳炳焜護理桂督一事。也許袁採取「釜底抽薪」之策，督位人人想坐，以下制上是袁的一套老戲法。不料陳不入袁轂，反驅陸投入倒袁陣線。此外，廣西獨立尚有若干相輔而行的動機，岑春煊是陸的老上司，梁任公是陸所推重的文人，這兩個勸陸獨立以成不世之功，馮國璋是陸所敬畏的武人，亦屢有反對帝制的暗示，加以滇黔使者不絕於途，陸早已不願北面以事袁了。

袁叫陸離開地盤，陸也還他一個「騙」字，要求宣撫費一百萬。袁先發五十萬，錢到了手，陸乃仿照雲南「先禮後兵」的步驟，先之以哀的美敦書，繼之以宣布獨立，且派兵繳龍軍的械（陸又從龍的手裏騙得一批械彈，即用之以繳龍的械。此時龍在百色，護國軍第二軍李烈鈞駐蒙自，是用以對付龍的。）三月二十日袁尚任龍為雲南巡按使監督理軍務，而龍已為階下囚了。袁得了這個惡耗，嚇得魂飛天外，急得徹夜不眠，才知道「小醜不可平，」皇帝夢做不成，連總統的椅子也快被推翻了。

這時袁委出大批的官吏，除雲南查辦使龍覲光、貴州宣撫使陸榮廷外，尚有湘西宣慰使熊希齡、川南宣慰使曾鑑、四川清鄉督辦胡景伊等，令人想起二次獨立時的「官吏雨。」廣西獨立之後，袁又打電報找熊來想請他和做事老，熊辭以「母老，」後來越說越不客氣，竟謂「何詞可宣，何情可慰？願仍辦理慈善事業稍盡桑梓之誼。」袁亦不能強之使來。

在滬養病的梁啟超，忽然在廣西發現，而廣西獨立了。袁以此疑到與梁並稱的湯化龍，怕他化龍飛去。湯的兄弟湯薌銘（此時正丁內艱）在湖南授着黨人層層疊疊的包圍（黨人勸他獨立否則驅之，）一面又受着乃兄的督促，袁欲覺放心不下乃調安武軍倪毓棻入湘。倪軍紀律極壞，湘人於反對帝制外又多了一種仇視北軍的心理。

袁四面一看，差不多沒一個不可疑之人。相傳有一件故事如下：一天，張勛到南京拜會馮國璋，馮以盛宴相款。張多喝了幾杯酒，談話談得很起勁，忽然大聲向馮說：「你知道我的來意嗎？我是奉着老頭兒的命令來察看你的行動的。」馮聽了並不吃驚，祇淡然一笑，從懷中掏出一封密電來：「這不是老頭兒叫我監視你的行動的電報嗎？」

三月十七日袁找智多星楊士琦問計，楊說，「西南聲勢已大，非和平解決不可；欲和平解決，則非取消帝制不可。」袁憂形於色說，「倘他們得寸進尺（意謂西南不許他再做總統）奈何？」楊說，「如此則彼曲我直，北方將士同仇敵愾，再以兵臨之不南一鼓盪平矣！」楊生平確是足智多謀之士，這次獻計則結果適得其反，自袁取消帝制之後，不獨未能鼓勵北洋將士敵愾之心，且絕其封侯拜將之念從此威信掃地，大家都不願為「下台皇帝」出力了。但袁若不取消帝制，北方既無可用之兵中原又呈瓦解之勢，雖起管、樂於地下，亦斷無挽回頹勢之望，豈區區一智囊所能為力哉？

袁聽了楊的話，再睜開「龍」目一看，東南態度曖昧，西南咄咄逼人，四川、湖南黨人又接躍躍欲試，北京亦滿城風雨，從前求官最力的人現在都棄如敝屣，紛紛辭職私逃出京，與辛亥年王公大臣之逃難出京者先後若合符節。袁到此不忘「暗探政治」又遣大批密探南下監視各疆吏行動，同時在北京分布緹騎禁止官吏出京，不許任何人辭職，這時虛君共和說取消洪憲年號說大盛。

跑腿跑得最勤的是內史長皖人阮斗瞻；是年二三月之交，此公僕僕於津浦道上，一會兒疏通馮國璋，（勸馮勿萌退志，即日銷假。）一會兒游說張勛。但裂痕不發現則已，發現後雖有女媧補天之石亦無所用，他請馮、張領銜發表擁袁通電以壯北洋派之聲威，馮、張唯唯否否，迫不得已，他冒名發了通電，馮等雖不便明白否認，暗中卻進行另一領銜通電以資報復，這一電的內容是「請袁退位」以平西南之氣。馮、段原是袁的化身，這一時期的馮便是辛亥年的袁，袁以民軍倒清室，再用北洋軍的勢力對付民軍，馮欲以護國軍倒袁，再以北洋軍對付護國軍。

馮等用密電徵求各省的同意這電報到直隸巡按使朱家寶的手裏即向袁告密，袁嚇出一身冷汗來，才知道自己的部下亦與「敵人」一鼻孔出氣了。他自己算一算，已活了五十八個年頭，袁家歷代相承都沒有能過五十九歲的。他慘然向夏午詒說「完了，一切都玩了（即皇帝完了，總統完了，生命亦將完了之意）！我昨晚觀天象見巨星殞落這是我生平所見的第二次：第一次李文忠公薨逝，這次也許輪着我」（袁的腦筋也是神話腦筋。）

袁的意思擬向立法院請辭「帝」位，由立法院宣布取消帝制，仍回復其總統地位，如此方符體制。但自廣西獨立後，時機上不容他再吞吐。三月二十一日承宣廳派人分送密函給黎元洪、徐世昌及建威上將軍段祺瑞等。囑於是日下午參加公府的緊急會議。且謂「上頭有話。須看幾十年老交情。請您務必發駕！」這「老交情」三個字的魔力比「聖旨」更有效，久不預聞機密的徐、段等都不得不應召而來。但黎要「明令取消武義親王，」袁想借重他向西南各省「泥首以請垂涕而道，」他借此提出這個「強人以難」的條件。

黎對袁的態度也漸漸地不客氣了，浙江巡按使屈映光的奏摺內，有「知事陳培琁係前參謀總長臣黎元洪保免」字樣，登在政府公報內，黎即拍案說：「什麼話！袁慰亭到今天還要拉倒我！」即嚴電問屈：「你自己稱臣夠了，替我稱臣是何根據？且保案是在帝制問題未發生之前而帝制問題發生後，我早已辭職、辭封，臣的名義如何成立？」他到這時才吐了一口惡氣。徐、段看在數十年老交情的分上，請袁取消地位以平國人之怒。袁說：「你們要幫我的忙才好。」徐段允於宣布取消帝位後出山來分掌政治和軍事的責任。

十三太保等人都不以取消帝制為然（十三太保即六君子與段芝貴等七人之總稱），袁把朱家寶所告「五將軍」一電示之（五將軍聞為馮、張與李純、朱瑞、靳雲鵬等），大家才嘿然無語。武班中閃出倪嗣冲來提高着嗓子說道，「臣不才，願提師討逆，誓無反顧！」（倪以書生入袁幕，始於小站練兵時。民元任河南布政使，民二調安徽都督，算得袁的一名心腹，袁死後他發了一個電報，有「哀痛曷極，臨電昏迷」之語。）袁向之作一苦笑說，「丹忱，別唱戲了吧！」即命張一麐起草命令如下：

民國肇造，變故紛乘，薄德如予，躬膺艱鉅。憂國之士，怵於禍至之無日，多主恢復帝制，以絕爭端而策久安。癸丑以來，言不絕耳，予屢加喝斥，至為嚴峻。自上年時異勢遷幾不可遏。……遂有多數人主張恢復帝制，言之成理，將士吏庶，同此悃忱。……嗣經代行立法院議定由國民大會解決國體，各省區國民代表一致贊成君主立憲，並合詞推戴。……責備彌周，無可委避，始以籌備為詞，藉塞眾望，並未實行。及滇黔變故，明令決計從緩。……予憂患之餘，無心問世，遁跡洹上，理亂不聞；不料辛亥事起，勉出維持，力支危局。……帝王子孫之禍，歷歷可數，予獨何必貪戀高位！乃國民代表既不諒其辭職之誠，而一部分之人心又疑為權利思想。……實予不德，與人何尤，苦我生靈，勞我將士。……將上年十二月十一日承認帝制之案，即行撤消，各省區推戴書一律發還參政院轉發消毀，所有籌備事宜立即停止。……主張帝制者本國鞏固國基，而愛國非其道，轉足以害國；其反對帝制者，亦為發抒政見，然斷不至矯枉過正，危及國家。……總之，萬方有罪，在予一人。今承認之案業已撤消，如有擾亂地方，自貽口實，則禍福皆由自召，本大總統本有統治全國之責，亦不能坐視淪胥而不顧。……

此令於二十二日發表，自承認帝位之日起算來有八十三天，「洪憲紀元」四個小字才在上海報上絕跡（滬報將此四字用六號小字排印，並將「中華民國郵政」六字改為「中國郵政」四字。）令文中「本大總統」四個字是袁親筆加入的，此調久已不聞（袁在命令中自稱曰予，）他補上這幾個字的意義是自己首先承認自己的「總統」地位。

同日任徐世昌為國務卿，段祺瑞為參謀總長，（陸徵祥專任外交）廢止洪憲年號，又召集代行立法院的臨時會，定於三月二十三日開會。那大叫苦的除帝制派外，還有瑞蚨祥服裝店老闆，定製的龍袍、朝衣無人要賠本生意是「活該。」二十五日參政院開會，全場一致通過取消帝制案，如昔日一致贊成

「推戴今大總統為中華帝國大皇帝」然。同日黎、徐、段分電陸、梁、唐、蔡等謂：「公等目的已達，請妥商善後。」此電是袁代擬好，用他們的名義拍出的西南的回電，一要袁退位，二要誅楊度等十三人已謝天下。同日四王子克瑞（誠齋）奉其生母及妻赴天津岳家鹽商何仲琴宅避難。

二十六日袁的另一「老交情」唐紹儀拍來宥電，不呼「我大總統」而呼「先生」，有「白宮殿隔，瞬已連年。……執事撤消承認帝制之令，而仍居總統之職，在執事之意，以為自是可敷衍了事，第在天下人視之，咸以為廉恥道喪，為自來中外歷史所無。」此電比之康有為一函呼「慰亭總統老弟」的更惡毒，呼「先生」之不足，繼之以「執事」。然而民元迫他下台的是袁，他現在才吐了一口惡氣。

以後的「大事」越壞。三月二十九日焚毀帝制文件八百餘件，四月五日廣東獨立，（三月下旬桂軍已集梧州）十二日浙江獨立，（江浙訂立互不侵犯條約，）二十二日任段祺瑞為國務卿，五月八日成立國務院，同日廣東成立撫軍院代行總統職權。此後川、湘、陝各省相繼獨立，而袁憂憤以死。

袁以陰鷙通變之才，逢飢渴望治之時，幾乎造成了一時的偶象，倘能逆取順守，其成功豈可限量！但自居總統之位以來，其巍巍功德何在？為縱兵殃民，為暗殺異己，為對外屈膝，為引用宵小，政治黑暗過於前清，手段惡辣過於西后。所以產生了為民族爭人格的蔡將軍，憑着三千老弱之師，打倒了根深蒂固的袁家勢力。而全國大多數人民因辛亥革命才認識民族主義，因丙辰倒袁而認識民權主義，足見人民是後知後覺，非不知不覺者可比。

語云，「水能載舟，亦能覆舟。」袁處處製造民意，殘殺民黨，而卒為民意所推倒。他又擅用武力，而武力終不可恃，突圍張勛復辟及督軍團毀法亂國的先聲，是袁死後不可恕的罪惡。討袁一役，從湖南人看起來，湖南民族真是一個不可思議的民族，前清有「中興功臣」，有政變巨子，民國有革命偉人，洪憲禍首，而楊度與蔡鍔又為顛覆共和再造共和的同時人物。

袁固一世之雄，昔嘗得心應手，何以到雲南起義後，其計畫着着失敗？有人謂：「以前他的運氣好，後來運數完了，運來時無往而不聽明，無往而不利，運去時無往而不敗，無往而不糊塗」，這是「神話腦筋」者的一種結論。但是，袁的戲法總不離乎一個「騙」字，其字典中既無「誠」之一字，則根據「殺人者人亦殺之」的理論，「騙人者人亦騙之」，所以袁的生活過程無時不在騙人與受騙之中，馴至左右以偽版順天時報進呈，偽造黨人自首及名流勸進文，造成上下相蒙，眾叛親離的局勢。再則，人當得意之時，精力愈見充沛，思慮乃愈見周密，故能一帆風順；而一念之差，弄得滿盤俱錯，故泥足不能自拔，這是必然的因果律，於運氣乎何有！

二陳湯

袁死後好事者輓之曰：「起病六君子，送命二陳湯。」兩者都是國藥名詞。六君子人人已知，二陳湯是指四川將軍陳宧、陝北鎮守使陳樹藩和湖南將軍湯薌銘。

陳是袁的心腹大將用以坐鎮西陲的，其出京時儀仗之盛，想閱者猶能憶之。一般人意想中的陳當係青面獠牙的醜漢，孰知他是恂恂儒者，從外貌看起來又是個藹然可親的人物。

話得從頭說起。四川督署秘書胡鄂公聽得帝制消息，與夫人孫蔚強女士匆匆檢拾行李，準備辭職出川，適有友人黃以鏞來訪，問他離川何為，他說「準備再去革命。」黃笑謂，「在川不能革命」一句話提醒了他，乃由黃的介紹，會合了北方革命老同志李憲文、李晁甫、陳國璽、蕭公弼、鄧潔夫、冷瀑冬、曾正宇等，這幾個都是四川人，再由這批人與分布於溫、郫、崇、灌的民軍首領張尊、吳榮超、孫澤沛、丁厚堂、李樹勛、李善波、秦奎龍等即號稱「十八路諸侯」者聯絡，於四年八月二十六日在少城公園開會，議決假西城西二道街胡宅為總辦事處，推胡主持其事。

胡每晨八時到署，晚十一時始回，整日不離陳的左右，但早晚與民軍代表秘密接洽。袁接受帝位前，川中早有所聞他們曾在順慶舉事失敗，雲南起義後，又派邱壽林、李憲文、蕭公弼、鄧潔夫等赴雅州運動軍隊，因袁營貪攻告密，各代表被捕，後來運動陳的太夫人（陳事母至孝，其母常以少殺人戒之）均得調省釋放。

陳與蔡將軍處於似敵似友的地位，過去是心心相印的友人，現在是兵兵相接的敵人。陳的心腹大將伍禎祥（雲南人）是蔡的舊部，另一旅長雷飈（寶慶人，陳派往劉存厚處任旅長）是蔡所推薦的，蔡的前敵司令韓鳳樓又是陳的學生，丟開陳蔡私交不說，雙方將領都是自家人，這確是討袁戰爭中一件奇跡，留為歷史上一個啞謎。

不獨雙方將領有着膠結莫解的關係，四川將軍署要員如軍務、軍需科長等又都是蔡所介紹來的，自蔡倡議以來，其保案悉被株連，而陳用之如故。（陳出川後，政府令蔡繼任川督，這批人復歸於蔡。）當護國軍克敘府、入綦江後，陳才慢吞吞地調川北伍旅（混成旅）馳往防堵，另派副官長熊祥生為劉存厚部旅長，雙方接觸後，陳無一語傷蔡，蔡亦無一語侵陳，彼此電文中以字相呼。蔡勸陳宣布獨立，陳的答覆扼要八個字是「事權不一，環境困難。」

陳的心理是一種部反袁亦不擁袁的心理，其不反袁乃泥於「受恩深重」之觀念，其不擁袁乃袁的「三套頭」手段所激而然，他奉命入川時，袁以川、滇、黔三省的是託付他，可謂極「推心置腹」之能事了，不久派河間人張聯棻做他的參謀長（原任參謀長劉一清乃湖北人）明為輔佐他，暗中實以監視他，他已深感不快；後來曹錕以長江上游總司令名義率三師（曹、張、李三師）入川，事前亦不以相告，這種不安和不滿的心理驅使他走到消極反袁的方向。

熊祥生有勇將之名，打了一二次小勝仗後，忽稱病辭職。陳笑着說，「他患的是爵位病。」等到袁授以男爵時，他的病不藥而癒。

劉一清調任高等顧問，不久後派為前敵指揮，全城文武官員餞之於城外江亭（其地有薛濤井），胡鄂公獨未往。陳照例每天晚餐後在皇城園亭中與幕僚們納涼談天（將軍署、巡按使署均在皇城中）談古說今，不拘形跡。那天晚上，胡向陳告別說，「二先生，我明天回湖北了。」陳說，「什麼，你也辭職嗎？你害的是那一種病呢？」胡答以「歸家課姪，免得將來變成一個為非作歹的人。」

陳默然有頃，把他拉入房內，用手往後面一指說，「我祇有一位老母一個殘廢兒子，天曉得，我如果為一人一姓之臣僕的，他們……」他說到這裏，淒咽不能成聲。

「但是事實上今天已派兵去打了！」

陳說，「我的兵力共有三混成旅一衛隊團。除玉亭（伍祥禎）外，其餘都不可靠。你的意思很好，明天找幾位同事開會談談。」

第二晚，胡與將軍府秘書張軫、郭文瑗（藍天蔚之岳父）、何積怙（何子貢之孫）等在陳的內室開會。陳說，「北京城玩着猴把戲老頭子自己亦有『彼順我逆』的一句話。松坡沉着知機，非輕舉妄動者可比。我們有三個辦法：第一，馬上宣布獨立；第二，先疏通周（川軍第一師長兼重慶鎮守使周駿）劉（川軍第二師長劉存厚）後再獨立；第三，派人聯絡馮華甫、湯鑄新再發動。」

鄧贊成第三個辦法。陳向胡飛一眼說，「很好，請你辛苦一趟。」

胡未出川之前要了一套「反間計」，派李憲文持匿名密函赴納溪投遞劉存厚的司令部，信中說「我是四川人，再將軍署任事，得知京中消息，袁氏疑心你勾結蔡鍔，將命你的部下殺你。」劉正在害着一種「孤立病」（因所部旅長均非其心腹）接了怪信的第三天（二月一日）即通電獨立，率部反攻瀘州，那為害男爵病的熊祥生棄職而走。

二月十日胡由成都出發，晝夜兼程，三天半走了一千〇二十里的山路到重慶，改乘小舟，又祇四天趕到宜昌，轉輪赴漢。（張聯棻曾向袁告密，故胡變服異姓而行。）在漢與陳裕時、黃保昌、王孝貞等相晤，陳裕時與湘督湯薌銘私交頗厚，大家商議的結果，請他入湘接洽。

湯在大客廳接見陳。陳談及四川及南京一般空氣，湯的臉上青一陣，白一陣，繞着大方桌打着磨磨轉兒，一言不發，沉沉若有深思。湯素有「屠戶」之稱，陳見了他的模樣，不覺毛髮悚然，急忙打着退堂鼓說「鑄新，我們是無話不談，聽不聽由你。你不聽的話，只當驢鳴、犬吠如何！」湯被他逗得笑出聲來才說，「你到上海與家大兄一談。」

他的大兄就是與梁（啟超）並稱的湯化龍。自雲南倡議以來，乃兄不斷有電來勸他獨立，他一概不覆，一方「君王」恩重，一方手足情深，他在兩向中打着磨磨轉兒，不知走着何方為好。他在湖南雖不無「勵精圖治」之心，因殺戮太多，黨人欲與之偕亡，他手下軍法課長華世羲又有「閻王」之稱，然黨人愈殺愈多，常常鬧着「棺材裝子彈」的把戲，加以北兵紀律不良，民眾亦欲與之偕。

陳回漢報告湯的態度後，胡即轉程赴寧，找到北方老同志陳之驥（豐潤人，字叔良，曾任師長各職，是馮國璋的女婿），並聯合馮蒙恬（河間人，字綬之，國璋之姪）向馮兩路進攻。三月上旬這兩人介紹胡與馮相見，胡述及「二先生（陳宧）的態度唯上將軍（指馮）之馬首是瞻，我約定到寧後由上將軍署發一密電，他即宣布獨立。」馮一面「唔唔」應了兩聲，一面顧左右而言他。

馮的意思很明白，倒袁未嘗不可，但叫他親口說贊成倒袁的話是意義上所不許，情感上所不容的。並且學袁要學到底，袁始終不說倒清廷的話，馮也始終不說倒袁的話，胡一連去了幾次，面孔漸漸熟，漸漸無話不談，馮不禁大發牢騷：「項城不把自家人當自家人，他的左右都是些狐群狗黨。這也是天意如此。你們知道項城的來歷嗎？」接着就提及「西山十戾」及「書僮獻茶」的故事。（見前文）

他的話匣子不打開則已，一經打開自己亦收管不住。他太息着說，「項城完了，癩蟆蝦難過端午節，我很為之痛心。」他忽然又問，「你的電報呢？拿來我替你發好了。」

南京任務完成後，胡抵滬與湯濟武相見，報告陳元伯（裕時之字）赴湘的一切經過，並且說，「二先生獨立是不成問題了，四先生（指湯薌銘）不獨立太不成話！大家都是湖北人，湖北人不能不爭人格！」湯連呼「不成話，不成話，不成話。我把你在南京接洽的經過情形報告他，不怕他不獨立。」

胡又變服改名由上海到宜昌，得該地縣長丁春膏之助，混在慶餘火輪（運兵小輪）上回到重慶，又竭三晝夜之力趕回成都。此時四川已進於「半獨立」狀態，陳一面打電報給袁主張和平解決，願以調人自任，且有勸袁退位之意，一面與蔡成立停戰條約，並告以「已派胡某赴寧，俟其返川，即當宣布獨立。」同時川省紳民均勸陳與袁政府斷絕關係。胡返省覆命後，陳命秘書起草獨立通電，一連換了兩位秘書（何、張）的手筆，陳都搖頭說「不合適，」輪到鄧秘書擬稿，才勉強說「好，」擺在籤押房几上，一連三天不發。

陳的意思很明白，倒袁自有必要，且袁的大勢已去，但叫他親自來倒袁，總覺得怯生生難於下手。胡一連去了幾次，知道他決心難下，乃登報擺脫一切事務，從此閉門不出。民軍代表看了報，跑來問他，他說，「你們不必問我。你們有槍，陳將軍也有槍，我是無槍階級。」一代表說，「那麼我們就來搗亂一下吧，」胡連連擺手說，「這是你們的事，切莫與我商量。」

第二天，民軍向青羊宮進攻，青羊宮是成都最大的道院，與最大的和尚廟昭覺寺齊名，正殿陳列銅羊兩具，其背端各有小穴，道人視為傳家之寶，實為明藩宮人的溺器。這碗槍聲四起，陳為之澈夜不眠，天明時命護兵曾福蘭（此人曾任管帶，仍着營長制服）請胡到署一談，值胡衣冠外出，向曾說，「你向將軍說，我病了，」揚揚然健步出門去。

陳知道胡所患的是一種不可言傳的怪病，又派人持函來，有「倘再不至，即當走訪」之語，胡始應召而來。陳向之要辦法，胡答以「我的辦法比二先生的辦法更少。」

陳陡然變了淒厲之色，咬着齒牙，拍案說道，「好，我就把電報發了吧！袁世凱這個東西不好惹，他的狠毒你們不會有我清楚。我將來不做官，也難逃他的掌握！」他把心一橫，在電文上親筆加了「與袁氏個人斷絕關係」一句，袁電大致如下：

宧於江日徑電項城，懇其退位，為第一次之忠告。……乃覆電傳來，則以妥籌善後之言，為因循延宕之地。……復於文日為第二次之忠告，謂退位為一事，善後為一事，二者不可併為一談。……嗣得覆電，則謂已交由馮華甫在南京會議時提出。是項城所謂退位云者，決非出於誠意。……項城先自絕於川，宧不能不代表川人與項城告絕。自今日始，四川省與袁氏個人斷絕關係。……

陳琳之檄可以愈曹操的頭風，不謂千載而後，陳宧一電竟足制袁的死命。（袁閱此電後，氣絕不省人事，詳情見後。）此電於五年五月二十二日發出，陳樹藩於二十六日獨立，湯薌銘於二十九日獨立，袁於六月六日身死，是「送命二陳湯」一語的註解（陳宣布獨立後，馮玉祥旅開回成都，有電致曹錕云：「軍隊皆國家之軍隊，非一人之軍隊。現在川省業已獨立，我輩只有聽命於陳公，以盡軍人之天職。順天者存，逆天者亡，古訓昭然，豈可忘忽。」）

電中既有「與項城告絕」一語，陳為什麼要補上「畫蛇添足」的十二個字？他自覺為北洋派一份子，與袁氏個人斷絕關係，並不與北洋派斷絕關係，這是他深謀遠慮之一端。但是這次「深謀遠慮」

卻貽了終身之禍，北洋派繼承者段祺瑞認陳為全無心肝的人，欲得而甘心，有人力為緩頰始止。終段之世，陳不復見用，在津窮困以終。

五月二十二日後，陳改稱四川都督，復任劉一清為參謀長，以修承浩（蔡鍔所保）為民政廳長，胡鄂公為全川宣慰使，熊克武為招討軍總司令，盧師諦為第四師長，孫澤沛等為民軍一至十八支隊司令。

陳說袁的狠毒是一點不錯的，二十四日袁有一令痛斥陳，大有「食肉寢皮」之概。其文如次：

據四川將軍陳宧通電內稱：「江日電懇大總統退位，乃復以妥籌善後為因循延宕之地，文日電請即日宣告退位，又以交南京會議時提議，是退位非出於誠意，因與大總統個人斷絕關係」個等語。本大總統之職位，由於全國國民選舉而來，其應行離職各節，約法定有專條，固非一部分軍人所當要求。倘此端一開，則繼任大總統者無論何人何時，均得借端糾各數省軍人舉兵反抗，要求退位，恐變亂無已，將釀成墨西哥更張爭奪之慘禍；凡稍有人心，略知愛國者，當不忍出此。所請與個人斷絕關係，事現屬大總統地位，不能將予及大總統分而為二，亦猶之陳宧未經開缺前，亦不能將陳宧及將軍分而為二也。予現仍屬大總統職位，照約法代表中華民國，與予之個人斷絕關係，此非巧弄文詞所能掩其事實，蔑其法理。惟本大總統之萌退志，早在陳宧等尚未要求之前，迭與政要諸人密籌善後辦法，僉謂對內對外，關係極重，稍有不慎，危亡隨之。初六日接陳宧江電，常覆以「實獲我心，但此間情形，必須布置善後，望速向政府密商辦法，切盼！」嗣見陳宧初六日電稱：「擬俟徵求各省意見，推由馮上將軍折衷辦理，」各等語。續據陳宧十二日來電轉述蔡鍔電文並請早日宣告適馮國璋等在南京約同十省代表討論大計，陳宧曾請推由馮國璋折衷辦理，自應併交提議。乃覆陳宧江電，令其「速向政府密商辦法，切盼。」而陳宧並不從速商辦，反謂為因循延宕之地；陳宧自請折衷於馮國璋，而又謂退位非出於誠意，矛盾其詞，隨意變幻，遂借口斷絕關係，殊不可解。予德薄能鮮，又日感困苦，極盼遂我初服之願，決無貪戀權位之心。但各省征軍數逾十萬，而沿江中外商僑麕集雜處，在在均須防護，尚有多數省分意見參差，各持極端主張，險象四伏，原因複雜，若不妥籌善後，不顧而行，必致破壞分裂，恐擾亂倍蓰於今日。予徒博高蹈之名，使國家受無窮之禍，固非我救國之本願，尤自覺難以對我國民，故視善後布置為國家存亡之關鍵，不得不切實籌商，一有妥善辦法，予即遠引休息，得卸艱鉅，詎非生平之大幸！十五日南京各省代表討論大計，曾於是日電飭馮國璋等切實討論，隨時與政府會商妥善辦法，個負責任，使國家得以安全，不致立見傾覆，迄今尚未接覆。總之，一人之榮辱甚微，國家之利害極重，本大總統素以救國為前提，在位一日，當盡我一日之責任，斷不敢逞一己之意氣，徇一己之名譽，致國家受絕大之危險。事後自有公理，亦不顧毀譽於一時，而恬退之志本諸素懷，斷無絲毫貪戀之心。陳宧遠在成都，情形隔膜，不知善後關係極重，殊為痛惜！已有令飭來京籌商善後，着即迅速啟程，勿稍延緩，此令。

同日任命「周駿為崇武將軍，督理四川軍務。」袁的意思很明白，「你要我下台，我先叫你滾蛋！」

袁死後黎元洪繼任大總統，黎的左右蔣作賓、哈漢章、金永炎等電陳：「現在湖北人做了大總統。你是湖北人，應先取消獨立以為各省之倡。」陳遂於六月更日取消獨立，從此他既非將軍，不能與未獨立各省同流合污，又非都督，不能與獨立各省齊驅並駕，周駿遂打着「崇武將軍」旗號，演「着取成都」之一幕。六月二十四日黎任命蔡鍔為益武將軍督川，曹錕為軍務會辦；周駿着來京，所部交新任重慶鎮守使王陵基接收。陳乃率伍祥禎一旅、馮玉祥一旅、李炳之一團（團長丁搏九，李旅另一團被曹錕繳械）及衛隊團長孔繁錦於六月二十六日由綿陽北上，旋應曹錕之請，改道由重慶抵宜昌（七月二日。）八月二十八日到漢。馮旅知陳無可為，仍循陸路入陝，其餘各部隊則在宜昌自動解散（陳任重慶即接到督湘令。）

黎覺得愧對這位捧場最力的同鄉，七月六日畀以湖南督軍兼省長（楊已於七月五日逃走，）不料湘人拒之甚力，黎的第一道命令便等於一張廢紙，這由於自墜威信之所致。後來蔡將軍率部入成都，驅走周駿與王陵基，八月七日北廷任命熊克武繼任重慶鎮守使。

江南春色

當阮忠樞南下疏通馮之前，有一段故事值得一寫。一天，袁把公府顧問張國淦找到府裏來（張丁內艱，不肯做官僅接受這個虛銜。）向之說：「我打算讓位給宋卿。但是宋卿不懂公事。請你向他說，請他到府裏來和我一同辦公，讓他的公事摸熟了，我就放心退位了。」張說：「總統與副總統之間平日是那位傳話？」袁應以「楊五，」張就推開來說：「那麼還是請杏丞傳話的好。」

張是湖北人，袁想利用他以同鄉人資格探聽黎的口氣。張既不肯去，袁祇得淡淡地和他瞎扯淡，其對答之詞如下：

袁：近日外間輿論如何？

張：都在討論退位的問題。

袁：你看，退位好，不退位好？

張：要從三方面分析一下：外交、軍事和輿論。

袁：什麼，輿論？我看中國就沒有這件東西。外交我很有把握（實則無把握。）三者的重心是軍事。

張：你看，蔡松坡打得倒我嗎？……（他臉上泛着冷笑。）

袁：當局重心，在東南而非西南。

張：什麼，你說華甫（馮）嗎？……（態度極不自然。）

袁：華甫做了總統幾十年的部下，知道他的莫如總統。我是局外人，不敢妄置一詞。

張：你以為華甫左袒則左勝，右袒則右勝嗎？……（又像在平心靜氣地討論這問題。）

袁：左右袒倒不怕，獨怕他不左不右耳！……（意思是說以第三者自居，處於敵友之間最難應付。）

張：……（微嘆，無語。）

袁：我想把八個字貢獻總統：「急流勇退，實至名歸。」

張：……（仍無語，又重複地哼了一聲。）

等到張退下來的時候，袁又喚他轉來說：「你去和菊人一談，」張的兄弟國溶是徐的得意門生。張趕到徐宅，徐剛剛駕好了車，向之說：「請你寬坐一會兒。我應公府的電召，馬上就回。」隔了不久，徐果然從公府回來了，並且說：「你剛纔向他所說：『不左不右』的一句話，他倒聽得頗入耳。因此他叫我去問計於我，我胡亂地答以『派人疏通一下，』他現在叫斗膽（阮忠樞）去了。」

從這件事看起來，袁的致命傷就是他所豢養的過去用以獵取高位的武人。那時，馮一面演着「五將軍聯合勸退」的秘戲，一面與西南默契，頗表示「不左不右」的樣子。後來聽得袁想進行大借款（向美國進行實業借款）以平亂，想命王占元督湘，倪嗣冲督鄂，張勛督蘇，並有調兵入粵、閩、湘等省的準備，他實在忍耐不下了，乃有四月銑日勸袁退位之一電：

「竊自滇事發生，國璋屢欲有陳，輒以甘冒尊嚴，懼被譴責。茲者禍迫燃眉，難安緘默，謹為鈞座披瀝陳之。比年以來，樞府採用集權，無論兵力財力，均歸中央遙制；即以軍隊言，各省自有之兵，一律裁減；一旦發生事變，統系不一，調遣為難，將軍巡按之實權，幾至限於一城。……蘇省秩序雖稱寧謐，然初聞浙耗，全部震驚。……倘國是久不解決，星火或竟燎原，國璋即欲進守土之責，亦恐力不從心。……我大總統幹運中樞，統馭全國，而滇、黔抗命，桂、粵風從，民難安居，軍無鬥志。文告既無從感格，武力尤不易挽回，杞人憂天，又不僅在一隅而在全局矣。……國體甫改，劫運忽聞，致亂之由，可思其故。……為今之計，惟有籲懇大總統念付託之重，以補救為先，已失之威信難返，未來之修名可立，及此尊重名義，推讓治權，對於未變各省，不必抽派軍隊，致啟猜疑，前敵戰事已停，亦無庸加增兵衛。……國璋仰荷恩知，追隨最久，縱叢謗招尤，而素懷不改，鈞座任職一日，誓竭一日之孤忠，設事與願違，則私誼拳拳，亦不忘於畢世。」

這個電報明明是叫袁退位，不過措詞稍含混；袁卻假裝糊塗，要他「迅籌調停之法」。其覆電原文如下：

銑電悉。該上將軍憂心大局，嘉佩莫名。及全之制，採自東鄰法律專家言之成理，顧以施行未善，利少害多，誠有如該上將軍所言者。琴瑟不調，則改弦更張，自當別訂制治保邦之計。該上將軍如有辦法，倘望詳細指陳，以備採用。……現在停戰期內，亟應早日解決，息事寧人。該上將軍謀國真誠，務望會商各省，迅籌調停之法。至於引咎以往，補過將來，予雖不德，感忘忠告。

到四月二十六日，馮不再含混其詞了，其致「三元老」之一電如下：

元首統馭民國，四年於茲，咸以保邦制治望之一人。乃帝制發生，未及數月，一時輿論大變，實緣威信已墜，人心已渙，雖挾萬鈞之力，難為駟馬之追。國璋對元首具有特別感情，特以耿直性成，未能隨時俯仰，他人肆其譏搆，不免浸潤日深，遂致因間生疏，因疑生忌，倚若心腹，而密勿不盡與聞（帝制之初，）責以事功，而舉動覆多牽掣（張倪監視）減其軍費，削其實權，各省兵力四分，統系不一，滬上一隅，復與中央直接……近以政府電知川省協議和解條件，與國璋用意略同，方且擔任調人，冀回劫運。惟報載陳將軍所致中央一電，聲明蔡鍔提出條件後，滇黔對於第一條未能滿意，而此間接到處轉陳電，似將首段刪節。值此事機危迫，猶不肯相見以誠，調人闇於內容，將何處從着手？……大總統本一代英傑，於舉國大勢諒已洞燭靡遺，頃者段將軍離奉入京，（被逐也）未見明令，倪將軍調防湘省，湘又拒絕……至財政之困窘軍心之懈怠，外交之困難，物議之沸騰，事實昭然，無可諱飾。……察時度理，毋寧敝屣尊榮，亟籌自全之策。……苟長此遷延，各省動搖，寖至交通斷絕，國璋縱不忘舊誼，獨以擁護中央相號召，亦恐應者無人，則大總統孤立寡援，來日殊不堪設想。……諸公誼屬故人，近參機要，請以國璋電文上陳省覽。

袁最怕看這一類的電報，比蔡鍔、唐繼堯的電報更可怕。馮既倡之於前，所以各省勸退電比之以前勸進電更多，而勸退最力的就是從前籲懇速正大位刻不容緩的祇一位「孤忠耿耿」的王占元，一言不發。

當其時，黎元洪辭爵不算（袁請黎共維殘局，黎則以明令取消王位為合作先決條件。袁被迫無法，乃令政事堂函黎，謂已遵副總統之請，將武義親王爵位取消矣）六君子亦辭職，各疆吏亦紛紛辭爵，昔則求之而不得，今則棄之如敝屣（袁不便明令取消，均置而不答。）尤使袁咄咄呼奇的，昔日那位「感恩刻骨，誓圖報稱」的張作霖，此時忽將袁的第一愛將段芝貴逐走（段以入覲為由離奉，）袁不得不授之為盛武將軍，督理奉天軍務，兼代巡按使，以酬其「落井下石」之功（四月二十三日。）

時局演進到這一步，「驅」的法術不靈，祇能採取「拖」之一字。袁向黎、段、徐諸人表示，將召開海其於上海，以段、徐為北方代表，（南代表有唐紹儀、梁啟超之說，唐昔為北方總代表，今昔易位，亦一奇聞也）採取責任內閣制（宋教仁死得冤，唐紹儀走得冤）且謂「我隨時可走，只以四年來一切經手費用，不好辦交代，故遲遲不決耳。」

他說這句話是「袍澤私言，不堪為外人道，」實則仍然不外一個「騙」字，想動之以情，以答其「拖」之目的。五月三日陳宧電稱：「元首若允退位，其優待條件當與各疆吏力爭，」段即據以擬就六條：㈠往事不追，㈡公權不褫奪，㈢私產不沒收，㈣國人予以尊重，㈤居住自由，㈥年俸十萬。似此則過去的糊塗帳不退，包今後且有一筆進帳。

袁的表示是「很好，你們商妥辦法，退位後我將移居頤和園，以資游息。」

歷史和地球同樣是圓的，繞來繞去，仍繞到原有位置。自辛亥至丙辰五年間，一個奉令養疴的假病人變成了憂憤成疾的真病人，一個陰謀家忽而總統，忽而「皇帝，」而結果自敗於陰謀，一個繫天下之重望的人變成了為天下所共棄的人，其間動態，值得一寫。

第一，因各省紛紛獨立，聯想到辛亥年的各省紛紛獨立。滇、黔、桂三省獨立後，四月五日廣東獨立，十二日浙江獨立，五月九日陝西獨立，二十二日四川獨立，二十九日湖南獨立。粵、浙二省是假獨立，與辛亥年山東之假獨立相同。粵督龍濟光受民黨與滇桂軍之夾擊，三月二十九日通電「保境輯民」頗有手中立的樣子。後因桂軍節節進逼，不得已宣布獨立，暗中仍與袁通款，請派兵南下協防，四月十四日曾演「海珠會議」一幕慘劇，梁啟超代表湯覺頓被殺，民黨代表徐勤幸免。龍畏罪親赴肇慶請和，成立了設立兩廣都司令（岑春煊為都司令，梁啟超、李根源為部參謀，九月一日在肇慶成立）及暫維龍之地位的妥協辦法。（後來龍於六月青日取消獨立。）四月十一日浙軍驅逐將軍朱瑞，舉屈映光為都督，屈僅允以巡按使兼總司令名義維持治安，並電袁表明心跡，袁以「獨立擁護中央」六字示之，與示龍的辦法相同。十四日袁有申令如下：

> 據浙江巡按使屈映光電稱，四月十一夜突有軍民擁至軍署，將軍失蹤，次早強迫映光為都督，誓死不從……往復數四，即請以巡按使名義兼浙江總司令，固辭不獲，始行承諾等語。該使才堪應變，功在國家，極堪嘉尚，着加將軍銜兼署督理浙江軍務，此令。

以「抗命獨立」之人而云「功在國家」，這種把戲恐非五洲萬國所有。十七日屈為世所迫，改稱「浙江都督」，並且有電報稱：「袁前總統大鑒」，畢竟因向袁皇帝輸過款，不為浙江人所容，尤國民黨員王文慶、金兆棪等地發動，逼他走路。他只好於五月五日舉呂公望自代，結束了這幕怪劇。

若說浙江的假把戲太怪，則陝西的真把戲尤奇。陝北鎮守使陳樹藩（原籍湖南寧鄉。五年一月二十七日得任此職）於五月九日在三原獨立，稱陝西護國軍咸武將軍陸建章派其子弟一旅長陸承武往「討」，戰於富平，被陳部胡景翼營長所擒。陳學了三國演義「張飛義釋嚴顏」的一套，親釋其縛說「大公子受驚了！一切請放心，咱們終是自家人。」乃電告其父，「公子在富平無恙，請你響應獨立。否則請你離開陝西。」陸回電願走，十六日歡迎陳軍入城，十七日與陳會銜電袁：「樹藩因欲縮短中原戰禍，減少陝西破壞區域，於九日以陝西護國軍名義宣告獨立。建章念項城二十載相知之雅，則斷不敢贊成，念陝西八百萬生命所關（大公子一人生命所關？）又不忍反對，即當遄返都門，束身待罪。」

事之尤奇者，明明一齣「奪帥印」，表面卻像「揖讓之局」，一個歡迎如儀，一個歡送如儀。陳就在都督後第一道任命狀任命陸承武為陝西護國軍總司令。

袁死後陝西取消獨立，六月十日任命陳為漢武將軍督理陝西軍務。于右任有一電罵陳，罵得最痛快。其略如下：

> 閱公陽電，使人髮指。陝西獨立，取名護國，自當與西南首義諸省取一致行動。今袁氏朝死，暮即取消獨立，且殷推袁為共戴之尊，不祧之祖，是則陝西何必獨立？獨立豈非叛祖！尤異者，請對袁氏飾終典禮從豐而外，又請訂優

待家屬條件。試問袁氏遺產豈少，何待越俎代謀。軍興以來，戰地人民死者不下數百萬，此等家屬，更誰卹之而誰憐之！

當時處境最苦的莫如湖南靖武將軍湯薌銘，背「君」則不忠，背兄則不義，忠義苦難兩全。然而這些都是表面文章問題是走着那條路才可以保全位置呢？獨立吧，湘北有安武軍之一部（倪嗣冲部），湘西有第六師（馬繼增殘部），且過去殺戮黨人太多，今後何顏與之相處！獨立吧，桂軍要假道北伐，民軍又所在紛起，袁的視力已成冰山，四川又已獨立，他和陳二庵都是湖北人，同為將軍，有同爭人格之必要。他左思右想，想出了一個好主意，先令永州鎮守使望雲亭（也是湖北人）於四月二十七日宣布獨立，想藉以搪塞西南，因搪塞不住，乃於五月二十九日宣布獨立。七月五日，湯仍被黨人逐走。

尚有似獨立非獨立之一省是山東。民黨居正在魯東起事，泰武將軍靳雲鵬的靠背山段祺瑞是不贊成帝制的，但與袁仍保持若即若離的關係，所以靳的態度是：「獨立是不可以的，但倒袁是贊成的，」乃於五月十九日勸袁退位。袁的對付是：調靳入京，以張懷芝繼任魯督。

第二，因對袁的「軟逼宮」聯想到辛亥年對清廷的「軟逼宮。」

北洋兩大柱石，袁用之以對付清廷及民軍的，是段祺瑞與馮國璋。段完全抄襲了袁的老文章，取天下為袁之手是斷斷不可以的，讓護國軍搗穴犁庭是更更不可以的，那麼最好的辦法：利用護國軍以制袁，然後團結北洋派以制護國軍。袁照照自己的影子，就能看得出段的心事，所以始終不把實權交給他，他就始終害着似熱非熱，似冷非冷的「政治病。」

帝制取消後，徐世昌復任國務卿負政治責任，段為參謀總長負軍事責任。段提出條件，統率辦事處要取消，拱衛軍、模範團要改編，他說一句，袁叫好一次，叫好自叫好，事實上卻給他一個「相應不理」，段的舊病復發：不到部，不建一言，不畫一策。袁的意思很明白，「我叫你幫我的忙，不是叫你篡我的位！辛亥年我收攬禁衛軍的軍權，現在你想搶我的拱衛軍和模範團！辛亥年我向清廷提條件，現在你向我也提條件！」

段的地位確如梁任公所謂「今日之有公，猶辛亥之有項城。清室不讓，雖項城不能解辛亥之危，項城不退，雖公不能挽今日之局。」可是袁的陰險手段過於清室，其戀棧心理亦過於清室，而段的實權及其魄力則不及昔日之袁遠甚。幸而袁大勢瓦解，與清室之瓦解同，段得以崛起而為袁世凱第二以制袁。

徐世昌是一塊空招牌，空招牌做不了真生意，他的「國務卿」是過渡政府。關於繼任人選，袁頗屬意於李經羲（由嵩山四友之一轉到嵩山四友之二，）李也是一款空招牌，且比徐更空。自然，「遠在天邊，近在眼前，」眼前有一塊畫真價實的招牌，袁照着自己的影子，不由得打了一次寒噤，不敢把它掛了出來。

一片獨立聲，一片退位聲，與清末各省獨立及北方各武人奏請退位聲同樣響亮。清室明知袁之不可用，到事機臨危時不得不頭猛劑以起沉疴，此時袁的處境亦同。四月二十二日，袁在萬不得已之情勢下，聘徐為公府高等顧問，以段為國務卿，時人稱之為「段相。」段雖取得當日袁的「總理大臣」地位，（袁聲明係採取責任內閣制）實權則遠有不逮，連一個秘書長都用不着，袁以王式通仟院秘書長，段的心腹徐樹錚屈居幫辦一職。不僅此也，段連一點點自衛力都沒有，生殺予奪均操之袁，後來模仿辛亥年袁調馮國璋入京的故事，調第二十師吳光新部入京，腰肢才略略挺直點。

第三，因袁的退位問題聯想到清廷退位問題。

袁取消帝制時，其意若曰：「你們反對我做皇帝，我就不做皇帝。皇帝是我自己造意，總統是人民公舉，我的總統地位是毫無問題的。」他提筆在退位令上加了「本大總統」幾個字。他的老友唐紹儀打電報把他挖苦了一場，另一老友伍廷芳措詞則較溫婉，進以靈魂之說，四月二十日函袁略云：「人生在世，不過數十春秋，縱講衛生者亦不過百餘歲，始終總有一死。所不死者惟靈魂耳！為善者靈魂得安樂，為惡者靈魂受苦惱。廷芳近數年來專行善事，惟圖靈魂安樂，不知公所念及此否？」這一對老友剛剛正是辛亥和議時的南北兩位總代表。

袁的敵人蔡松坡將軍措詞則更溫和。三月三十一日川滇軍停戰後，蔡表示「默察全國形勢人民心理，尚未能為項城曲諒。凜已往之玄黃乍變，慮日後之覆雨翻雲，已失之人心難復，既墮之威信難挽。若項城本悲天憫人之懷，為潔身引退之計，國人軫念前勞，感懷大德，馨香崇奉，豈有涯量」（四月二日答黎、徐、段電。）四月二十三日西南通告外交團，黎副總統依法攝位。但黎身在賊中，其行動及言論須脫離暴力後方能有效。此外若干名流均謂「袁的總統資格早於接收帝位時喪失，何可由總統變為皇帝，由黃帝再變為總統！」

袁的最大本事是「騙，」此時故態復萌，曾不斷向各方表示：「好極了，退位不成問題，我無時不想歸隱。但全國秩序為重，你們先籌善後之策，我隨時可走。」他這套做工仍是辛亥年假口北方秩序為重，不肯南下就職，馴至以辭職為要挾的那套老做工。閱五月十七日致三將軍之一電，其肺腑了然可見：

> 南京馮上將軍、徐州張上將軍、蚌埠倪將軍鑒：華密。予自退隱田園，無心問世，不幸辛亥變作，強與諸君子出任國事，不避艱險，而心長識短，叢脞橫生。自滇事發難，遠近騷動，既無洞察之明，又乏應變之策，夙業慚祚，早存退志。迭

與政要諸人密籌善後辦法，僉謂對內對外，關係極重，稍有不慎，危亡隨之。近日唐繼堯、劉顯世、陸榮廷、龍濟光等以退位為要求，（獨不提蔡鍔，蓋惡之深也！）陳宧亦相勸以休息，均獲我心。予德薄能鮮，自感困苦，亟盼遂我初服之願，決無貪戀權位之意。然苟不妥籌善後而撒手即去，聽國危亡，固非我救國之本願，尤覺無以對國民。目下最要在研考善後之道，一有妥善辦法，立可解決。該上將軍等既約同各省代表就近齊集，討論大計，無任欣慰。時局危迫，內外險惡，相逼而來，望將善後辦法切實研求，速定方針，隨時與政府會商，妥定各員責任，使國家得以安全，不致立見傾覆，幸盼曷極！大總統印。

實實在在他早已拿定主意，到什麼時候說什麼話。當滇黔首義之初，他用清廷分化民軍的懷柔政策，暗囑其爪牙電勸起義各省將領：「倘願息兵，當保位置不動」；又以爵位激勵北軍諸將，一個旅長打一次小勝仗，可以封男爵，其急欲「平亂」可知。老實說，取消帝制亦為緩兵之計，勝仗若再打下去，他又可回到龍位上，一變再變，猶之水變為冰，冰又變為水一樣。當三月初旬前線告捷時，帝制派又有彈冠相慶之意，取消帝制案因之擱淺，乃霹靂一聲，廣西獨立，五將軍又有勸請取消帝位的密電，不得已才將原案（撤銷帝制）宣布。後因獨立風潮愈擴大，不惟對南無可用之兵，北方亦無可恃之將，尤以馮國璋態度為難測，他才把「好極了，我隨時可走」的那套話騙國人，騙部下，騙一天算一天，大有「除死方休」

之勢。

第四，因優待袁的條件聯想到優待清室條件。

陳宧與蔡將軍相約停戰時，派員持和平條件與蔡相商，蔡祇看到第一條「仍戴項城為總統」即沉下臉色說道，「什麼話，他今天仍想做總統？」正與辛亥年黎元洪拒絕袁的條件同樣堅決。

以上所舉，僅洪憲末期中之幾個例而已。於是具有神話腦筋者都異口同聲說，「報應，活報應！」實則，這套戲法都是袁所導演的，他的「基本演員」就拿這一套對付他，仍合着「種瓜得瓜，種豆得豆」兩句話。

畫虎不成

帝制取消後，黎、徐、段聯名向護國軍提出議和條件如下：㈠取消獨立；㈡滇、黔、桂治安由三省長官負責維持；㈢新兵一律遣散；㈣各軍退推原防；㈤即日停戰；㈥三省各派代表一人來京共商善後。這些漫天討價的條件是徐根據袁的旨意開列的，黎不肯開口，段不願過問，祇徐一人跳得最起勁。袁的價開得高，護國軍的價更高與天齊，另開六條如下：㈠袁退位後貸其一死，但須逐出國外；㈡誅楊度等十三人以謝天下；㈢大典籌備費及此次軍費約六千萬，查抄袁及禍首十三人財產賠償；㈣袁子孫三世剝奪公權；㈤依照約法，推黎繼任大總統；㈥文武官吏除國務員外，均照舊供職，但軍隊駐地須受護國軍都督之指令。

這不是和解辦法，明明係「扭辮子，捏拳頭」一類動作。徐等知直接謀和之無望，乃商議馮國璋、陳宧居間另提條件，陳的第一條「仍戴項城為總統」被蔡否決，袁自覺無顏，竟拿出「神奸巨騙」的手段來，令政事堂通告未獨立各省，詭稱「蔡鍔已承認袁仍居大總統之位，你們好好辦，滇黔就範是不成問題的。」

陳的另一電證明了袁是「漫天撒謊」所以馮有「調人闇於內容」之語。馮本是勸退的他和段都是袁的化身很想學「辛亥年的袁世凱」在南北相持中造成「中間人」勢力與段爭「北洋正統」而受禪於袁。他在南京雖處於舉足輕重的地位但有兩個頑梗不化的將軍——張勛與倪嗣冲近在咫尺倘欲有所主張自不能不徵求其同意。四月十八日馮、張聯名提出八條如下：(一)遵照清室賦予「組織共和政府全權」原旨承認項城仍居大總統之地位；(二)慎選議員重開國會；(三)懲辦漢人；(四)各省軍隊須依全國軍對按次編定番號並採徵兵制；(五)明定憲法憲法未定前仍用元年約法；(六)民國四年冬之各省將軍、巡按使一律仍舊；(七)川湘前敵各軍一律撤回；(八)大赦黨人。

護國軍與袁的對台戲，怎會牽扯到墓木已拱的清室？馮的意思明明要勸退(已有電明白表示，怎會擁袁仍居總統之位？此中經過是：馮不能不遷就張的意見而張不忘清室要把這一張廢票點綴在上面；張並非袁家忠臣袁派阮忠樞三走徐州請替「袁宮保」解圍並許以若干優厚條件他就馬馬虎虎答應了。(四月十日任張勛兼皖督仍駐徐州倪嗣冲退為安徽巡按使兼長江巡閱副使。)

八條件與馮的出發點完全相反。馮的出發點是仿照辛亥年參議院組織成例邀集各省代表開會於南京推選臨時總統再召集正式國會產生正式總統則此席「舍我其誰」不料張別具肺腑馮不便與之翻臉，才湊成非驢非馬的怪條件，其中如開國會、用元年約法、懲奸、赦黨人等都是張所不喜的，因還就馮的意見，也就馬馬虎虎答應了。

懲奸即懲辦禍首，因怕惹動張的火性，卻又弄得不明不白。不久馮即本其原意，於四月二十五日通電未獨立各省云：

滇黔四省尚持極端，安能開議？計惟……先與各省聯絡，各保疆土，共維公安，責任同肩，擴充實力，對於四省與中央可以左右為輕重。……再行發言建議，融洽雙方。四省若違眾議，自當視同公敵，中央如有異議，亦當一致力爭。

……

又將八條修改如下：（一）承認袁總統暫負維持責任，一面迅籌國會銳進辦法，俟國會開幕，袁即辭職；（二）議員選舉凡金錢運動及政黨忠爆烈分子不許羼入；（三）憲法未訂前暫以民元約法為標準，將適用各條款宣布，餘則酌加修改；（四）中央宣布收支情形，滇黔聲明需用實數；（五）原有各軍回防，添招軍隊一律遣散；（六）官制官規暫守舊章，各省軍政官吏一律存在；（七）禍首楊度等削除國籍，俟國會成立後依法判罪；（八）黨案由政府判別是非，咨送國會討論，俟得同意後宣告大赦。

這一來，司馬昭之心，路人皆知，無怪乎全國人民大譁，名流通電醜詆了。綜合各條件內容，不外排斥民黨，排斥西南，擇民元約法之利於己者而用之，其不利於己者刪除之，以無權無勇之人供其犧牲，（名流通電謂馮為首惡，楊等僅為從犯，）以售其組織「第三政府」之奸計。然而這祇是馮的單人舞，後來張破口大罵，罵那個提出懲辦禍首的人。

西南知北洋軍閥之終無覺悟，五月八日軍務院在肇慶成立，推舉唐繼堯、劉顯世、陸榮廷、龍濟光、呂公望、岑春煊、梁啟超、蔡鍔、李烈鈞、陳炳焜、戴戡、羅佩金為撫軍，唐為撫軍長，由岑副撫長代行，梁兼政務委員長，成立後即宣布袁已喪失總統資格，依法推黎繼任，黎不能執行職權時，暫設撫軍院代行其職權。這是過渡辦法，一如辛亥年以武昌為中央軍政府之例，不過民政長換了政委會，湯化龍換了梁啟超。

該院成立後，曾運動外人赴京助黎化裝逃走，這一舉萬萬辦不到；蓋自蔡將軍振翮以去，袁即命江朝宗派人嚴密監視黎的行動，不許越東廠胡同一步（黎由府遷回私邸。）且不獨對黎為然，偵探密布車站，阻止搬運行李，調查旅客姓名，所以發生外國浪人包運行李及外國洋行存件取費的事，令人回想到辛亥年滿人親貴狼狽出京的情景。

軍務院將成立，馮之着急與民元袁聽了孫大總統在南京就職一樣，乃於五月五日親赴蚌埠訪倪，邀之同往徐州訪張，三人聯名通電未獨立各省，請各派代表一人，於十五日以前到寧集會。此即萬目睽睽之南京會議。他們想以十五對五的優勢壓倒西南五省。並且有「副總統地位亦隨之而喪失」的話。

分析南京會議三個要角的心理，各人有一條心與辛亥年民軍之「萬眾一心」者截然不同（黎元洪語。）馮想收漁人之利，倪是袁的「良弼」，想做力挽狂瀾的「洪憲功臣」，張則「孤忠耿耿」，欲為盟主而進行復辟。這時袁的苦臉上展着狡獪的笑容，想利用他們矛盾的心理達其留位之目的。

他派阮忠樞暗中運動蔣雁行通開列席（監視之意），並且說，「好極了，我退位不成問題，一切都取決於你們。」

他暗中又在擺布天門陣，命「儀同特任」的外交次長曹汝霖（五月十七日任之為外交總長）暗許日本以對華投資的優先權，借款以為征南之用，令梁士詒籌辦軍費（梁以中交停兌為集中現金策，）許張勛繼馮之後為蘇督，調馮為內閣總理或征南總司令，調倪軍入湘，雷震春入陝，在河南原籍招募一批警衛隊，又有所謂「征陝、固魯、奠定北方」的軍事計畫。總之，他過去允許停戰是無可用之兵，璇在鑒於南北之對立，知南京會議之必無結果，不知不覺又拾起了他的「武力殘夢」。這一時期京以內梁的權威比段大，京以外馮的聲勢遠在段之上，段又處於悽悽惶惶之苦境。

十七日南京會議開會時，對退位問題發生強烈爭執：山東代表丁世嶧（即辛亥年主張山東獨立者）主張勸退馮陰附其說，倪嗣冲反對，張的代表萬繩栻亦反對，因之不敢提付表決。後又通過「休戰議和」電請獨立各省派遣代表到會一案，張聞之大怒，他澈頭澈尾是個反對與南方合作的（其實他是江西人）欲以十七省對抗獨立五省。張的目的在取得蘇督一席，並請獨調馮為征南總司令，其有電（五月二十五日）原文摘錄如下：

此次江寧之會，馮上將軍提出三項問題，業經各代表依次宣言，皆以擁護中央保存元首為宗旨，是退位問題已屬無可討論。且由馮上將軍主張，欲求和平，非以武力為準備不可。所有應備軍旅餉項，并經各代表欲先分別擔任，馮上將軍并以前敵自認，可欽可感。惟湖南代表有愛人以德之言，迨經倪將軍詳言辯詰，則亦無詞置對。不意第四次會議時，魯湘鄂贛諸代表竟於議案範圍外輕遽發言，或以外人逼脅為言，或以用兵困難為說，幾將公決鐵案一概抹煞，顯見受人愚弄，與南方諸省同其聲調，必非該本長官所授本意。該代表等實屬害群之馬，允當鳴鼓而攻……即使南方諸省派代表到寧與議，亦當一意堅持，如不聽從，即以兵戎相見。（此電與倪會銜拍發。）

他另有戡電發表：「勛部可出三萬，奉天二萬，河南、安徽各一萬，各省共可出兵十餘萬，軍費由各省分攤。督師之任，職務重大，勛雖不敏，願任其難。……何難一鼓盪平，滅此朝食。」

袁暗中掀髯而笑，「此舉正合孤意！」不過張的合股公司是永遠不會成立的，莫說打仗非北方武人所喜（除極少數袁黨外）白打仗還要貼腰包世間焉有此種天字第一號「忠臣？」莫說各省武人連提議人（張）亦不過空口說着大話，想借以騙取江蘇地盤而已。

當然獨立各省不會加入烏煙瘴氣的北洋群英會。結果馮畫虎不成（總統做不成），且恐地盤難保，乃通電宣稱，「國璋僅可維持江蘇秩序，其他未遑兼顧。」

袁的歡喜是一場空歡喜，接着就是晴空起一霹靂，四川獨立結束了留位問題和袁的生命。張自然不會再向死人告奮勇了，卻把列席南京會議各代表邀往徐州，於六月九日開會，議決六條如下：（一）尊重清室優待條件，（二）保全袁大總統家屬生命財產及一切榮譽，（三）電促五省取消獨立，否則武力對付，（四）抵制「暴民」參預政權，（五）嚴整兵衛保全地方，（六）固結北洋團體。

此後「保境息民」及數省同盟之說大盛，（張首先發表保境衛民的六月虞電）段聞而善之，命徐樹錚南下，張遂以事袁者事段。徐州開會時張盛稱清室之豐功巍德，聞者唯唯，張儼然以盟主自居，且以為「天下英雄進入吾彀，」這是後來督軍團作亂及張勛復辟的動機。

西山日落

無論國人怎樣罵護國軍怎樣聲討北洋舊將怎樣「軟逼宮」袁卻抱定宗旨：「一息尚存，此位不容或退。」當四月二十二日京津太晤士報記者謁袁時見他精力充沛這位記者曾於四年十月間到過公府，袁向之說過「倘人民一致推戴我，我當接受帝位」的話。

記者問：「和議有眉目否？」袁答：「和議由徐、黎、段負責進行這三位深得南北信仰，必能有成。」問：「南方有何要求？」答：「南方意見不一，尚無具體條件。」問「馮國璋怎樣？」答：「謠言不足信。」問：「將來黨人得加入內閣否？」答：「新閣成立後，可容黨人入閣。」問：「黨人是否愛國行動？」答：「請你自己解答。」

五月二十九日袁下令宣布帝制案始末：

「據海軍總長劉冠雄巡洋回京面稱，請將關於帝制議案始末明白宣布，以釋群疑等語。查上年各省區公民及滿、蒙、回、藏公民王公等先後赴參政院代行立法院請願改革國體，以本大總統之權限，雖不當向國民及立法院有所主張表示，然於維持共和國體，實為當盡之職分，是以特派楊士琦代蒞立法院宣言，以為改革國體，不合事宜……旋經立法院據各省區公民及滿、蒙、回、藏公民王公等請願書建議政府，或提前召集國民會議，或另籌徵求民意辦法，本大總統咨復以決定憲法為國民會議職權，俟覆選報竣，召集開會，以徵正確民意。……立法院復據全國請願聯合會、全國公民代表團等再行請願，開會議決定以國民代表大會決定國體，並議定組織法，咨請公布施行……本大總統自當如議公布。……迨國民代表大會報送決定國體票數，全體主張君主立憲，又由各省國民代表全體推戴本大總統以帝位，並委託立法院為總代表，籲懇正位前來。……本大總統自問功業本無足述，道德不能無慚，特將推戴書送還，並令熟籌審慮，另行推戴，以固國基。……國民代表大會總代表等不諒鄙誠，迫切籲請，使本大總統無可諉避，祇以創造宏基，事體繁重，不可急遽舉行，飭令各部院詳細籌備，再請施行。本大總統所以藉詞籌備不即正位者，蓋始終於辭讓初衷未嘗稍變也。……本大總統以誠待物，凡各官吏之推戴，容有不出於本衷，各黨派之主張，容不免於偏執，及各監督之辦理選舉，各代表之投票解決，容有未臻妥善完備之處；然在當時惟見情詞敦摯，眾口同詞。本大總統既不感預存逆億之心，實亦無從洞察其他。即今之反對帝制者，當日亦多在贊成之列，尤非本大總統之所能料及，此則不明不智，無可諱飾者也！……滇黔兵起，本大總統內疚不遑，雖參政院議決用兵，而國軍但守川湘，未嘗窮兵以逞，且憫念人民，寢饋難安，何堪以救國救民之初心，竟作爭權奪利之藉口！而籲請正位，文電紛馳，特降令不許呈遞，並令提前召集立法院，冀早日開會，徵求意見，以期轉圜，繼念萬方有罪，在予一人，苦我生靈，勞我將士，群情惶惑，商業凋零，撫躬內省，量用瞿然，是以毅然明令宣示，將籌備帝制之案即行取消。……除將各省區軍民長官迭請改變國體暨先後推戴並請早正大位各文電另行刊布外，特此宣布，咸共聞知。」

袁生平不以誠待人，亦不輕於信人。自雲南倡義以來，無一事放心得下，所以事必躬親，而今日接一獨立電，明日接一勸退電，使權用詐，其技已窮，已極憂傷憔悴之苦境了。五月二十二日飛來一電，素稱忠貞可恃的四川將軍忽與之斷絕個人關係，袁閱電後，像劈頭打了一鎚，境昏厥不知人事。迨悠悠醒來時，臉上紅得像炭火，流涕向左右說「人心大變，事不可為矣!」

袁痛惜人心之變，誠為事實，他自己由廟堂柱石變作民國總統，由總統變作皇帝，又由皇帝再變總統，他明於責人，卻忘記照照自己的影子。且人心之變都是由他自己所釀成的，一手挾黃金，一手持白刃，利誘威脅，無所不用其極，致令廉恥喪盡，氣節全消，數千年之藩籬盡抉，演成歷史上可經可悲可痛的事，又豈能責人以善?他臨死尚不放手，每日尚舉行「榻前會議」，後以病勢惡化，仍令克定代行。

袁平日食量甚大，喜啖河南烤鴨，睡前服參茸酒一杯，外表看起來並無驟死之兆。他倚老賣老，自五十歲以後，常把「吾老矣」「衰朽之年」一類的話掛在口頭邊，然是時年僅五十有八，亦非必死之年，當病象垂危時，中西雜投，羅瞎子、王神仙之類爭得一蹋糊塗，正與其政治之漫無條理一樣。

袁的託孤寄命之「臣」有四人，一段祺瑞，二王士珍，三張鎮芳，四徐世昌，徐到得最後。袁克定亦在楊旁。袁吐着低弱的聲調說：「我已經不中用了。」

徐雖然明知他不中用，卻勉強用畫來安慰着他說：「總統不必心焦，靜養幾天自然會好的。」他說了這話，又怕錯過了最後聽遺命的機會，馬上自作轉語道：「萬一有不測，不知總統有何吩咐？」

袁泛着慘白無神的眼，只說出「約法」兩個字。

約法有新有舊，袁所指的是那一種呢？大家都有點茫茫然了。被袁廢止了的舊約法，規定總統不能行使職權時由副總統依法繼任；新約法則將總統繼任名單藏之於金匱石屋，有三片鑰匙，由總統、總理和參議院長各執其一，要兩片配合起來才能打開。

克定尚不肯放棄其「繼承大統」的迷夢，在楊旁替他的老子補足了一句話：「金匱石屋。」

大家回轉臉來看袁，袁的樣子似點頭非點頭，口裏已說不出什麼話了。

金匱石屋的秘密，後來才知道，是寫着黎元洪、袁克定、徐世昌三個名字。袁的病勢加重時，暗中瞞着克定，把克定的名字改着段的名字。袁自己知道，到了死生呼吸之頃，不但「君臣之間」即父子之間亦難於相處；他又知道本人尚無能力統馭北方諸將，若讓克定繼承，必應了「帝王子孫必無噍類」的一句話。

袁的精神越看越不濟，請法國醫生打了一針，神智似乎略略旺一點，但不久袁又於昏迷狀態中吐着「他害了我」四個字。後來以訛傳訛，境有革命黨以四十萬金賄通法國醫生毒死袁的謠言。袁的真意呢，卻無人知道，是兒子害了他？是朋友和部下害了他？還是醫生害了他？他因為這是他的最後一句話，到六月五日深夜，即六日上午三時，他已經棄了帝王之尊，到別一世界去了。

他死後有人在他的抽屜內發現他所寫的一副對聯：「為日本去一大敵，看中國再造共和。」是他留以自輓的最後遺筆，又是死也要騙人的一段尾聲。

袁死時大家都不曾離開，都向徐表示「相國身負重望，請主持至計」的意思。徐說：「現在南方獨立，收拾時局是一件極難的工作。依我看，根據約法，推副總統繼任，似乎妥當點。」他的意思很明白，想利用黎的資望來收拾殘局，莫讓北洋派居於爐火之上，黎是籠中鳥，不怕他逃出北洋派的掌握。他口中所舉的約法，不言其新舊，這也是老謀深慮面面俱到的地方，因為新約法是南方所否認的，而舊約法又非北洋派之所喜，可是黎的繼任資格無論根據新舊約法都是沒有問題的。

徐雖「身負重望，」但是北方實權都抓在段的手裏，怕段有「總統自為」之意，所以他馬上又來一句轉語：「這不過是我個人的意見。究竟怎樣好，要問總理的高見。」

足足等了一刻鐘，大家才聽見段開口說話：「我沒有意見，相國的意見就是我的意見。」大問題商量好，馬上打電話找各部總次長和與袁有特殊關係的人到袁停尸的地方——居仁堂前之春藕齋——來聚談一下。段說：「快找乾若來。」（乾若是張國淦的別號。張是湖北人，找他來是叫他進行黎的繼任手續。）

一會兒到了二十多人。曹汝霖提議先向靈前祭奠一下，便設了香燭祭品，個人向袁的遺體行着三鞠躬禮。

段在人堆中看見了張國淦，馬上抓着他的手說：「坐我的車同看副總統去。」

由春藕齋到瀛台的途程中，段始終不開口，張像在五里霧中走，因為他不知道袁死後的一切經過情形，不知道看副總統是什麼一件事。到了瀛台，張首先下車進去報告，黎說：「總理到了。」

客廳裏擺着長方茶几，黎走了出來，木雕泥塑似地坐在主位上，段、張分坐兩端。段向黎三鞠躬，黎茫然答禮。段不開口說話，黎、張亦不開口，三個做啞戲似地坐了約四十分鐘。段站起身來向黎半鞠躬告退，黎驛站起來送客。段向張吩咐「副總統的事請你招呼。」

張說：「國務院的事呢？」段一腳踏上汽車，一面說：「有我。」汽車就開動了。

下午才發出公報：「袁大總統於本日上午十時四十分似尿毒病薨逝，停柩居仁堂，遺令以黎副總統繼位，」有「方期及時引退得以休養林泉豈意……副總統忠厚仁明必能奠定大局以補本大總統之過，而慰全國人民之望。……昔人有言惟生者能自愛則死者為不死本大總統猶此志也」等語。

這道命令是段和徐等代他擬好的。外間都說袁死於六月五日，正是陰曆端午，正應了「癩蝦蟆難過端午節」的那句神話，這是附會之詞；袁之死並未密不發喪，不過公布遲了數小時，在這數小時之內黎、段演了一幕啞劇而已。袁死之前，武昌又傳來神話：五月一日大風，東鄉招賢鎮有龍墜入湖中，粗如巨臂，長達數丈，烏鱗紫甲，怒目張爪。次日杳無所見，惟湖水呈深黑色。最奇者石龍獻瑞和孽龍墜淵都出自湖北，嗚乎神話，看汝流行到幾時。

薛子奇論袁之失敗最恰當，他說：「用楊度而天下之政客走開，用夏午詒而天下之幕府走開，用段芝貴而天下之軍人走開，用梁士詒而天下之理財家走開。」章太炎則謂「袁之敗由於以三人反對三人：梁啟超反對楊度，張一麐反對夏壽田，雷震春反對蔡鍔。」

六月六日夜半，黎的心腹陸軍次長蔣作賓打來電話報告「外邊不穩，」是指北洋派要舉段或徐為總統而言。黎不覺慌了手腳，命張打電話給段，聽電話的是一個副官，答稱：「總理沒有功夫聽電話。」

黎急得跺着腳說：「你說有要緊的事。」張再打電話，那邊的回答是：「你如果有要緊的事，總理請你當面來一談。」

黎說：「你去你去。請你告訴他，我不要做總統。」

張到了國務院，只見總理室擠得水洩不通，都是些帶雞毛帚、穿軍服的武人。段忙得喘不過氣來，他一眼看見了張，馬上帶進一間小屋子裏談話。

張說：「副總統要我過來問問情形。」

段的面色頗堅定：「我姓段的主張，姓黎的這話始終不變。無論什麼事，有我姓段的負責，與姓黎的不相干！」

張正想答話，段忽然在几上擊了一下：「他要管，就讓他去管！」說畢，又走進那個水洩不通的總理室去了。

張回到瀛台來，只向黎說了上半段，下半段一字不提。黎說：「這情形不妙，乾若我們就在沙發上躺一夜吧！」那時黎身邊無人，只有唐副官冰如在門外晃了一晃，就不看見影子了。

第二天張再到國務院，滿天風雲似乎已消逝了，段擬好通電，有：「黎公優柔寡斷，群小包圍，東海頗孚人望。然約法規定當由副總統繼任」之語。張說：「這又何苦來呢，做人情就索性做到底不要讓受人情的人不痛快。」段想了一想，才把那些不痛快的話刪去了。

從這件事看起來，段之目無總統早已種因於推任總統之時。段所謂：「群小包圍」即府方策士哈漢章、金永炎、李根源、韓玉辰、饒漢祥等，後來造成了府院之爭。又有一個從中搆煽的張鎮芳他由河南都督一變而為總統府帳房，段生平最看不起他，袁死了，段仍然坐在赫赫的總理椅子上，而黎又為段所擁立，張頗覺勢危，他的軍諮府老同事哈漢章卻正是黎的紅人，所以他向哈放了一把野火：「老段反對黎總統繼任，是東海說服了他。這是我親耳所聽，親目所睹的。」以此黎頗不喜段，想拉徐組閣，以代那個咄咄逼人的段。

張國淦這位先生，在袁段這方面看起來，是聯黎的一條線索！而在黎看起來，卻又是聯袁或段的一條線索。他屢次想走，雙方都苦苦攀留了他。他曾經批評馮國璋「不左不右，」而他周旋於黎與北洋領袖之間，卻深感「左右做人難」之苦。

歸隱洹上村

四月十二日楊度、孫毓筠辭參政照准。楊的呈文仍有「好漢不服輸」的氣概，其文如下：

備位參政，一年於茲雖勉竭其微忱究無裨於大局世情翻覆，等於翰海之波，此身分明，總似中大之月。以畢士麥之霸才，治墨西哥之亂國，即令有心救世，終於無力回天。流言恐懼，竊自比於周公，歸志浩然，頗同情於孟子。所有辭職緣由理合呈請大總統鈞鑒。

有好事者戲改數字嘲之云：

備位參政，一年於茲雖勉竭其狐能，究無裨於帝制。燃犀鏡澈，畢竟公道昭然，拍馬技窮，自悔天良喪盡。無畢士麥之霸才，羨日耳曼之宰輔，即令有心獻媚，終於無福封公。流言恐懼，竊難免於狗烹，歸志浩然，頗同情於兔脫。所有悔罪辭職緣由，理合奏請大皇帝聖鑒。

楊的政治主張自有其應得之咎，但他決不是一個翻雲覆雨的人，自清末至民國初期，「君憲」是他的一貫作風，所以他恆以「政治節操」自詡。若以行為而論，籌安會自為禍亂之媒，是奉袁的命令以行之，袁早有帝制自為之心，並非由楊把一顆做皇帝的心勉強裝在袁的心腔內，則楊之罪亦止於「逢君之惡」耳！

自帝制取消後，以前陷害民黨的偵探忽然負起監視禍首的新任務，懲辦六君子以謝天下之說大盛。達官要人紛紛避難出京。報載楊畏罪先逃，實實在在他端坐豐盛胡同，在一片索債聲中過着荊天棘地的生活；國史館館員向他索薪，包修房屋的泰來洋行也向他索欠。

五月一日京津太晤士報記者訪之於其寓所，楊高談闊論如平日，記者謂其「態度安閒，詞意堅決。」他說，「政治運動雖失敗，政治主張絕無變更。我現在仍是澈頭澈尾主張『君憲救國』之一人，一字不能增，一字不能減。十年以前，我在日本，孫黃主張共和，我則着論反對。我認共和係病象，君主乃藥石，人民諱疾忌醫，實為國家之大不幸。……除君憲外，別無解紛已亂之方。……梁任公是我的老同志，他一變再變，我則始終守着本位。但我們友誼未變。……國體問題，我應負首責，既不委過於人，亦不逃罪於遠方。……報載我已『竄』，你看我竄了否？俟正式政府成立，我願赴法庭躬受審判。……且退一步言，政見不同，亦共和國民應有之權利。」

袁死後楊輓之曰：「共和誤中國，中國誤共和，千載而還，再評此獄。君憲負明公，明公負君憲，九原可作，三復斯言。」

袁死後他離京卜居於天津清鳴台八號。有人戲以「一羊驅三牛」譏之，三午謂魏午莊、端午橋、夏午詒。午屬馬，故又有「一虎驅三馬一猿」之謔，蓋楊自號「虎公」，晚年學佛時又號「虎頭陀」、「虎禪師」也。

七月十四日黎下懲辦禍首令：

自變更國體之議起，全國擾攘，幾陷淪亡，始禍諸人，實尸其咎。楊度、孫毓筠、顧鼇、梁士詒、夏壽田、朱啟鈐、周自濟、薛大可均着拿交法庭，詳確訊鞫，嚴行懲辦，為後世戒。其餘一律寬免。此令。

這道命令有許多不可解的地方：第一，被緝者均為手無寸鐵的文人，而勸進最力的武人一概無罪。第二，禍首中原有雷震春、張鎮芳二人，袁「大公子」由彰德急電保免，曹汝霖有日使說項，段芝貴由馮國璋保全，均得免。第三，原令初無梁士詒之名，因「加入此人，則金融界將起莫大之恐慌」，黎赫然震怒說，「什麼話！」始將梁名加入，使之仍與「老同年」同榜。這次楊卻考取第一，梁以高才屈居第四名。第四，六君子漏了四個，李、胡因有民黨之雅，故政府推「愛屋及烏」之意，嚴、劉則因李經羲「愛惜人才」一言剔出。第五，條來到七年二月四日，督軍團曹錕等以「時事多艱，人才難得」為由，呈請免緝梁士詒、朱啟鈐、周自濟三人，代總統馮國璋下令照准。這三人都是長袖善舞的交通系財閥，與軍閥濟惡黨奸，而徒有書生習氣的楊度等則望塵莫及。但至七年三月十五日，所有洪憲、復辟案內諸人都下了赦免令，北廷之兒戲國事，弁髦法令，真是不可言傳的。第六，其尤令人駭怪者，對帝制從犯尚有官樣文章，對元惡則備致推崇，六月七日黎下令優禮如下：

民國肇興，由於辛亥之役。前大總統贊成共和，奠定大局，苦心擘畫，昕夕勤勞，天不假年，遘疾長逝，追懷首績，薄海同悲。本大總統患難周旋，尤深愴痛。所有喪葬典禮，應由國務院轉飭辦理人員參酌中外典章，詳加擬議，務極優隆，用副國家崇德報功之至意！此令。

七日袁氏入殮時，頭戴平天冠，身穿祭天禮服，儼然是個「大行皇帝」的模樣。其棺木由彰德運來，係太昊陵旁一株老柏所製，古色斑然（太昊陵距項城三十里，木材是袁自己物色的。）袁生前日以「歸隱洹上」騙人，總算達到「歸葬洹上」的目的了。

六月二十三日大祭時，派段祺瑞前往致祭，舉殯時，派王揖唐致祭，又派蔣作賓赴彰德代表行祭，派河南巡按使田文烈董理建墓事宜（二十二日明令），呼之曰「袁林」，祇把「陵」字改成一個「林」字。

二十八日袁柩尤居仁堂抬出，舁夫三十二人，過新華門時，黎向之行一鞠躬禮。出新華門，舁夫增至八十人，由此起全體閣員、清室代表、各客卿均往執紼送至東安門，由此起各國公使執紼送至中華門，由此過前門，入車站。沿途老百姓延頂企踵，爭看「民國皇帝」大初喪的盛況，其次序㈠軍警，㈡中西樂隊，㈢禮轎由騎兵護送，㈣袁生前所乘馬，㈤和尚、喇嘛，㈥靈轎上置袁生前所着長袍及勛章，㈦孝子不前行，均在後帳中，每一人由兩人扶之而行，㈧女眷乘轎。

送葬者武官皆着制服，文官着大禮服。舉殯時北京各廟撞鐘一〇一下，車站出發時鳴禮炮一〇一發。聲勢烜赫的一代梟雄，就在萬人空巷中與北京城為別，「歸隱」於荒煙漫草之間。沿途有人竊竊私議：

甲：我猜是一口空棺材，老袁下不了台，祇好以不了了之，他現在已到國外去了吧！

乙：不，他確實死了，是服毒死的，他死了已月餘，因怕各方兵馬造反，所以密不發喪。

丙：你們看，八十個抬槓的一色都是綠衣，我想老袁已現原形，棺中躺着一個大癩蝦蟆。

夠了，老百姓善造謠言之口及其不可磨滅的神話腦筋，不必一一為之論列了。

袁柩出了居仁堂，府中一切裝具都被袁家搬走，祇剩下空空四壁，所以黎七日是在東廠胡同私邸就職的。（袁家財務封存若干大箱，由拱衛軍護送回里。）

這一天北京下半旗誌哀百官持服二十七日，政府公贈賻金百萬，學生輟課，商店罷業，人民停止娛樂一天。西南各省則懸旗誌慶，上海有紅報出現。袁柩在火車中一路威威武武，每站均停車受祭，二十九日始抵彰德，北洋將領紛紛抵彰。外傳有所謂「靈前會議」（即彰德會議）其目的不外「固結北洋團體」。試閱張勛賀電（六月二十日），不難窺見北洋軍人當時意嚮之一斑。

君主民憲，主張雖有不同，無非各抒己見，罪魁功首，豈能以成敗為衡。……近日南方各省堅執前言，操之彌急，如果相持不下，則南北勢成冰炭，仇讐相尋，責難無已，萬一戰端再啟，外人從而干涉，竊恐瓜分之禍不在帝制發生之日，而在共和再造之時，律以誤國之愆，必有尸其咎者！匪特公論自在人心，即勛一人亦斷不承認。而報紙訛傳，竟謂勛曾電政府亦以懲辦禍首為請，實係妄相揣測。不知勛素持公道，屢有宣言，定不附和隨聲，自相矛盾；且落井下石，既非大丈夫所為，而止沸揚湯，究與大局何益。……

袁生前眾叛親離，而一旦溘然長逝，又變成了功德巍巍的民國元勛，北洋領袖。事後推求其故，可得如下之結論：第一，中國人有一種「重感情而不守法」的特性，對死者往往寄以同情，無論生前萬惡不赦之人，到死一了百了，這種心理就是「不為已甚」的心理。第二，袁生前猜忌性成，與其所卵翼的北洋派軍人發生權利的衝突，及其一瞑不視，此種衝突已不復存在，他們又回想到當日「受恩深重」的過程，不惜予以推崇。第三，袁的繼承者求達其「固結北洋派」之目的，不得不尊袁以資號召，所以死了一個袁，又有若干袁的化身出現。循此以論，北洋派巨擘之反對帝制，非政治之爭，乃意氣與權位之爭耳！

自段閣收拾殘局以來，其設施無一是不以北洋團體為重，其使用武力，排斥異己，鞏固私人地位，亦無一處不與袁同。所不同者，袁採取總統制，段採取內閣制，袁欲為皇帝，段則以「太上政府」自居耳！後來足有府院之爭，而復辟怪劇，及南北戰禍，如珠走盤，國立大受摧殘，都是袁手創北洋派，擁兵自重的餘毒。

當其時，懲辦禍首令久不下，北方當軸存有「馬馬虎虎拉倒」之意，因男方屢有責言，才挑選幾個與北洋團體無關或關係較淺的人物，下了一道「通而不緝」的命令。通緝令將下時，楊、孫均已赴津（外傳孫在天津二十七號路自殺未遂），劉師培由西華門外私宅遷至法國醫院，後聞榜上無名，乃與嚴復同至東廠胡同黎宅謝恩，黎拒而未見。六君子之中最苦的是住在石駙馬大街的胡瑛，從前做革命黨要亡命，現在仍要亡命，從前亡命時有人接濟，現在不夠亡命資格，遍遇着五年前的老對頭吳炳湘，想擇一「弱者」開刀。（辛亥年胡在烟台時與張廣建、吳炳湘為敵，此時吳任京師警察廳長，派偵探暗中監視他。）後來他傲然與其友人說：「天生德於余，鏡潭（吳字）其如余何！」

他後來畢竟回到革命路線了民九驅張之役他在湘西當民軍司令，雖仍有「雙槍將」之名，而奔走聯絡，恢復了民元前視死如歸的勇氣。湘西鎮守使田應詔和他是當時的一對「勞萊哈台」（一胖一瘦），田每於稠人廣眾中表演他的姿態說話堅聲怪氣走路搖搖擺擺，觀者無不大笑一次宴會中有一位外省客人說「貴省罵人朽朽字作何解釋」田指着胡說，「我們亦無從解釋你看他好了他是一個標準朽人！」滿座又為之大笑。

湘事結束後，胡自動取消司令以為各軍倡當局任為礦物局協理以酬其功他想向田謀妥協，一天說，「鳳丹（田字）你莫再挖苦我了！人孰無過，過而能改，善莫大焉！」田笑着說，「經武，妳的一生歷史都是重演的，往日革命現在仍革命，往日勸進，現在仍勸進。」那時湖南省長林支宇辭職出走，省議會選舉趙恆惕繼任省長，趙不受召集公法團代表請另行推選，胡即席發言「我看非由趙總司令兼任不可！」所以田又把這句話打趣他。

他後來不失為潔身自好之士一生奔走政治，而竟至貧無以立錐。北伐成功後，曾在閻百川處作客，二十一年九月十四日死於南京中央醫院，竟至無以為殮，由他的同鄉覃振等代了身後事。還有孫毓筠，十三年在胡笠僧處作客而客死於開封。

黎就職後，六君子銷聲匿跡，卻正是章太炎吐氣揚眉的時候。此公自癸丑被囚，忽忽已歷三年。袁下令停止帝政時，對黨人表示寬大，章的監視哨自然也撤去了，章以為應該是逃的機會到了，乃於五月某日，先把大皮包運出，然後坐馬車到東單牌樓日本人所設的扶桑館，那輛馬車就停在館門外，一會兒踱出了兩個花枝招展的東洋美人上了車，向中央公園馳去。你以為這兩個美人中有一個是章的化妝嗎？不，此公決無化孅為妍，反老為少的幻術，這僅是書呆子換美人的一幕怪劇。又隔了多時，才有五個日本男子走出來，前後左右四個日本人簇擁着一個和服剃鬚的，而且把帽子壓在額角下的日本人，叫了五部人力車，向東車站疾駛而去。

到了車站，下了車，給了車錢，忽然有人向那個戴大帽子的日本人討債，那個日本人一看，日個絕不相識，素無銀錢往來的陌生人，而那個陌生人愈討愈凶，竟揪着沒有領子的和服，要到官廳去評理。一會兒，警察來了，把他們都捉到廳裏去。

戴大帽子的日本人是章所扮演的，討債的陌生人是袁的便衣偵探所偽飾的。原來監視哨雖撤去，卻代之以便衣偵探，這是章所夢想不到的。他自為做工妙到化境，一會兒老書生變少女，一會兒中國人變外國人，而不知先運出那口其大無比的大皮包，已引起了便衣偵探的注意了，再來一套剃鬚戴帽的變形法，那個偵探暗笑在肚裏，所以藉討債為由，遮飾了捉拿大名士的動作。

直到袁死後，黎記起這位名重一時的國學大師，曾微服往訪一次。後因浙督呂公望電請開釋，即於六月二十二日覆電稱：「太炎已於前日撤除監視。昨午來府覿晤，據稱急思南旋，請給護照，已交內政部照發矣。」

六月二十五日太炎才堂而皇之地乘車赴津，即轉車南下。七月五日到杭州，杭州人開了一次歡迎大會。此後或坐笋輿，或乘瓜艇，與湯夫人邀游於六橋三笠間，過去的事像做了一場怪夢。

東海星沉

袁氏暴殂後，各省混亂情形與民國初期無大區別，尤着者有「戰長沙」「取成都」等武劇，龍濟光、陸建章、湯薌銘、陳宧先後都做了「逃將軍。」六月二十四日黎、段調陳宧、周駿入京任命蔡鍔為益武將軍，督理四川軍務，（曹錕為會辦）蔡力辭。湘人請蔡回湘辦理善後，亦遜謝不往。（湘軍群龍無首，欲迎蔡回湘主軍政，既不獲請又欲迎黃興督湘，亦因病不能就道，乃推譚延闓二次督湘。）

蔡的定評是一個「清」字：幼年清苦出身，服官以來清潔自持，追隨杖履的人沒有一個貪官污吏。隻身脫離虎口，倒袁以爭人格，是志行清白的一大表現。他的相貌又甚清癯。後來蔣百里先生說，「我們在納溪山中一夜明月在天，樹影鋪地，蔡將軍病莫能興，從附近找到一個精於醫理的法國神父來，三五幕僚佇立於垣外疏柳下，靜聽神父的消息。當神父走出來時，大家圍攏去問病情如何，神父大聲說，『不要緊，稍稍養息兩三天就好了。』」

「當那個好神父踱出垣外時，卻帶着一種憂鬱的表情，搖着滿頭白髮，放低着嗓子說道：『他已經不中用了！斯人而有斯疾，可為貴國悼嘆！』」

百里先生是當年隨軍之一人，事後述及當年的一段情景，老淚不禁縱橫而落。百里先生又已作古，所言不能盡憶，然僅此寥寥一段，已是令人為之感泣了。

袁死後，蔡不要地盤，不戀權位，主張太造北洋軍隊，使之由個人工具化為國家干城之選。袁本有請他訓練新軍之意，因帝制自為而與之絕，但改造北軍，鞏固國防之志，於討袁一役後仍鍥而不舍。惜天下假年，與神奸同歸於盡，成就了一大偉業，而另一事則賫志以沒，實為國家莫大之損失。

戰時兵寡械微，戰後滇軍大批開到川境來，蔡頗不謂然，曾一再勸阻，後卒演成川滇軍之爭。督川令發表後，蔡一再力辭，黎、段一再慰留。蔡以周駿既未參加護國之役，乃乘機搶地盤，逐長官，此風萬不可長，決定逐周後飄然遠行，舉羅鎔軒（佩金）自代。七月一日到瀘州，布署川中善後，川事底定後，政府仍當他是假辭職（實在當時這種玩意兒太多），仍慰留不已，（七月十九日下令，蔡鍔着給假一月，就近療養，着羅佩金護理督軍。這時劉湘宣布與周駿脫離關係，周於七月二十日離成都）最後請梁任公代為陳情，始允給假一月，於七月二十九日抵成都，八月九日東下，二十八日抵滬，下榻哈同花園。蔣百里先生為之物色福岡醫科大學病院，蔡乃於九月九日由滬東渡，並再電辭職，北政府准給假三月，命羅佩金署理川督，戴戡署理川省長。蔡經過漢口、南京等處，不受地方招待，到滬時行踪甚密。到神戶，日本記者紛來訪問，蔡以手指喉，由百里先生代答曰：「將軍之病，由於袁世凱而起。納溪之戰，將軍語言艱澀，到瀘州時全然不能發聲。七月二十日由敘府赴成都，勾留九天，病情更利害。黎、段勸往西山靜養，將軍已不能杜門謝客為慮，所以決計來貴國就醫。」十一月八日，蔡自知不起，由左右勉強扶起來看窗外飛機，不覺回顧百里先生說：「我早晚要和君等分手了。我不死於對外作戰的疆場，死有餘憾。我死後必薄葬。」即請百里先生代草遺電如下：「一、願我人民政府，協力一心，採有希望之積極政策。二、意見多由於爭權利，願為民望者以道德愛國。三、在川陣亡及出力人員，懇飭羅、戴兩君核實呈請卹獎，以昭激勵。四、鍔以短命未克盡力民國，應行薄葬。」言訖逝世，年僅三十五歲。百里先生打電報回國來，並且說：「一年以來，公惡衣菲食，以戕其身，早作夜息，以傷其神。（按蔡與士卒共甘苦，僅率三千一百三十人與北軍四萬人為敵，當時恐引起內訌，故隱忍不說。）臨終之際，猶以未能裹戶為恨。然蔡公身雖未死於疆場，實與陣亡者一例也。」十一月是日北政府下令：「上將銜中將蔡鍔，才略冠時，志氣宏毅，年來奔走軍旅，維護共和，厥功尤偉……所有身後事宜，着駐日公使章宗祥妥為照料，給銀二萬兩治喪。俟靈櫬回國之日，另行派員致祭。」十一月二十八日追贈為上將。十二月十七日運柩回國。六年一月二日抵長沙，四月十二日葬於嶽麓山。梁啟超輓之曰：「知所惡有甚於死者，非夫人之慟而誰為！」（又戴戡謂蔡定策於惡網四布之中，冒險於每天萬里以外。生平對南北之見，新舊之爭，痛恨不已。）楊度輓之曰：「魂魄異鄉歸，於今豪傑為神，萬里江山空雨泣。東南民力盡，太息瘡痍滿目，當時成敗已滄桑。」

國人震悼元戎之死，真有「萬里雨泣」之感。北京各報載小鳳仙輓聯云：「不幸周郎覺短命，早知李靖是英雄。」且附載「哭靈」消息。這是中國好事者的一種通性，總想把才子佳人英雄兒女配合在一起傳為一時佳話！實則蔡將軍是一位極端嚴肅的軍人，其借重小鳳仙乃為破壁非去之計，絕非縱情聲色者可比。後知好事者是衡州狂士王血痕，小鳳仙的輓章祭文均出其手。

湖南偉人黃、蔡並稱，黃之死早於蔡八日。五年雙十節，黃忽嘔血，十月三十一日在福開森路本宅逝世，年僅四十三。友人孫中山、唐紹儀代電全國，國會休會一日，下半旗一日誌哀。十一月二日北政府令：「上將黃興締造共和，手舉義旅，功在國家，薄海同欽。……派王芝祥前往致祭，給治喪費二萬，喪葬事宜由蘇省長齊耀琳就近照料。」黃本擬葬於西湖，卒於十二月二十三日扶櫬返湘，與蔡同為國葬。六年四月咸日葬於嶽麓山。兩公一則追隨中山先生創造民國，一則再造共和，一則英雄造時勢，一則時勢造英雄，兩星同時殞落，不獨湖南之不幸，實亦國家之不幸。楊度輓黃曰：「公誼不妨私，平日政見分馳，肝膽至今推摯友。一身能敵萬，可惜霸才無命，死生從古困英雄。」（黎挽黃蔡曰：「正倚濟時唐郭李，竟嗟無命漢關張。」)

十四年中山先生逝世時，楊輓之曰：「英雄作事無他，祇堅忍一心，能全世界能全我。自古成功有幾，正瘡痍滿目，半哭蒼生半哭公。」

十七年梁啟超死，楊又輓之曰：「事業本尋常，成固欣然，敗亦可喜。文章久零落，人皆欲殺，我獨憐才。」此四人一為中華民國國父，一為開國元勛，一為天才卓越的政論家，一為狂瀾獨挽的軍事家，都是照耀史冊的大人物。楊在東京時一一與之相識，而廣東人與湖南人各居其半，亦一巧合也。

中山先生胸襟偉大，凡有獻身革命的，以前種種譬如昨日死，無不以人格感化之，使為革命努力。當同盟會創立之初，想把梁、楊拉過來做同志，梁已怦然心動，被康有為強挽以去。楊則大言不慚，相約各走一條路線，且謂「無論那一條路線打通，都是於國家有利的。」

可是楊的路線是替袁世凱的帝制作開路先鋒。帝制失敗後，楊屢欲赴京自首，其家人環阻乃止。翌年又有復辟之禍，楊雖抱「君憲」之志，對清廷則殊無好感，乃通電反對復辟，痛詆張勛、康有為諸人，且謂「君憲雖為良藥，經他們這一鬧，以鬧得涇渭難分，此調不可復彈了！」

此調既不可復彈，他閉門靜思，覺得祇有中山先生的革命路線是一條光明路線。陳炯明叛變後，中山先生失敗到上海，一般人都說中山先生經此巨創，革命已無成功之望了，楊則獨行其是，於晉謁中山先生時痛陳往日的錯誤願努力自贖，中山先生笑而頷之。

十三年曹、吳當政時代，楊的好友夏午詒在保定為上客，楊以之為媒介，曾北上說曹、吳參加革命，不得要領而返。曹、吳既倒，又以參贊名義居姜登選幕中（姜係奉軍驍將，以三省剿匪總司令名義駐徐州），不久姜被殺，楊返津蟄居，又為張宗昌所招聘為總參議。他在濟南鬧過一段笑話：有華僑某輾轉託人介紹想謀一職守使缺，願以四十萬斤為酬。楊皺着眉頭，帶着笑臉說，「你是軍事人才嗎？會扛洋槍嗎？會帶兵打仗嗎？」

那人說，「一樣都不會，我不要實缺，祇想弄個虛銜頑頑。」

楊覺得取之不傷廉，乃於便中向張一言，張立刻辦委任狀交給楊。張是個極無條理的武夫，祇要有人說話，要個靶鎮守使缺是不費吹灰之力的。

楊把那人找來說，「我們現錢交易，不欠不賒。」那人說，「我的錢在上海，先交一辦何如？」楊沉下臉色說，「四十萬一次交足，少一個銅板不成！」

楊的脾氣還是老脾氣，要吞一口吞，不肯零零碎碎咬。他的脾氣正像洪憲八大禍首之一——薛子奇——的脾氣：薛是着名賭徒，寧可褲帶輸光，誓不帶一文回家。他在北京辦黃報，找到山東來，託楊向張要津貼。一天，張與數人談天，談到忘形時，張忽然向他們說，「你們猜猜看，我是那一種人，請各人都寫在紙頭上，看誰猜得對！」在座諸人有恭維他豪放不羈的，有捧他武功赫赫的，祇有薛寫着「張飛粗中有細」幾個字。張看了哈哈大笑說，「子奇正合孤意。」

薛乘機以募集黃報基金為請，初意欲得一二萬，且以所望過奢，恐將見拒為慮。張又大笑說，「子奇，聽說你賭錢很痛恨，幹嗎說話不痛快？老張生平恨報館，你辦報又當別論。萬把塊錢夠得幾天用，我一次給你，省得你天天麻煩我！」能拿出一捲東西給薛，薛打開一看，整整三十萬公債，市價亦值二十餘萬。

薛謝了一聲，頭也不回，跑到賭場中一夜輸光。蓋薛無日不在籌款中，黃報亦無日不在風雨飄搖中。

到光明之路

楊在張幕中不是「混飯吃,」蓋有深意存焉:民黨要人李石曾等鑒於北方教育之備受摧殘,勸湯進行教育總長以資維持,且以掩護北方革命秘密工作,奔走其事者有方表、蕭旭東等。一天,某君由津浦路北上,過濟南時碰見王九爺上車,王是楊的友人王紹元,湖南桂陽人,名吏之子,也是某君的朋友。車中談東說西,談到楊進行教長的事,某君笑着說,「哲子以前薄此席而不為,今則求之而不得,真是『彼一時,此一時』了。」

其實呢,楊過去「幫忙不幫閒,」今番則寓有「閒中幫忙」之意。某君問,「哲子是否請長腿將軍幫忙?」王連連搖着腦袋說,「不行不行,要張效帥幫忙最無辦法。他聽了學堂就痛恨,提到教育就掩耳!」

某君說,「那麼哲子何所恃而有此雅意呢?」

「空中樓閣而已!姑妄言之而已!」王又頻頻搖着頭。

「我的意思不和你一樣。他請張效坤幫忙最有辦法,且係唯一之辦法。我問你,哲子能聽話嗎?」

王淡然答道,「祇要教育總長能到手,怎樣不可以聽話!」

某君說，「那就好極了，我包他到手，我們到北京後再談。」

兩人到了北京，下榻於太平湖飯店，商議進行手續。某君提議先拿出一點本錢來，王又搖頭說，「暫子光景不好，花錢運動是不可以的。你姑妄言之，要多少錢才可以着手呢！」

「他的光景不好，就請你替他墊上一墊。」某君悠然一笑。

王的頭搖得更利害，「我麼比他的光景更壞！」

「我相信你拿得出——祇要一塊錢本錢！」

王又帶然若不經意地說，「一塊錢做什麼用處呢，是否預支酬勞費，請你吃花酒——花生米和老白干？」

某君的先決問題是取得調度人馬的大權，楊要聽他的話，轎夫更不可不聽話。他的第一道吩咐是拿一塊錢到刻字店，用「北京教育促進會」及「北方教育問題研究會」名義刻圖章兩顆，剩餘的資本（找下來的錢）買郵票帶回來。

第二道吩咐是叫轎夫用兩團體名義擬就電稿四通，兩致張，請保楊為教育總長，兩致楊，請以教育為重，出肩艱鉅，以「代電」形式付郵發出。令一函以王私人名義致楊說，「北京兩團體代電收到後，張必找你說話請你自擬保薦電，不可推卻。電發後即日來京，不可遲延。」

辦到這裏，王睃了某君一眼說，「這就不行了，我說過，要張效帥幫忙最無辦法！」

某君說，「你莫管，你的任務是聽我的話。我包他到手，等哲子到京後再談。」

過了幾天，楊果然興匆匆到了北京，與王及某君相見時說，「我像做着一個怪夢。你們演的是什麼把戲？」

某君說，「你先把你的夢述一遍，我再把我的把戲告訴你。」

楊說，「我接得沒頭沒腦的兩通代電，張也接着同樣的電。張把我請過去，喜孜孜地說，『哲子，你看，他們教育界居然找起我這個「綠林大學出身」的說話！』」

「我不好意思說什麼，眼巴巴望着他不做聲。他把大巴掌用力在桌上一拍說，『哲子，我保你，一定保你，你自己做電報不可辜負他們的盛意！』」

「這究竟是怎麼一回事呢？」

王也茫茫然說，「賽諸葛，這是怎麼一回事？」

「這件事分析起來一點不奇，」某君悠然笑着說。「敵人變友人，其友誼往往在一切友人之上。效坤為什麼恨教育界？就因為教育界看不起他，罵他是『綠林大學』出身。一旦教育界找他說話時，較之萬人歌頌更榮幸！根據心理學分析起來，正惟恨之深，得之不易，而一旦得之，乃覺驚喜逾望。所以我說過，要他幫忙最有辦法。」

「但是……」他接着說道。「第一關雖打通，第二關尤不可忽略，這是你最後之一關了。我料張作霖必來找你，他容易說話，他手下有一個不容易說話的楊宇霆。你莫小覰了這位貴本家，他能夠左右『老帥，』你對他必須低聲下氣，切不可分庭抗禮。他是初出茅蘆的小輩，但他目空一切，最喜老前輩奉承他，你在矮屋下不可不像他低頭。」

果然祇隔幾天工夫，「張老帥」請楊說話，說了許多「借重，幫忙」的話。楊便道往訪宇霆，談了幾句，辭出回家時，某君問他這一日的經過，楊說，「宇霆請我幫忙，我附帶看了鄰葛一下，敷衍了幾句就走。」

「什麼，敷衍了幾句？」某君跳了起來說。

楊淡然說道，「是的，他的老師已答應我，我何必和他多談！」

某君吁了一口氣說，「完了，你的總長做不成，我的巧計成畫餅。」

楊起初尚不信，過了幾天無動靜，再過幾天仍無動靜。他跑到另一奉方要人處探聽消息，那人老老實實告訴他：「前幾天老師題你做教育總長。鄰葛在旁說，晳子的政治色彩太濃祇輕輕一語就把老師的意思打消了。」

楊向某君露着苦臉說，「你叫我聽你的話，祇有一句話未聽，事情就糟了。我知道你教我的矮身段是對的，我本想照你的話做，臨時身不由己，不願像這個後生小子低頭。我倒要請教假使你運動總長的話，你能否卑躬折節以求之？」

某君說，「我不能伈伈俔俔以求官，所以不想做官。我是理論家，不是實行家。」

楊笑着說，「那麼誰是實行家？此計不成，我們另圖發展吧！」

楊的另一發展幾乎又闖了一次大禍。他回到濟南來，用旁敲側擊的方法勸狗肉將軍加入革命。魯張原為奉張的「假子」，奉張對之貌若提攜而陰懷猜忌。他早有另投明主之意，因楊「識時務為俊傑」之一言，擬派金參謀長南下，倘國民革命軍允與之夾擊孫傳芳，以雪固鎮兵敗之恥，並以江南地盤相讓，即當易幟響應北伐。他是個腦筋極粗的軍人，生平不之機密為何物，早有密報到北京，張學良突然而至，責他不應單獨友所接洽。學良說，「與國民黨合作未嘗不可，但家父為一團體之代表，應採取一致行動。若兵未渡河而自亂陣線，必為對方所輕。」

他又向薛子奇狠狠地望了一眼：「請代告晢子，不許他多嘴，否則我要他的腦袋！」嚇得楊匆匆離魯北上深覺「豎子不足與謀。」

北伐成功後楊到上海來賣畫，筆潤起碼八十元多至三五百元不等。他的畫非驢非馬，類虎類犬，既不成其為「畫」而潤筆定得如此之高更不成「話！」但他抱着「太公釣魚願者上鉤」的態度，不管賣得出賣不出少一個錢不成。他有兩位老友跑來打趣他，一個說：「晢子，你太膽大了，倘有人找上門，看你怎樣得了。」一個說：「你真老不智他把價錢定得高惟恐有人找上門，免得出乖露醜！」

他本來患有肺病及胃病，到滬後屢發屢愈。一天與汪九爺看戲回家口吐紫血如咖啡渣，未幾又告痊復。二十一年舊疾復發，臥床不起，胡鄂公來看他，他的蒼白色臉上泛着一絲苦笑說：「我們劫後相逢，真有隔世之感。我的病大概兩三天會好，起床後請過來，我們浮一大白！」

然而此願中不可償，第二天病勢加劇，極此撒手而去，結束了六十年來風雲變化的人生旅程。

中華史地叢書

袁世凱竊國記

作　　者／本局編輯部
主　　編／劉郁君
美術編輯／本局編輯部

出 版 者／中華書局
發 行 人／張敏君
副總經理／陳又齊
行銷經理／王新君　林文鶯
地　　址／11494 台北市內湖區舊宗路二段181巷8號5樓
客服專線／02-8797-8396　　傳　　真／02-8797-8909
網　　址／www.chunghwabook.com.tw
匯款帳號／華南商業銀行　西湖分行
179-10-002693-1　中華書局股份有限公司

法律顧問／安侯法律事務所
製版印刷／維中科技有限公司　海瑞印刷品有限公司
出版日期／2019年11月台五版
版本備註／據1982年1月台四版復刻重製
定　　價／NTD 400

國家圖書館出版品預行編目（CIP）資料

袁世凱竊國記 / [中華書局]編輯部作. -- 台五版. -- 臺北市 : 中華書局, 2019.11
面 ;　公分. -- (中華史地叢書)
ISBN 978-957-8595-83-5(平裝)

1.洪憲帝制

628.21　　108015301

NO.G0003
ISBN 978-957-8595-83-5